国家社科基金
后期资助项目
GUOJIA SHEKE JIJIN HOUQI ZIZHU XIANGMU

系统论视域下的
行政审批局改革

寇晓东　郝思凯　著

社会科学文献出版社
SOCIAL SCIENCES ACADEMIC PRESS (CHINA)

图书在版编目（CIP）数据

系统论视域下的行政审批局改革／寇晓东，郝思凯
著．-- 北京：社会科学文献出版社，2024.6
国家社科基金后期资助项目
ISBN 978 - 7 - 5228 - 3461 - 0

Ⅰ.①系…　Ⅱ.①寇…　②郝…　Ⅲ.①行政管理 - 体
制改革 - 研究 - 中国　Ⅳ.①D63

中国国家版本馆 CIP 数据核字（2024）第 066181 号

国家社科基金后期资助项目

系统论视域下的行政审批局改革

著　　者／寇晓东　郝思凯

出　版　人／冀祥德
责任编辑／冯咏梅
责任印制／王京美

出　　　版／社会科学文献出版社·经济与管理分社（010）59367226
　　　　　　地址：北京市北三环中路甲29号院华龙大厦　邮编：100029
　　　　　　网址：www.ssap.com.cn
发　　　行／社会科学文献出版社（010）59367028
印　　　装／三河市龙林印务有限公司

规　　　格／开本：787mm×1092mm　1/16
　　　　　　印张：18.5　字数：293千字
版　　　次／2024年6月第1版　2024年6月第1次印刷
书　　　号／ISBN 978 - 7 - 5228 - 3461 - 0
定　　　价／128.00元

读者服务电话：4008918866

国家社科基金后期资助项目
出版说明

后期资助项目是国家社科基金设立的一类重要项目，旨在鼓励广大社科研究者潜心治学，支持基础研究多出优秀成果。它是经过严格评审，从接近完成的科研成果中遴选立项的。为扩大后期资助项目的影响，更好地推动学术发展，促进成果转化，全国哲学社会科学工作办公室按照"统一设计、统一标识、统一版式、形成系列"的总体要求，组织出版国家社科基金后期资助项目成果。

全国哲学社会科学工作办公室

序

改革开放以降，中国的行政审批制度逐渐从计划经济体制中分离出来，并在计划经济体制逐步转向社会主义市场经济体制的进程中，由一种先前作为辅助性质的经济管理手段（相对于作为主体管理手段的计划指令），转变为调节政府与市场主体关系或政府干预经济社会资源配置的"总阀门"。进入21世纪，"入世"在给中国带来全新发展机遇的同时，也要求国家对经济运行的管理方式尽快做出调整，"采取切实措施，转变政府管理方式，提高企业竞争能力"①。在此期间，深圳、北京以及黑龙江、山西等地开始按照中央要求，积极推进地方行政审批制度变革。

2001年3月，时任国务院总理朱镕基在《政府工作报告》中明确提出，要进一步改革和减少行政审批，必须审批的也要规范操作，简化程序，公开透明，明确责任②。这一重要改革在2001年下半年得到加速，其标志是"国务院行政审批制度改革工作领导小组"的成立③，以及《国务院批转关于行政审批制度改革工作实施意见的通知》（国发〔2001〕33号）的印发。此后十年，得益于以"简政放权"为核心指向的行政审批制度改革，中国经济一路高歌猛进，社会主义市场经济体制也日益健全。作为地方政府推行行政审批制度改革的直接载体，政务（行政）服务中心自2000年前后在全国各地逐步得到推广发展，并在经济社会发展中扮演了重要角色。据统计，截至2009年底，中国31个省（自治区、直辖市）已设立综合性政务服务中心2842个，其中省级10个、市地级

---

① 《2001年国务院政府工作报告》，中央人民政府网站，2006年2月16日，http://www.gov.cn/test/2006-02/16/content_201157.htm。

② 《2002年国务院政府工作报告》，中央人民政府网站，2006年2月16日，http://www.gov.cn/test/2006-02/16/content_201164.htm。

③ 《国务院办公厅关于成立国务院行政审批制度改革工作领导小组的通知》，中央人民政府网站，2016年10月10日，https://www.gov.cn/zhengce/content/2016-10/10/content_5116889.htm。

356 个、县级 2476 个①。正是在政务服务中心蓬勃发展的这一时期，全国第一个行政审批局——成都市武侯区行政审批局，在原区政务服务中心基础上于 2008 年 12 月宣告成立，但当时并未引起过多关注。

党的十八大以来，从十八届三中全会提出"进一步简政放权，深化行政审批制度改革"，到十九届四中全会提出"深入推进简政放权、放管结合、优化服务，深化行政审批制度改革"，可以看出行政审批制度改革在不断深化，但改革的指向已从相对单一的"简政放权"转变为三管齐下的"放管服"。事实上，"放管服"改革是党的十八大以来政府职能转变工作的主要抓手，而行政审批制度改革则继续扮演了"放管服"改革主要抓手的"角色"。在这个过程中，以天津市滨海新区、银川市、贵州贵安新区等为代表的地方行政审批局的陆续建立及其对相对集中行政许可权改革示范作用的发挥，使得"行政审批局"作为行政审批制度改革创新路径与模式的重要性得到凸显，对审批局的研究也因此得到进一步关注。特别是中央编办与国务院原法制办在 2015 年和 2016 年连续印发《相对集中行政许可权试点工作方案》，确定在 14 个省（自治区、直辖市）推行推广以行政审批局为载体的试点改革后，行政审批局作为深化行政审批制度改革典型模式的地位逐步得到确立。2018 年 5 月，中办、国办在其联合印发的《关于深入推进审批服务便民化的指导意见》中进一步明确"深化和扩大相对集中行政许可权改革试点，整合优化审批服务机构和职责，有条件的市县和开发区可设立行政审批局，实行'一枚印章管审批'"后，前期围绕行政审批局改革模式合法性的争论等问题可以说得到了基本解决，剩下的问题就是如何更好地推进改革。

在行政审批局从无到有、从少到多、从存在争议到得到提倡的发展过程中，承载行政审批制度改革的另一传统路径即政务服务中心及其"三集中、三到位"模式也在健康发展。特别是在浙江省"最多跑一次"、广东省"数字政府"、上海市"一网通办"等发达地区基于政务服务中心而又涵盖审批制度改革的政务服务创新模式不断出现的情况下，从中央政府到社会媒体再到理论界，对此都给予了高度的关注、肯定以

---

① 《解读〈关于深化政务公开加强政务服务的意见〉》，中央人民政府网站，2011 年 8 月 3 日，http://www.gov.cn/jrzg/2011 - 08/03/content_1919190.htm。

及研究投入。相比之下，对行政审批局的研究似乎又进入了一个"低潮期"。

那么，是不是"行政审批局"已经不需要更多研究了？或者说，是它本身的研究价值有限，所以不需要投入更多研究资源？答案是否定的。恰恰相反，我们认为，行政审批局除了作为相对集中行政许可权改革的直接载体，其对行政审批制度改革、政府职能转变（政府整体的结构－功能重构）、行政体制改革乃至政府未来的组织形态演进等都具有贯通性的影响和作用。单就"改革"谈"改革"的话，不足以完整揭示行政审批局的理论意义、学术价值和实践作用。因此，我们需要站在一个更高的观察点来全面、多维度、多层次地认知、剖析，进而建构出改革的必要理论框架及内涵。一方面，形成基于对改革回溯性解释的理性反思；另一方面，结合影响改革的核心要素，形成指导改革未来推进的可能或可行方案，这也是我们写作本书的基本原因。

特别地，由于行政审批局从一开始就受到改革内含权力重置引发的或直接或间接的部门阻力，以及改革推进以后原有职能部门对审批局权力及权力行使的细致"关切"等问题，所以很多审批局改革团队从开始到现在，一直承担着其他改革所不能比拟的工作压力甚或焦虑。当然，在一些顶层设计相对完整和完善的地域，基层审批局改革团队所面临的压力会小一些。但在顶层设计相对滞后或欠缺的地域，即便是改革较为成功的基层审批局，其改革团队仍然面临压力和焦虑——从他们的角度看，审批局改革是需要进一步"正名"的，是需要包括理论界在内的社会各界予以更多了解、理解和支持的，只有这样，这项改革才能真正行稳致远，并在可预期的将来为企业和群众真正打造出一个"人民满意的服务型政府"。基于我们亲身观察和体验到的这些改革实践者们的真切感受及其对改革深入的迫切呼声，我们觉得有必要也有义务去发挥一个学者应该起的作用，那就是通过研究成果来发声、为改革"鼓与呼"，进而从自身的角度参与到改革的进程之中。这也是我们开展研究的另一个重要原因和目的所在。

本书的写作思路及意图如下。

一是希望初步建立起从行政体制到行政审批制度，再到行政审批局的理论图景或脉络。行政体制作为国家治理体系的重要组成部分，是当代政府改革与创新的关键前沿。改革开放以来的历轮行政体制改革都取得了显著成效，并体现出以机构改革为"表"、职能转变为"里"的实践逻辑与价值取向。党的十九届四中全会提出要坚持和完善中国特色社会主义行政体制，对新时期的行政体制改革做出了战略部署。在此背景下，行政审批制度作为政府与市场的结合点，成为转变政府职能的重要抓手和行政体制改革的主要突破口。其以"简政放权"为核心，通过构建"一站式""政务服务中心"等模式实现部门审批职能的集中，体现出以效率为导向、以整合为特点的改革路径。行政审批局的建立，是行政审批制度改革过程中的阶段性创新实践。区别于大部制背景下"职能型机构整合"的改革路径，行政审批局将职能部门的审批职能实现相对集中，通过构建实体机构来承接审批事项，本质上是"结构型职能集中"的改革模式。对行政审批局模式进行更有理论张力的解释，不仅对深化行政审批制度改革具有突出的实践意义，而且为创新中国特色社会主义行政体制提供了重要的理论切入点。

　　二是力图搭建系统论视域下审批局改革研究"实践逻辑 — 理论构建 — 改革前瞻"三位一体的总体框架。本书基于系统论视域，通过选取并分析国内典型行政审批局案例，提炼改革的实践逻辑，并在此基础上开展理论构建，对改革形成系统性认知，从而精准定位改革的难点与重点，再结合特定系统方法论对改革进行前瞻。本书主体内容分为三部分。第一部分（第二章至第五章）为实践逻辑探析，一方面，按照时间线对行政审批局的生成动因与演进逻辑进行梳理总结；另一方面，结合城区与市县两个层级选取典型案例，对改革实践进行全景式观察。第二部分（第六章与第七章）为改革理论构建，本质上是从整体性治理视角和系统论视角对改革特征进行深入剖析，并在此基础上拓展相应理论内涵，为后续路径设计与政策建议提供理论指导。第三部分（第八章）为改革的综合与前瞻，一方面，挖掘制约当前改革深化的核心问题及其根源；另一方面，基于 WSR 方法论提出改革的优化路径，并在此基础上提出改革深化的理论意涵。

　　三是希望表达和传递对当前行政审批局改革的若干观点。其一是审批局改革正处于由审管分离走向审管联动、由"扩散"阶段进入"稳固"阶段的重要节点。一方面，需要凝聚改革共识，将改革推进与法律法规调适相结合，将审批局模式与政务中心模式的优势相结合，将线下审批与线上审批相结合，稳改革之势；另一方面，需要挖掘制度潜力，从审批效率提升、审管良性互动、改革动力增强以及有效经验制度化等方面加强实践探索，固改革之基，从而真正发挥审批局的制度优势并将其转化为现实的治理效能。其二是审批局改革的深入推进，需要面向整体政府及数字政府建设，在系统论指导下进行通盘谋划。当前困扰审批局改革深化的根本瓶颈，是我国政府组织体系内含的条块管理体制及其衍生的数据治理难题。为此，需要在已有政府服务界面、审批界面再造的基础上，同步进行政府监管界面、数据界面再造，全面构建以服务、审批、监管体系为支撑，以数据体系为内核的整体政府和数字政府架构，实现制度－技术深度耦合，从而开创政府治理全新形态和国家治理崭新格局。其三是地方审批局改革瓶颈的突破核心，在于省级作用的有效发挥，即加大改革的顶层设计与统筹力度，规避基层部门扯皮带来的体制内耗对改革红利的影响。首先要建立职责序构的组织保障，为改革深化提供强有力的体制核心；其次要推动事项划转的整体规划、统筹标准体系的顶层设计；再次要构建清晰明确的法治保障，厘清审管部门的职责边界，加强数据联通的平台建设，通过"技术＋制度"的方式为改革深化提供扎实支撑；最后要完善地方改革的管理机制，推动改革的长效化、规范化发展。

简言之，本书希望建立起行政审批局改革研究的系统理论框架，通过揭示改革的整体逻辑规律和内在动力机制，为审批制度改革研究创造知识增量。但限于笔者的思考水平和研究资源，本书是否达到了"创造知识增量"的目的，还有待各位专家学者以及实践界同人做出批评和指正。笔者也衷心期待和欢迎来自各方面的意见、建议，以期真正把行政审批局改革的研究深入推进下去。

摘　要

　　行政审批局改革肇始于 2008 年 12 月成都市武侯区，发展至今已覆盖的地市、县区及开发区超过 1000 家，成为我国"放管服"改革进程中不容忽视的重要实践。该项改革通过依法改变政府原有"同一职能部门既审批又监管"的制度安排，实现了政府整体"审批局审批、原有职能部门监管"的重大行政体制变革，是我国地方行政审批制度改革的典型创新实践，是中央层面推进相对集中行政许可权改革的核心模式与载体，对深化政府职能转变、推进"放管服"改革、优化营商环境具有贯通性作用，对政府治理创新乃至国家治理变革具有全局性影响。为此，有必要对行政审批局改革已有实践进行经验梳理、逻辑辨析与理论阐释，从而为改革行稳致远提供理论助益，也为观察新时代行政体制改革提供鲜活样本。

　　鉴于针对行政审批局改革的已有研究相对呈现"碎片化"现状，所以本书采取系统论观点和视域，力图对改革的生成、演进、发展、深化等历时性环节进行全面梳理与反思，从而搭建改革研究的系统性框架（实践逻辑—理论构建—改革前瞻）。与此同时，本书一方面立足笔者所在省份的典型改革案例开展研究，另一方面注重采取比较视角来观察或吸收其他省份的相关改革经验，以期在共时性维度形成对改革全局的认知与思考。当然，这种系统性的尝试还比较初级，有待在未来研究中予以深入。本书主要章节的核心内容如下。

　　第二章"行政审批局改革的生成逻辑"，全面梳理该项改革的政策依据、制度基础与模式原型。首先，在宏观层面识别服务型政府、大部制改革以及"放管服"改革等政策对行政审批局产生的指向效应，同时指出行政审批局对上述政策在理念层面的回应及互动。其次，在中观层面描述行政审批制度作为改革基础所体现出的路径特征，强调转变政府职能、完善职责体系以及回归公民本位等深层逻辑对行政审批局改革的支撑作用。最后，在微观层面识别以行政服务中心为代表的模式原型，指出其面临的双向运行成本负担、职能定位认知模糊以及服务优化的效率迷思等协调困境与创新限度，成为行政审批局改革的直接动力。综上，本章指出行政审批局本质上是在系统导向下实现的创新探索，并从理论、法理、实践维度对行政审批局予以界定。

第三章"行政审批局改革的演进逻辑"，系统分析该项改革的扩散机制与模式特征。基于政策创新扩散理论分析框架对改革历程进行梳理，发现其在扩散模式上既具备横向区域扩散、纵向层级扩散以及吸纳辐射扩散等共性扩散路径，也体现出以阶梯性为表现的时空特征，蕴含效率机制、学习机制、模仿机制以及行政指令机制等多元及个性化的扩散机制。此外，从理论维度对扩散模式进行反思，指出要加强对创新举措异化现象的规制，并选取银川市、贵州贵安新区以及上海市等地作为改革深化的个案参考，为改革演进提供支撑。

第四章"城区审批局改革的执行逻辑"与第五章"市县审批局改革的组织逻辑"，集中选取陕西省内6个地域开展案例研究，构建出省、市、区县改革实践的完整图谱。一方面，聚焦西安市莲湖区、渭南市华州区、延安市宝塔区3个典型城区的审批局改革，先对强基础下莲湖区审批局的持续创新过程进行剖析，再对弱基础下华州区审批局、零基础下宝塔区审批局的改革历程与模式特征进行分析，旨在基于不同基础分析城区审批局改革的执行逻辑。另一方面，选取延安市、西安市以及榆林市靖边县作为典型对象，先探讨延安市审批局对全市审批制度改革的刚性推动，以及西安市审批局对全市审批服务创新的柔性引导，再评介榆林市靖边县审批局以刚柔并济的方式推进审批服务标准化、品牌化的探索之路，进而总结提出省级政府在改革中应发挥建立职责序构的组织保障、推动事项划转的整体规划、统筹标准体系的顶层设计等统领作用。

第六章"行政审批局改革：从'碎片化'困境到整体性优化"，从特定的"点"出发，观察改革作为一个"整体"所表现出的理论意涵。首先，基于整体性治理理论，从目标、执行以及方式层面构建行政审批局的三维分析框架。其次，通过对莲湖区审批局改革这一"理想模型"的分析，深度挖掘行政审批局改革的整体性机理。最后，基于莲湖区审批局的创新实践，提出重塑以服务为导向的系统化认知、构建可持续与动态化的整体性治理模式、推动信息技术的统筹协调与深化应用等改革优化路径。

第七章"行政审批局改革的系统理论构建",从改革的"面"来审视,立足系统论对改革特征进行了深入剖析。首先,对行政审批局改革进行系统界定,从改革生命周期涉及的重要元素,将其视为一个复合化的时空活动过程系统,同时给出其时、空、动力三维分析框架。其次,分析行政审批局改革系统的双重动力,即从审管分离与联动、审管协同两个主要阶段,对改革所涉及的审批权力重置、审批知识合作与审管信息交互、审管数据驱动等驱动力及相应改革内容进行详细探讨,以完整刻画改革的发展逻辑。最后,对行政审批局改革进行系统评估,在探讨改革稳定性与秩序性的基础上,将其置于我国经济治理持续优化的动态过程中予以通盘审视,指出其逐步实现综合集成与整体智治的改革前景。

第八章"行政审批局改革的未来前瞻",在全面反思改革实践困境及其根源的基础上,实现对改革深化的路径设计与对改革理论意涵的深入阐释。首先,系统梳理行政审批局改革存在的进程分散、模式混同、审管脱节、效率迷思及数据割裂等核心问题。其次,结合 WSR 方法论,系统设计改革深化的推进路径,分别为物理(W)层面标准化驱动的透明审批、事理(S)层面数据驱动的审管协同,以及人理(R)层面服务驱动的整体政府。最后,扼要探讨改革深化的理论意涵,包括清单制与法治政府、大部制与界面政府、智能化与数字政府以及人本化与满意政府。

本书的创新之处主要体现在以下三个方面。

在研究对象上,聚焦"放管服"改革中重要但相对受到忽视的新问题,即行政审批局改革问题。以整合为基本逻辑的行政审批制度改革,在实践中发展出行政服务中心模式与行政审批局模式,其中前者不涉及审批权力的部门间转移,但强调审批服务界面再造,后者则实现了审批权力的划转和集中,同时也注重审批服务界面再造。相比较而言,审批局模式实现了从协调机构到实体机构的跨越,整合力度大、改革更彻底,对再造政府职能分工体系具有关键作用。与此同时,审批局模式仍面临认知模糊、审管脱节等"碎片化"风险。考虑到当前国内学者更多关注以"最多跑一次"改革等为代表的行政服务中心模式,对审批局模式的关注较为有限,所以本书既是对审批制度改革研究的递进探索,也是对审批局这一最新改革实践的及时响应与关注。

在研究视角上，实现从分散化观察到系统性分析的转变。本书基于系统论视域，结合政府职能理论、政策创新扩散理论、整体性治理理论、系统分析理论，通过文献研究、规范研究、实证研究等方法，对审批局改革的理论图景、概念内涵以及生成动因、扩散过程、典型实践等进行全面分析，以揭示改革实践的多重逻辑，同时解析审批局改革的整体性机理，进而构建审批局改革的系统理论框架，实现行政审批局改革的重要理论创新。

在研究内容与方法上，推动从规范性的宏观探讨向实证性的精准论证深化。区别于前期对改革的模式界定、法理探讨，本书通过案例研究的方式，构建不同层级与基础条件下改革的连续谱系，形成对行政审批局改革的全景式观察。在此基础上，一方面识别和明晰改革中不同主体的角色定位与作用机制，另一方面对改革所存在的进程分散、审管分离等问题与困境进行深入探析，并引入 WSR 方法论对改革推进策略进行整体设计，为改革深化提供更加精准的理论支撑与实践参考。

目 录

第一章 绪论

第一节 作为行政体制改革创新探索的行政审批局

一 行政体制改革的基本逻辑与实践路径

(一) 逻辑主线：转变政府职能

改革开放以来，行政体制改革的持续深化是我国政府不断取得经济社会发展成就、实现国家治理体系与治理能力提升的重要原因。对 40 多年来行政体制改革基本逻辑的探究，是理解改革核心维度、分析改革走向的重要基础。为此，需要梳理总结改革历程以确定推动改革的基本动力，也需要进行理论分析来识别影响改革走向的变量与机制（于君博，2018）。

从行政维度来理解政府职能，其实质是政府与市场、社会的边界问题。1978 年底的改革开放，开启了政府职能转变的进程。伴随社会主义市场经济体制的建立和不断完善，以及社会主要矛盾和社会结构的不断变化，我国对政府职能的认识逐步深化，政府职能转变日趋深入（马英娟、李德旺，2019）。自 1988 年我国首次提出"转变政府职能是机构改革的关键"，对政府职能的关注成为行政体制改革的主要着力点。后续的历次行政体制改革，不断深化着对政府职能的再认识、再审视，作为行政体制改革的逻辑主线，政府职能转变成为理解行政体制改革的重要维度。

政府职能转变与行政体制改革的关系演进是一个渐进过程（见表1-1）。在此主要围绕 1988 年、1993 年、1998 年、2008 年、2013 和2018 年行政体制改革的重要节点展开，并按照实践进展将其分为三个阶段。

表 1-1　行政体制改革中政府职能转变的实践进程

年份	改革内容
1988	《政府工作报告》强调政府"机构改革主要着眼于转变职能",意味着转变政府职能开始成为机构改革的主要着眼点
1993	《政府工作报告》进一步提出,行政管理体制和政府机构改革"要围绕转变政府职能这个中心环节",标志着政府职能转变在我国行政体制改革中的地位正式确定下来
1998	九届全国人大一次会议通过的《关于国务院机构改革方案的决定》明确把政府职能定位为"宏观调控、社会管理和公共服务"
2008	《关于深化行政管理体制改革的意见》强调深化行政管理体制改革要以政府职能转变为核心。加快推进政企分开、政资分开、政事分开、政府与市场中介组织分开,把不该由政府管理的事项转移出去,把该由政府管理的事项切实管好,从制度上更好地发挥市场在资源配置中的基础性作用
2013	在党的十八届二中全会上,习近平总书记明确指出,转变政府职能是深化行政体制改革的核心。强调改革的实质是界定政府的职责及其与市场、社会的关系调整。2013 年,《中共中央关于全面深化改革若干重大问题的决定》明确提出:"全面深化改革的总目标是完善和发展中国特色社会主义制度,推进国家治理体系和治理能力现代化。"
2018	《中共中央关于深化党和国家机构改革的决定》指出,转变政府职能是深化党和国家机构改革的重要任务。要坚决破除制约使市场在资源配置中起决定性作用、更好发挥政府作用的体制机制弊端,围绕推动高质量发展,建设现代化经济体系,加强和完善政府经济调节、市场监管、社会管理、公共服务、生态环境保护职能,调整优化政府机构职能,全面提高政府效能,建设人民满意的服务型政府

（1）政府职能转变的重心及其在行政体制改革中的定位逐渐明确。改革开放初期,行政体制改革侧重于机构的精简与调整,在一定程度上解决了改革的技术理性问题,但是忽略了改革的价值理性特征,所以在一定程度上阻碍了行政体制改革的深化以及政府职能的转变。1988 年的《政府工作报告》首次强调机构改革与转变政府职能的关系,开始关注行政体制改革中政府职能转变的重要性。1993 年的《政府工作报告》进一步强化了转变政府职能在行政体制改革中的关键作用。这一时期,我国就转变政府职能在行政体制改革中的地位问题取得了认识层面的进步,但对社会主义市场经济条件下政府职能的内涵与定位还缺乏系统认知,没有将政府职能转变的思路和规划与行政体制改革相结合,在实践层面并未取得实质性的推进。

（2）政府职能结构的明晰及其作为行政体制改革重心与突破口的确定。经过改革开放初期的探索与实践,1998 年以后,对政府职能的定位开始从政治职能向经济职能、社会职能扩展，侧重于理顺政府与市场、社会的关系。2008 年，不仅进一步明确了政府职能转变在行政体制改革中的核心位置，而且将 1998 年关于职能结构的定义予以详细明确。与此同时，国家在这一阶段开启了行政审批制度改革。作为行政体制改革的重要组成部分，行政审批侧重于调整政府与市场关系，将政府职能的内容转变为实践性、具体化的改革，在优化政府管理方式的同时，进一步促进了市场对资源配置决定性作用的发挥，成为政府职能转变的重要抓手以及行政体制改革的主要突破口。

（3）对政府职能转变的动态调整以及对行政体制改革的导向性逐渐明晰。随着社会主义市场经济的不断发展，政府职能定位不再局限于为经济服务，还侧重于公共服务职能的强化，同时推动政府职能的整体性履行。2013 年提出的"推进国家治理体系和治理能力现代化"的总目标，强调政府职能转变必须加强系统思维，要将其视为一个对市场和社会发展进行判断进而调整的动态过程，这对行政体制改革提出了整体性与协同性的改革导向。2018 年《中共中央关于深化党和国家机构改革的决定》在明确政府职能转变这一逻辑主线的基础上，增加了政府的生态环境保护职能，此举并非突破原有职能结构，而是在经济与社会职能基础上实现的系统性调整，同时也是对行政体制改革方向的进一步明晰，其核心仍然围绕如何更好地发挥政府作用。

（二）核心路径：调适政府机构

2008 年的《政府工作报告》指出，行政体制改革包括转变政府职能、深化政府机构改革、完善行政监督制度以及加强廉政建设等多方面内容。从实践层面来看，机构改革通常成为行政体制改革的关注重点与核心路径。结合改革开放以来的七轮政府机构改革实践，可将其分为以精简为重点的上半程与以整合为核心的下半程。政府机构改革并非独立的过程，其本质是与职能转变进行互动从而推动整个行政体制的优化与完善。基于机构改革实践的分析，既能更好地把握改革的路径特征，也能为理解行政审批局的模式构建提供认识基础。

通过梳理历轮行政体制改革中国务院行政机构数量的增减变化（见图 1 - 1），同时结合改革的内在逻辑，将启动于 2008 年的大部制改革作为前后两个阶段的分界，即 2008 年前的机构改革侧重于机构精简，2008

年后的机构改革侧重于部门整合与系统性设计。

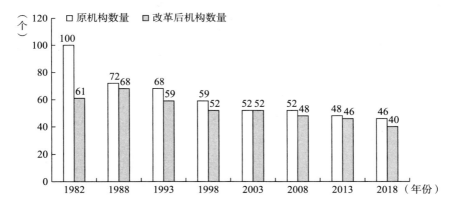

图1-1   历轮行政体制改革中国务院行政机构数量变化情况

注：统计口径为"行政机构"，直属事业单位以及议事协调机构等不列入机构变化统计范围。

资料来源：周志忍、徐艳晴：《基于变革管理视角对三十年来机构改革的审视》，《中国社会科学》2014年第7期。2018年数据根据中央人民政府网站《国务院组织机构》整理补充。

从改革特征来看，机构数量前期变化明显，后期变化较为稳定，整体呈现渐近性与阶段性特征。本质上是由于对当时的政治社会问题进行循序渐进、局部性的组织革新，在对体制弊病进行边际调整的同时，不断扩张新体制的力量，由此形成"双轨体制"，以增量取代存量，进而实现帕累托改进（颜德如、李过，2021），有效避免了陷入"精简—膨胀—再精简—膨胀"的怪圈。

从改革动力来看，政府机构改革既是对社会问题差异性与多元性的关注，也是对政府职能转变的积极回应。基于职能视角对机构改革进程进行划分，可以将其分为前期和后期两个阶段，其中前期是政府经济管理职能的转变，主要涉及政企分开和政府经济管理方式的合理化；后期的重点是加强和改善宏观调控，更加注重社会管理和公共服务职能（周志忍、徐艳晴，2014）。以职能转变为内核的机构改革，成为历轮行政体制改革最为核心的路径特征。

二　行政审批局：从"职能型机构整合"到"结构型职能集中"

（一）从机构整合到职能集中：行政体制的深化探索

大部制改革作为 20 世纪以来世界各国政府机构改革的一般规律，主张按照相近职能统一的整合原则，对现有机构进行重新规划、设计，从而建立起职能有机统一的大部门体制，本质上是一种"职能型机构整合"的改革模式。作为我国目前行政体制改革的主要方向，大部制是行政系统与行政环境之间动态平衡的直接体现，即通过调整公共权力结构和运行机制，构建服务型政府。行政审批权属于行政执行权力范畴，对其运行机制的调整同样是大部制改革的重要内容。

在部门化审批阶段，行政审批权分散掌握在各个政府部门手中，相应的监管权限也与之匹配，呈现"碎片化"权威主义（Fragmental Authoritarianism）特征，即一方面，审批权在部门与层级的分割导致其"碎片化"现状，使得部门利益往往成为决策主导，公共利益被忽略；另一方面，这种部门利益并没有实现合法化的过程，其扩张并非合法化的权威性分割（张强，2019）。

行政审批局的建立，是行政审批制度改革过程中大部制理念的新型实践。从转变政府职能来看，这种"结构型职能集中"是优化政府职能体系的重要途径；从政府机构改革来看，它是从整合导向到系统导向的集中体现。

职能集中的导向发生转变。区别于传统大部制改革对相近职能部门的合并，行政审批局是在"放管服"改革背景下转变政府职能的创新探索，体现在转变方向更加精准、转变重心更加清晰、转变方式更加彻底。从方向与重心来看，行政审批局是将审批职能进行相对集中，通过构建审管分离机制倒逼事中事后监管的加强，将政府治理的重心从审批转向监管，进而在简政放权过程中推动服务型政府的构建。从方式来看，以"结构型"为根本，通过体制突破彻底实现行政许可权的集中化，是在当前改革进入"深水区"背景下的"破局之举"。

机构改革的模式趋于完善。传统大部制改革关注特定的领域或部门，落脚点仍在部门。但从当前背景来看，对"点"的关注已经难以推动治理体系与治理能力现代化的发展要求。一方面，改革的设计必须从

"点"转向"面""体"等维度，立足政府整体运转来深化行政体制改革；另一方面，要处理好机构改革与职能转变的关系，实现改革导向与改革路径的有机结合，换句话说，机构改革并非独立进行，其核心仍要围绕职能转变这一逻辑展开。行政审批局的建立，立足政府职能体系优化导向，是将行政许可权进行相对集中的机构改革实践，既是对职能转变逻辑的积极回应，也是对政府整体权力运转方式的优化，实现了由整体导向到系统导向的转变。

（二）从机制创新到体制突破：审批制度的创新实践

自2001年行政审批制度改革启动以来，各级各地政府积极探索，不断创新审批方式，提高审批效率，在实践中逐渐形成行政服务中心与行政审批局两种不同模式。

从改革历程来看，以"一站式"为代表的行政服务中心模式发展历史较长，且应用范围较广，主要特点在于通过物理集中、流程优化、事项整合等机制来优化服务；而以"一章式"为代表的行政审批局模式探索时间相对较短，主要特点是将行政许可权实现相对集中，通过构建审管分离机制来突破改革的体制性掣肘。从二者关系来看，它们并非相互矛盾或相互替代。行政审批局作为审批制度改革的创新探索，一方面，它建立在前期政务中心所构建的"物理集中"基础之上；另一方面，由政务中心衍生出的创新机制也为审批局模式的优化提供了路径参考。但从二者的区别来看，行政服务中心本质上仍是围绕部门协同机制建设展开，并未触及权力运转体制本身；而行政审批局通过事项的直接划转，实质上实现了从机制创新到体制突破的转变。

具体而言，行政体制是指行政权力结构之间的关系状态，是基于国家制度而衍生出来的涉及行政权力诸因素运行的架构关系，其侧重点在于系统运转的合理性问题；而行政机制是指行政体制运行中的形式、流程与技术等要素，主要涉及行政体制运行的有效性问题（沈荣华、王荣庆，2012）。据此剖析行政服务中心模式可以发现，其根本特征在于将不同职能部门的审批业务入驻"中心"办公，并不涉及权力、人员等要素划转。在此模式下，通过物理集中的方式改变传统的审批流程，以及基于企业化管理方式对服务态度、服务方式等进行再造，从而实现审批效率提升与服务质量优化。但从行政体制改革的维度来看，行政服务中心模式并不涉及整个行政系统主体格局的改变，也不涉及权力归属在原职能部门的变动，其核心仍是围绕体制运行的效率提升展开，因此实质上属于机制完善。

行政服务中心模式基于机制创新，有效优化了部门化审批格局下的"碎片化"问题，实现了审批流程、要件等具体要素的公开，并通过窗口式集中进一步提升审批效率、优化审批服务，在一定程度上将传统体制运行中的低效与抵触因素向有效性、精练性转化。但从改革现状来看，它并未触及体制变革本身，所采取的优化方式也难以实现系统性发展，具体体现为行政服务中心的协调力度差异，即窗口审批功能与部门审批权力衔接的问题。这一困境导致行政服务中心在实质上成为审批材料的"收发室"，虽然职能部门入驻办公，但实现协同、接受统一管理等难度较大，因而在运行过程中又形成新的"碎片化"格局。

为了破解热情服务背后的协调困境，近年来浙江省"最多跑一次"、广东省"数字政府"、上海市"一网通办"等改革探索，基于信息技术发展以及机制完善来优化传统的行政服务中心模式，通过自上而下的改革方式取得了明显成效。但从我国大多数地区来看，数字化建设仍处于起步状态，基础较薄弱，构建以技术为支撑的服务模式仍有较大难度。成都市武侯区通过开展相对集中行政许可权改革，创设国内首家行政审批局，从体制维度实现突破，直接将事项进行划转，实现了更为彻底的集中审批，成为目前多地行政审批制度改革的重要选择。

从行政服务中心到行政审批局的转换，本质上是在当前行政体制改革进入深水区的情况下，在审批流程、审批方式以及管理运行机制创新遇到瓶颈时的果敢改革与突破，具有实践与学术前沿性的双重价值。同时，行政审批局模式也在实践过程中不断将体制与制度优势转化为具体的服务效能，取得了积极的改革成效。截至 2020 年 12 月底，全国范围内各级各类行政审批局共有 1025 个，包括 2 个副省级城市、13 个省会城市、92 个一般地级市、305 个市辖区、123 个县级市、381 个县和 109 个各级功能区（张定安等，2022）。这也成为本书开展研究的重要背景。

第二节 行政审批局改革研究综述

尽管行政审批局因应了国际上较为主流的整体政府理念及其实践，但它本质上是在中国的法律和制度条件下产生的一个具有本土特色的组织概念与改革实践。因此，本节重点梳理国内学者对行政审批制度和行政审批局改革的相关研究。

一 行政审批制度研究

基于文献计量法，以 CNKI 平台核心期刊及 CSSCI 数据库收录的2001～2021 年 1414 篇行政审批制度研究文献为样本构建知识图谱，对行政审批制度研究的主题特征进行分析。综合关键词共现图谱来看，针对行政审批主题的研究形成了以"行政审批制度改革"这一关键词为核心的分布格局，体现出明显的动态性与实践性特征。与此同时，审批事项、简政放权、政府职能转变、地方政府以及行政服务中心等高频关键词都表明，改革实践过程中的指导理念、创新措施等都得到了理论层面的广泛关注。在此基础上，本节基于制度分析与发展（Institutional Analysis and Development，IAD）框架，结合外部变量、行动情景、行动者、互动以及结果评价等基本要素（李文钊，2016），对重点关键词进行梳理与聚类，将行政审批制度研究的现状划分为制度要素、制度导向、制度创新和制度效应四个主题领域。

（一）制度要素

自 2001 年国家启动行政审批制度改革以来，持续的审批事项取消、下放与调整撬动了行政审批权力格局的再调整与利益的再分配（王海燕，2013）。围绕审批权、审批事项以及审批行为等基础要素的探讨成为理解行政审批制度的重要基础。一方面，改革前期侧重对"行政审批"这一概念进行界定，特别是将其与"行政许可"（马怀德，1995；张步峰，2013）、"非行政许可审批"（张恩蓉，2013；赵明，2014；骆梅英，2013）等相近的概念进行辨析；另一方面，以审批权力为核心的要素观察贯穿了改革全过程，从改革启动之初就对审批权力数量特征与执行方式予以反思，对权力下放与调整的必要性进行论证（中国行政管理学会课题组，2002）。到改革中期，学界从对审批调整数量的关注转变为对审批改革质量的强调，着眼于与部门利益关系密切的审批项目进行改革，避免出现"裁判下场踢球"的尴尬局面（李晴、陈鹏，2013）。进入改革深化阶段，部分学者开始反思改革过程中存在的权力基础模糊、制约机制缺失以及责任监督未落实等问题（刘琼莲、刘志敏，2016），强调要从来源、配置、行使三个方面规制权力，克服随着改革的深化因触及实质利益而带来的更大阻力（薛澜，2013）。

（二）制度导向

行政体制改革是行政主体自觉适应社会与市场环境的过程（何艳玲，2020），而行政审批制度作为调整政府与市场关系的主要抓手，同样随环境变化体现出明显的周期性特征，其发展历程也与我国市场化进程相吻合。围绕市场经济这条主线，将行政审批制度研究分为三个核心阶段，即问题导向的初期定位、服务导向的中期调适以及系统导向的深化完善。

改革初期，研究主题主要围绕入世背景下对行政审批制度的问题反思以及对政府职能的方向定位，指出审批制度应遵循市场规律及 WTO 规则以发挥调控与管理作用（于怀江，2002），大幅缩减与经济发展不相符的审批项目，彻底消除计划经济中的管制理念，进而激发市场活力（张康之，2003）。改革中期，对审批制度的认知逐步进入服务导向的调适阶段。伴随市场经济推进对生产资料所有制及分配方式产生影响，原有的社会利益格局失衡（何艳玲，2020），以服务型政府为核心的政策导向成为审批制度改革的主要目标。改革后期，随着简政放权改革的不断深入以及服务理念的逐步贯彻，"放管服"改革的启动标志着行政审批制度改革进入一个系统性的完善阶段，其改革目标落脚在营商环境优化上，实质上是对制度改革提出了更深层次的整体性要求。

（三）制度创新

自行政审批制度改革开展以来，在模糊性政策目标指导下，地方政府在探索过程中产生了大量创新实践，为理论界提供了丰富的研究案例。整体而言，可从权力规范、结构－功能优化以及技术赋能三个维度来探讨不同阶段的研究特点。

在权力规范维度，《行政许可法》的出台标志着行政审批制度改革逐步进入规范化与法治化的发展轨道（朱晞颜、包亚军，2004）。随着简政放权改革的不断深化，为保障改革的科学性与有序性，应避免"一放就乱、一收就死"的改革误区（陈坤、仲帅，2014），逐步建立以"清单"为特征的制度规范体系。在结构－功能优化维度，中观层面的改革组织以及微观层面的改革落实更多围绕以"行政服务中心"为核心的模式及载体建设，审批业务、审批数据以及政务服务维度的集成成为组织发展的重要趋势（艾琳等，2013）。相对集中行政许可权改革的开展为审批制度改革提供了新的视角与路径，以行政审批局为主题的研究逐渐增加，其体现出的体制创新与路径特征也被界定为中国行政审批制度改革的生长点与聚焦点（刘琼莲、刘志敏，2016）。在技术赋能维度，近年来，"一网通办""最多跑一次""数字政府""不见面审批"等地方政府探索出的审批模式创新，本质上是制度信息化的构建过程，即加强网络化协作以提升服务效能，搭建信息化平台以整合审批流程以及实现数据透明化以强化创新监管（张莉、周上钦，2020）。

（四）制度效应

随着行政审批制度改革的不断深化，其改革路径与模式趋于成熟，因此对其制度效应的评估与分析逐渐成为研究的前沿。就行政审批制度的外部效应而言，其研究核心是围绕对企业及地方政府经济建设的影响进行评估。从宏观视角看，行政审批制度改革通过抑制社会成本，可以有效促进地方经济增长（夏杰长、刘诚，2017），对地区产业结构也能够起到一定的升级作用（纪祥裕，2020），进而改善地区就业状况并提高劳动收入份额（郭小年、邵宜航，2021）。从微观视角看，行政审批制度最为重要的效应，是能够显著降低企业的制度性交易成本（杨艳、车明，2020），通过提升审批效率与服务质量来降低企业的时间成本、机会成本（彭向刚、周雪峰，2017）。就行政审批制度的内部效应而言，在当前审管分离背景下，作为职能转变重要一极的"管"，在深化以"放"为核心的行政审批制度改革过程中逐渐受到关注，理论界转向对审管互动过程进行演进分析和逻辑解释（马长俊、胡仙芝，2020），以加强对放管结合机理及路径的研究（谢来位，2019）。

二　行政审批局改革研究

结合行政审批局改革的三个重要时间节点，即 2008 年武侯区审批局的初创、2015 年和 2016 年中央编办与国务院原法制办确定的两批试点，以及 2018 年中办、国办印发《关于深入推进审批服务便民化的指导意见》，将行政审批局的改革过程对应分为三个阶段：2008～2014 年的探索与起步阶段，2015～2018 年的成形与扩散阶段，2019 年至今的深化与完善阶段。

在探索与起步阶段，文献内容主要涉及两个方面：一是基于行政审批制度改革的延续对行政审批局模式的趋势进行判断；二是对其"相对集中"行政权力行为的合法性进行辨析。在成形与扩散阶段，文献内容集中探析行政审批局模式在国内多地的实践，同时讨论其存在的问题。在深化与完善阶段，学界开始对行政审批局模式存在的深层困境进行挖掘，同时基于与行政服务中心的路径比较来总结审批局模式的特点等。

（一）探索与起步阶段

作为行政体制改革的前沿探索，行政审批局改革与大部制改革、行政审批制度改革以及相对集中行政处罚权改革等有着密切联系。成都市武侯区首创的第一家行政审批局被称为制度改革的"破局之举"（顾平安等，2016），引起了公共行政学、法学等领域的迅速关注，一方面对改革的制度渊数与发展趋势进行判断，另一方面结合《行政许可法》《地方各级人民代表大会和地方各级人民政府组织法》等内容对其合法性进行辨析（殷飞、申海平，2016），其中既包括肯定支持的声音，将其定位为未来审批机构发展的主要趋势，也包含质疑与反对的看法，认为其与行政服务中心相比缺乏优势且面临合法性危机。

从趋势预测看，国内学者集中将其与之前的体制变革以及审批模式进行比较分析，从而对行政审批局模式的发展趋势进行预测。其一，从体制改革视角看，主要是在大部制背景下对行政审批局模式进行理论反思。在行政审批局出现之前，已有少数学者提出这类实体机构式的审批集中服务主体，如结合大部制改革理念，针对行政服务中心模式下存在的制度缺陷（肖洪飞，2008），提出以实现权力相对集中为目的的审批机构模式，它本质上与行政审批局的理念与路径相同。也有学者基于大部制视野与对武侯区实践的思考，将审批制度改革历程划分为内设机构、协调机构以及准实体机构三个阶段，提出以审批局模式为代表的实体机构将成为未来审批机构发展的主要趋势（靳学法，2010）。其二，从制度历程视角看，通过与行政服务中心模式进行比较分析，对是否要在权力层面实现相对集中以及新型审批机构的设置展开讨论。其中，反对者认为行政服务中心的困境破解应通过事项化简与项目合并、程序优化的方式来解决，并非需要新设组织来进行许可权集中（方洁，2008）。也有反对者立足顺应行政体制改革、符合专业性许可审查要求、提升行政审批效能三个维度的解读，认为行政服务中心相较于行政审批局模式更具优势，其核心在于从功能定位、法律定位以及保障机制层面对其进行完善（朱新力、黄玉寅，2013）。而支持者认为，行政审批局的成立是在行政服务中心机制渊薮背景下对体制创新的探索（沈荣华、王荣庆，2012）。也有支持者认为行政审批局的成立是破解行政服务中心存在的"两头跑""体外循环""收发室"等问题的根本措施，以及简化审批环节、促进职能转变的有效途径与环节（郭晓光，2014）。

　　从法理辨析看，作为相对集中行政许可权的产物，行政审批局以《行政许可法》第二十五条作为基础法律依据，即"经国务院批准，省、自治区、直辖市人民政府根据精简、统一、效能的原则，可以决定一个行政机关行使有关行政机关的行政许可权"。该条款虽在一定程度上肯定了行政审批局改革模式的合法性，但并未从主体设定、改革程序等层面对其进行明确，所以在理论层面对审批局改革合法性的讨论较为集中。部分学者对行政审批局模式的路径和方式提出质疑，认为大量地将行政许可权从法定行政机关剥离并交由其他行政机关行使，虽符合职权法定原则的要求，但不符合职权法定原则精神，也影响了法律的权威（徐继敏，2011）。更多学者关注当前法律体系背景下行政审批局发展的局限性，即未建立起与之相匹配的法律保障体系，提出应进一步完善立法体制（李路，2010），并强调将其纳入地方法治政府建设规划之中（宋迎军，2009）。法学作为重要的研究视角之一，在后续阶段研究中也不断对模式本身进行法理分析，为理解和完善行政审批局模式提供了重要的支撑。

（二） 成形与扩散阶段

随着中央编办、国务院原法制办 2015 年第一批试点文件的发布，行政审批局在全国范围内快速扩散，而处在探索阶段的成都市武侯区、天津市滨海新区、银川市等的先行实践也成为实践界与理论界关注的重点。区别于探索与起步阶段的理论探讨，学界在成形与扩散阶段开始实质性关注行政审批局的模式特征，立足实践对其发展现状、存在问题及对策措施进行分析，同时进一步将地区实践的创新理念和措施进行归纳与总结，以期推动改革在更大范围内的深化与扩散。

基于对试点地区的关注，学者们从理念、结构、技术等不同视角对行政审批局模式进行分析总结。从理念来看，重点是对行政审批局的定位与判断，侧重其对审批制度改革的推进与探索效应，如将其所体现出的体制创新与路径特征界定为中国行政审批制度改革的生长点与聚焦点（刘琼莲、刘志敏，2016），认为开展相对集中行政许可权改革是建设现代政府治理体系的有益探索与推动创业创新的重要抓手（陈晓东，2016），从不同维度肯定了行政审批局的实践价值与理论价值。从结构来看，既包括从宏观层面对行政审批局改革所涉及的部门关系进行考量，即基于条块关系和职能联系，对行政审批局的"纵横"关系匹配与"审管"的脱离和联动进行分析（沈毅、宿玥，2017），也包括从微观层面对行政审批局的组织架构进行探索，如基于行政组织与环境互动的分析框架对其进行理论分类，从而提出改革策略上的优化建议（宋林霖，2016）。从技术来看，一方面，梳理了改革实际运转中存在的业务知识空缺、标准化体系缺乏等基础性制度规范问题（沈毅、宿玥，2017）；另一方面，对行政审批制度改革中持续存在的信息孤岛问题进行关注（何阳等，2017），指出部门专网的存在实质上影响了审批局体制优势的发挥（方宁，2018）。

（三） 深化与完善阶段

自 2018 年 5 月中办、国办印发《关于深入推进审批服务便民化的指导意见》以来，行政审批局改革进入了新的发展阶段。一方面，根据笔者对全国地级市层面行政审批机构的统计，半数以上地级市已建立行政审批局，即便一些未建立行政审批局的地市，行政审批局在其区县层级也实现了广泛扩散，表明改革的影响范围较为广泛；另一方面，多地对行政审批局模式的探索已步入新的阶段，如银川市开始集中关注企业开办、项目报批等重点领域（王妍，2020），天津市等开始落实告知承诺制等"证照分离"改革的前沿措施。随着实践层面改革的快速推进，理论层面对改革存在问题的定位也逐渐深化和精准，对改革模式的认知也更加全面，开始从制度变迁、模式比较等维度对其进行系统性阐述。

一方面，国内学者对行政审批局模式存在的深层次问题进行了专题性的剖析与反思，如针对审管关系，基于组织学理论从目的、干预、组织环境角度对审管分离之后推进审管互动进行演进分析和逻辑解释（马长俊、胡仙芝，2020），以及对作为审批服务改革重点的工程建设项目审批存在的"碎片化"问题予以关注，基于制度、技术、动力和文化框架对改革要素进行分类，并对审批服务的整体性供给提出优化策略（张梓妍等，2021）。另一方面，对改革模式的认知也进入总结与展望阶段。从纵向看，基于部门协调成本视角，对相对集中行政许可权改革的组织演化与变迁逻辑进行分析，并从法律视角、权责结构等维度提出行政审批局"后时代"的优化路径（刘恒、彭箫剑，2019）。同时，也包括对改革本身发展阶段的"集中"问题进行阶段性探讨，指出如何考虑条块结合组织体系的强制效应、最大限度地注重改革手段与改革目的的适应性，成为改革发挥效应的主要方向（袁雪石，2020）。从横向看，区别于探索与起步阶段与行政服务中心模式的比较探讨，更多的是将其作为一种成熟的制度路径来进行比较（马长俊，2021；张述存、白利寅，2020；丁辉、朱亚鹏，2017），进而对政府的选择、审批制度改革的本质与走向进行分析。

三　研究述评

一方面，伴随审批局改革的逐步推进，学者们结合特定地域实践对改革的推进逻辑、实践特征等进行了相应的总结分析，如对成都市武侯区改革创新的关注以及对天津市滨海新区、银川市、贵州贵安新区等改革深化的讨论，但结合当前改革进展对全国范围内多个地域进行系统性观察的研究仍然缺乏。另一方面，审批局改革仍面临顶层设计不足、条块衔接难度大、法律法规调适滞后等共性问题（袁雪石，2020）。此外，还不同程度地存在职权划转标准不一、审管责任划分不清及"信息孤岛"等问题，制约了该模式价值的发挥。究其原因，宏观上改革存在双轨逻辑的博弈，表现为中央主导的"顶层逻辑"（理念导向、依托职能部门、清理审批内容）与地方发展的"属地逻辑"（发展导向、依托政务机构、重构审批机制）之间的张力（林雪霏，2016）；中观上改革内含制度与技术两个变量，分别影响审批内容规范和审批方式优化（刘晓洋，2016），其协同程度影响着改革进程与成效；微观上改革涉及的政府部门间的信息流动线路较为繁杂（王印红、渠蒙蒙，2016），在信息生成、信息内容及管理上存在矛盾和冲突，亟待优化整合。

整体看，已有研究对审批局改革的性质、特征、作用、存在问题等做出了有益探讨，但仍存在以下缺失：改革理解方面，"背景意识"不足（Jing，2021），对其在审批制度改革、"放管服"改革及行政体制改革中的地位、角色等没有形成全局认知；实践探析方面，侧重单案例分析，关注地域改革个性特征，研究处于分散化状态，缺乏对审批局模式的整体观察；深入推进方面，对改革问题的分析停留在特定视角和思辨层面，规范研究多、实证研究少，缺乏系统思维及量化方法的应用。此外，在实践层面，审批局改革还面临三个方面的突出挑战：一是改革以试点省份为单元陆续推进，实践"各自为战"、创新"各行其是"，导致改革的系统性偏弱，特别是审批局自身还未打破科层式审批的传统方式，审批效率有待提升，制度潜能有待挖掘；二是原有职能部门普遍感觉被"削权"，配合改革缺乏内在激励，导致审管关系不能有效协同，带来改革停滞甚至倒退的风险；三是政府、社会、学界对改革的认识不够一致，对审批局与政务中心的关系理解存在误区，特别是面对数字政府建设趋势，对审批局改革的前景定位也不明晰，整体上影响和制约了改革的深入推进。

综上，亟须从国家治理和发展的高度，按照中央关于坚持改革的"系统观念"和"系统性、整体性、协同性"要求，对审批局改革开展全景式、系统化和前瞻性研究。为此，本书从系统论出发，将审批局改革的多个维度和层次纳入研究视野，以期对改革形成系统化认知，同时结合多地实践提炼改革逻辑，并为改革深化提供策略指导。

第三节　系统论与行政审批局改革

一　系统论：全面深化改革的认识论与方法论

系统论有狭义和广义之分，前者一般指系统科学哲学（魏宏森、曾国屏，1995）；后者则包括系统思想、系统理论、系统方法等，侧重对具体对象或特定问题的系统分析，其核心是系统观念。本书对系统论采取广义理解，即强调系统观念和系统分析。

坚持系统观念，是党的十九届五中全会提出的"十四五"时期经济社会发展必须遵循的原则之一。2021 年 1 月，习近平总书记在十九届中央政治局第二十七次集体学习时再次强调，"完整、准确、全面贯彻新发展理念，必须坚持系统观念"。党的十八大以来，习近平总书记就坚持系统观念及其与全面深化改革的关系等做出了一系列重要论述，为本书的研究提供了根本遵循。表 1 - 2 给出了近年来习近平总书记针对坚持系统观念的部分代表性论述。

表 1 - 2　习近平总书记针对坚持系统观念的部分论述

时间	内容
2012 年 12 月 7 ~ 11 日	我国改革已经进入攻坚期和深水区，进一步深化改革，必须更加注重改革的系统性、整体性、协同性，统筹推进重要领域和关键环节改革
2013 年 7 月 21 ~ 23 日	必须从纷繁复杂的事物表象中把准改革脉搏，把握全面深化改革的内在规律，特别是要把握全面深化改革的重大关系，处理好解放思想和实事求是的关系、整体推进和重点突破的关系、顶层设计和摸着石头过河的关系、胆子要大和步子要稳的关系、改革发展稳定的关系
2013 年 9 月 17 日	全面深化改革是一项复杂的系统工程，需要加强顶层设计和整体谋划，加强各项改革关联性、系统性、可行性研究
2014 年 2 月 7 日	统筹兼顾、综合平衡，突出重点、带动全局，有的时候要抓大放小、以大兼小，有的时候又要以小带大、小中见大，形象地说，就是要十个指头弹钢琴
2017 年 6 月 26 日	注重系统性、整体性、协同性是全面深化改革的内在要求，也是推进改革的重要方法。改革越深入，越要注意协同，既抓改革方案协同，也抓改革落实协同，更抓改革效果协同
2017 年 9 月 22 日	要善于运用系统科学、系统思维、系统方法研究解决问题，既要加强顶层设计又要坚持重点突破，既要抓好当前又要谋好长远

续表

时间	内容
2020 年 9 月 8 日	我们要辩证认识和把握国内外大势，加强战略性、系统性、前瞻性研究谋划，做好较长时间应对外部环境变化的思想准备和工作准备，善于在危机中育新机、于变局中开新局
2020 年 11 月 3 日	"十四五"时期经济社会发展必须遵循坚持系统观念的原则。党的十八大以来，党中央坚持系统谋划、统筹推进党和国家各项事业，根据新的实践需要，形成一系列新布局和新方略，带领全党全国各族人民取得了历史性成就。在这个过程中，系统观念是具有基础性的思想和工作方法

资料来源：《习近平总书记谈如何坚持系统观念》，求是网，2021 年 1 月 30 日，http://www.qstheory.cn/zhuanqu/2021 - 01/30/c_1127045484.htm。

首先来看作为改革认识论的系统论，即如何理解改革的系统性。改革大致可分为整体性变革和局部的改进、改良，但无论是哪个层次的改革，都会影响原有经济社会系统或对象的整体面貌，并在或快或慢的进程中迎来原系统或对象的"嬗变"，即形成新的符合改革预期目标的系统对象。换句话说，从认知、理解改革的系统性来看，不管改革的动因是根本性的体制、结构变革，还是局部范围内的机制、关系调整，两者都属于改革范畴，都将重塑系统形态，特别是在全面深化改革的背景下，改革往往意味着体制变革和结构性调整。与此同时，还要认识到，改革的过程就是一个结合他组织力量（改革的决策、管理）与自组织力量（对象系统中主体行为的底层规律）来共同推动旧系统转换为新系统的渐进过程。

其次来看作为改革方法论的系统论，即如何系统性地推动改革。毫无疑问，重大和重要的改革都是"牵一发而动全身"，尽管改革的着力点一般聚焦在一个局部，但改革的影响往往是全局性的。在此背景下，发动改革必然要做好通盘考虑，充分评估改革对涉及的所有群体的直接或间接影响，从而真正做好改革的顶层设计，这也是系统性改革的要求所在。在推进改革过程中，系统的内外部环境会出现不可预期的变化，形成对改革进程的扰动。此时，应特别注意把握改革的协同性，围绕内外部的自组织力量与他组织力量，充分研判系统动态发展的特征与规律，保障改革能够维持一种动态的力量平衡与利益均衡，确保改革行动不偏离既定的改革目标。简言之，做好改革的系统设计，把握好改革的协同推进，才能最终从整体上达致改革的成功。

　　最后从系统分析角度，整体阐释作为"系统"的改革。所谓"系统"，就是特定要素及其关系的总和，其中要素是构成系统的基本组分，而要素间关系则决定着系统结构的型构与系统功能的发挥。进一步，系统都有其边界，有其存在、发展并赖以演进的相应环境。在很大程度上，系统的环境决定着系统的功能和演进方向及路径。具体到系统的演化过程，系统要素及要素间关系发挥着重要影响。特别是由系统要素间关系所形塑的系统结构，对系统演化发挥着关键影响作用。从具体的社会经济发展及重大改革来看，系统结构可以对应到发展与改革的体制层面，即其基本框架，而在特定结构下的系统运行则需要机制的支撑，即发展和改革中的具体机制问题。体制不变，机制轻易不会变化；体制变了，机制必然要跟随变化。从这个意义上来看，真正重要的改革和发展，一定是起了结构性的变化。而行政审批局改革正是严格意义上的结构性变革。

二　系统论视域下的行政审批局改革研究框架

　　本书聚焦我国"放管服"改革中重要但相对受到忽视的行政审批局改革问题，总体研究思路为：基于系统论视域，结合政府职能理论、政策创新扩散理论、整体性治理理论、系统分析理论以及文献研究、规范研究、实证研究等方法，对审批局改革的理论图景、概念内涵以及生成动因、扩散过程、典型实践等进行全面分析，以揭示改革实践的多重逻辑，同时解析审批局改革的整体性机理，进而构建审批局改革的系统理论框架，并为改革深化提供路径设计。

　　本书内容总体分为四部分。第一部分（第一章）为研究基础，主要阐明全书的理论旨趣和研究视角，同时给出全书的研究框架。第二部分（第二章至第五章）为实践逻辑探析，一方面，按照时间线对行政审批局的生成动因与演化扩散进行梳理总结；另一方面，结合城区与市县两个层级选取典型案例，对改革实践进行全景式观察。第三部分（第六章与第七章）为改革理论构建，本质上是从整体性治理视角和系统论视角对改革特征进行剖析，并在此基础上拓展相应的理论内涵，为后续路径设计提供理论指导。第四部分（第八章与结语）为改革的综合与前瞻，一方面，挖掘制约当前改革深化的核心问题及其根源；另一方面，提出改革的优化路径和改革深化的理论意涵。图1-2给出了全书的研究框架。

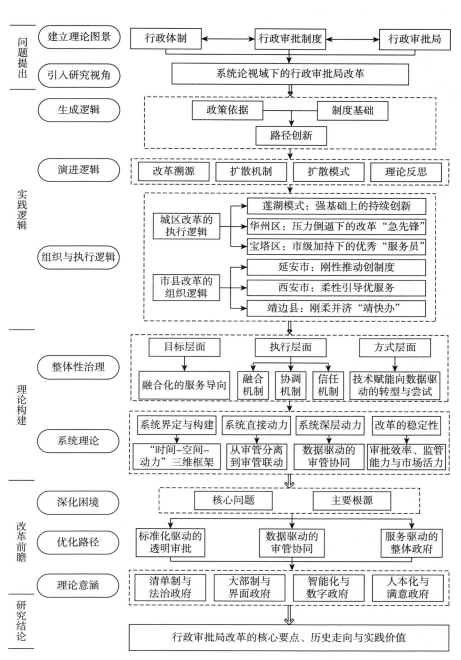

图 1 - 2 研究框架

（一）建立理论图景：行政体制 — 行政审批制度 — 行政审批局

行政体制作为国家治理体系的重要组成部分，是当代政府改革与创新的关键前沿。改革开放以来的历轮行政体制改革都取得了显著成效，并体现出以机构改革为"表"、职能转变为"里"的实践逻辑与价值取向。综观 40 余年的改革进程，一方面，基于问题导向、积极回应社会主要矛盾，政府机构及其职能结构不断优化；另一方面，仍面临较多挑战，需要从精简与整合的改革逻辑实现向系统观念的转变。

党的十九届四中全会提出要坚持和完善中国特色社会主义行政体制，对新时期的行政体制改革做出了战略部署。在此背景下，行政审批制度作为政府与市场的结合点，是转变政府职能的重要抓手，也成为目前行政体制改革的主要突破口。

行政审批制度改革以"简政放权"为指向，表现出以精简为核心的改革逻辑，通过构建"一站式""政务服务中心"等模式实现部门审批职能的集中，体现出以效率为导向、以整合为特点的改革路径。行政审批制度改革既体现出行政体制改革的逻辑特征，也结合自身特点进行模式创新，进一步优化了政府的职责配置。

行政审批局的建立，是行政审批制度改革过程中的阶段性创新实践。区别于大部制背景下"职能型机构整合"的改革路径（即将相近职能部门进行合并"同类项"的整合，从而实现部门重组），行政审批局将职能部门的审批职能实现相对集中，通过构建实体机构来承接审批事项，本质上是"结构型职能集中"的改革模式。其体现出的职能整合逻辑转变，为新时期深化行政体制改革提供了新的理念与经验，同时实现了从协调向实体机构的转变，也进一步突破了行政审批制度改革的限度。

作为目前行政体制改革的实践前沿，行政审批局的出现表明行政体制改革已步入"深水区"，传统的改革逻辑与路径限度都需要进行及时更新与转变。对行政审批局模式进行更有理论张力的解释，不仅对深化行政审批制度改革具有突出的实践意义，而且为创新中国特色社会主义行政体制提供了重要的理论切入点。

（二）改革的实践逻辑：生成逻辑 — 演进逻辑 — 组织与执行逻辑

改革的生成逻辑。作为一项制度创新，行政审批局同样产生于特定的政策背景与制度基础之中，其设立既是在服务型政府以及"放管服"等宏观改革理念指导下的纵深探索，也是针对行政审批制度改革存在的体制性障碍与机制性瓶颈的积极回应。理解行政审批局的生成动因，既可以加强对改革背景及性质的理解，形成对改革在环境、要素等维度的系统认知，也可以对行政审批局模式做出准确定位，进而为其演进和深化的逻辑与路径探究提供扎实的分析基础。

改革的演进逻辑。行政审批局的扩散过程区别于传统的单一因素推动，为理解我国公共政策过程的变迁实践提供了新的研究案例与观察视角。通过对行政审批局改革历程的梳理，可以看出其在扩散模式上既具备横向区域扩散与纵向层级扩散等共性路径，也体现出以阶梯性为表现的时空特征，蕴含多元化、个性化的扩散机制。基于政策创新扩散理论对行政审批局模式进行多要素分析，再结合扩散机制对其进行阶段性理解，然后对其既有创新以及系统扩散进行理论反思，从而为行政审批局改革的深化提供理论支撑。

改革的组织与执行逻辑。行政许可权作为行政审批局改革的核心内容，其层级特征差异将直接导致改革侧重点的不同。从城区这一基层治理场域来看，选取不同改革基础的行政审批局案例进行比较分析，可在理解改革个性的同时，把握改革执行的实践共性。从市级层面来看，作为承上启下的改革主体，分别选取侧重审批改革、服务优化的不同地区，深入分析市级层面的改革重点及组织作用发挥情况。在结合市、区县等不同层级改革进展与现实需求的基础上，对省级进行相对集中行政许可权改革的统领作用进行分析，进而从整体维度为改革建立起序构性的职责体系与推进机制。

（三）改革的理论构建：从整体性治理到系统理论

一是从特定的"点"出发，观察其作为一个"整体"所表现出的理论意涵。主要基于整体性治理理论，从目标、执行以及方式层面构建行政审批局的三维分析框架。通过对相对完整的莲湖区改革"模型"进行分析，对行政审批局的整体性改革机理进行深度挖掘，并基于其创新实践，提出重塑以服务为导向的系统化认知、构建可持续与动态化的整体性治理模式、推动信息技术的统筹协调与深化应用等改革的优化路径。

二是从改革的"面"出发，从改革生命周期涉及的重要节点维度，对其进行系统界定，即行政审批局改革是一个复合化的时空活动过程系统，其以"放管服"改革为系统环境，以营商环境优化为系统目标，以政务中心改革（模式）为伴生系统，具有阶段性、渐进性、地域性、层级性以及综合性、动态性等复杂系统特征。在此基础上，形成对行政审批局改革的系统性阐释与框架构建，即围绕"加强全局观念，在多重目标中寻求动态平衡"这一论断，对行政审批局改革系统做出延伸分析。所谓"全局"，是指改革旨在进一步调整政府 – 市场关系，使两者各得其所；所谓"多重目标"，是指改革具有提升审批效能、倒逼监管转型、激发市场活力等多重目的；所谓"动态平衡"，是指改革要兼顾审管协调、层级协作、地域联动等多维度的复杂张力关系及其平衡稳定；所谓"优化"，是指改革要在审批效率、监管能力与市场秩序互适应的进程中形成整体稳定性。

（四）改革的未来前瞻：基于 WSR 方法论的改革推进策略

本部分在前述研究基础上，首先指出行政审批局改革面临的核心问题及其产生根源，其次结合 WSR 方法论对改革的深入推进做出系统性设计，最后扼要探讨与改革深化相对应的理论意涵，核心内容仍在于对改革推进的策略设计，包括："物理"（W）层面，聚焦事项审批的集中与简化，提出由审批标准化和信息技术共同驱动的、融合线上与线下审批的透明审批框架，涵盖审批事项标准化、审批服务规范化和审批管理合规化三个层次；"事理"（S）层面，聚焦审管关系的优化与协同，在提出由审管累积数据驱动的全周期审管协同运作框架基础上，侧重从数据积累、数据共享、数据赋能三个维度提出审管协同的优化路径；"人理"（R）层面，聚焦"以人民为中心"理念与政府权力利益格局调整的互动，从审批改革视角提出由服务型政府建设驱动的整体政府建设路径，涉及审批服务理念、需求、要素以及体系的整合设计。

第二章　行政审批局改革的生成逻辑

第一节　行政审批局改革的政策依据

一　服务型政府

建设服务型政府是推动国家治理体系和治理能力现代化的关键环节。改革开放以来，随着社会主义计划经济体制逐步转变为社会主义市场经济体制，我国的政府职能也发生了转变。2002 年，党的十六大首次把公共服务作为政府四大职能之一；2004 年，温家宝总理在省部级主要领导干部"树立和落实科学发展观"专题研究班结业式上首次提出"建设服务型政府"。服务型政府的提出，代表着政府理念由"官本位"向"民本位"的转换，为政府改革指明了新的方向，并不断得到深化和发展（见表 2 - 1）。在这一理念下，以服务公民为职责和宗旨的政府被称为服务型政府（刘熙瑞，2002）。服务型政府以人为本，谋求德治与法治的统一（张康之，2007），倡导以公共服务为导向的政府角色定位（燕继荣，2009）。作为一种全新的政府模式，服务型政府把民主、正义与效率作为价值基础并追求三者的和谐发展（刘俊生，2004）。

表 2 - 1　服务型政府理念的发展

年份	理念
2002	党的十六大报告指出：完善政府的经济调节、市场监管、社会管理和公共服务职能，减少和规范行政审批
2004	温家宝总理首次提出"建设服务型政府"
2005	《政府工作报告》提出：努力建设服务型政府，创新政府管理方式，寓管理于服务之中，更好地为基层、企业和社会公众服务
2006	中共十六届六中全会将服务型政府建设第一次写入执政党的指导性文件当中，并明确要求"建设服务型政府，强化社会管理和公共服务职能"

续表

年份	理念
2007	党的十七大报告指出：加快行政管理体制改革，建设服务型政府
2008	《政府工作报告》提出：健全政府职责体系，全面正确履行政府职能，努力建设服务型政府
2010	《政府工作报告》提出：努力建设人民满意的服务型政府；以转变职能为核心，深化行政管理体制改革，大力推进服务型政府建设
2012	党的十八大报告指出：按照建立中国特色社会主义行政体制目标，深入推进政企分开、政资分开、政事分开、政社分开，建设职能科学、结构优化、廉洁高效、人民满意的服务型政府
2017	党的十九大报告指出：转变政府职能，深化简政放权，创新监管方式，增强政府公信力和执行力，建设人民满意的服务型政府

　　如何提高政府行政效率、提升政务服务质量，促进社会公平正义、增进人民福祉，一直是我国政府改革发展面临的重要问题。在进入全面建设社会主义现代化国家的新阶段，我国政府改革的理念与实践也持续向纵深发展。在建设服务型政府的价值导向下，我国机构与行政体制改革不断深入，从机构调整和职能转变两个方面践行着对公民本位的价值回归。

　　具体到行政审批制度改革领域，随着市场经济和民主政治的不断发展，出于经济社会管制需要的审批制度设计已难以适应现实要求，在运行过程中日益暴露出各种各样的弊端（高小平、严艺，2013）。在服务型政府导向下，国家层面开始通过调整审批事项与重塑运行方式来转变传统行政审批模式，一方面，大幅取消、下放审批事项，放权给市场和社会，降低管制的幅度与力度；另一方面，积极推动建立行政服务中心，对政府职能部门的审批工作进行内容整合、流程优化与规范管理，并在此基础上拓展服务功能。

　　总体来看，以行政服务中心模式为代表的行政审批制度改革探索在一定程度上实现了审批方式优化及服务效率提升，是对服务型政府建设的积极回应。但该模式实质上仍停留在机制层面，尚未触及体制的调整与变革。精简审批事项、推行电子政务、公开审批流程与标准、简化办事手续以及改善服务态度等固然是建设服务型政府的要义，但要推动审批制度的深层优化，在体制层面的探索就成为制度创新与深化的重要方向。

　　建设服务型政府，不仅要实现政府职能的转变和公共服务的优化，而且要推动政府整体行政管理范式的调整，即将服务嵌入政府治理模式与管理形态之中，实现治理理念的服务化以及管理体制、制度、机制的服务化。行政审批模式的升级与优化，是建设服务型政府的题中应有之义。以服务导向为核心、以体制突破为重心的深化探索，逐步成为当前审批制度改革的着力点。

二　大部制改革

　　随着我国政治、经济、文化体制以及社会机制改革的深入推进与综合影响，作为行政体制改革的重要环节，大部制成为机构改革的重要方向与新型范式（龚常等，2008）。按照部门职能和机构数量不同，政府机构设置一般分为"小部制"与"大部制"两种类型。长期以来，我国实行小部门体制，其主要特征是"窄职能、多机构"，部门职能管辖范围有限，机构数量较多，专业分工较细（石亚军、施正文，2008）。针对小部门体制中存在的职能交叉以及权责脱节等问题，党的十七大报告明确指出，要加大机构整合力度，探索实行职能有机统一的大部门体制，健全部门间协调配合机制。这标志着我国大部制改革的正式启动。具体来看，着力解决机构间相互重叠、职责交叉以及政出多门等问题，进而建设服务型政府，是大部制改革的内部动力；进一步缓解经济社会发展中的体制性障碍，推动经济与社会的和谐发展，保障人民群众的根本利益，是大部制改革的外部驱动力（龚常等，2008）。

　　从概念特征来看，大部制主要是指在行政机构设置中，将多个部门分别承担的相近或类似职能归并为一个部门履行，从而减少部门间职责、事项的交叉以及多头管理，实现从部门间协调转变为部门内协调（魏礼群，2011）。大部制作为一种新型的政府组织体制，不只体现在形式层面的部门或机构合并与精简，其核心和本质是在服务型政府建设导向下对政府职能的调整与优化。因此，在理解大部制改革外延特征的同时，应更好地掌握其内涵特征。大部制本质上是要实现政府职能向创造发展环境、提供优质公共服务以及维护社会公平正义的根本转变，推动政府组织架构以及人员编制向科学化、规范化、法治化的深层优化，从而在政府职能高度有机整合与机构人员配置高度科学的基础上，进一步提升行政效率与政府治理水平（石亚军，2013）。

具体到行政审批制度改革领域，"两集中、两到位"的"镇江模式"被称为地方政府大部制改革的创新探索与典型代表。2004年，镇江市政府提出加快行政服务中心的"集中"工作，即实现进驻中心的各部门审批职能向一个处室集中，部门的审批处室向行政服务中心集中。另外，部门审批事项进驻中心的工作要落实到位，部门对窗口工作人员的授权要落实到位。该模式的主要特征是基于行政服务中心实现的职能归并，本质上体现了大部制改革的职能整合要求。在镇江推进"两集中、两到位"的过程中，其事项到位率达97.2%，职能归并率达97%，实现了行政审批效率的大幅提升。

随着社会经济的快速发展以及改革实践的不断深入，大部制改革已经从外延式改革进入内涵式改革攻坚区。在此背景下，如何克服实践中出现的认知误区、职能转变缓慢以及协调困境日益突出等深层问题（王伟，2016），是推动改革深化、提升政府整体效能的核心关切。行政审批制度作为行政体制改革的"先手棋"与"当头炮"，如何实现模式转化，进而调整政府与市场关系，为大部制改革的深化提供样本与参考，是推动其体制优化的重要内容。

从大部制改革与行政审批局的关系来看，主要包括以下两个方面。第一，大部制改革为行政审批局提供了先行的"集中"基础。一方面，初期的部门整合本质上会实现行政许可权的集中，在一定程度上减少了改革的协调主体，降低了改革推行的难度；另一方面，以"镇江模式"为代表的行政服务中心在"物理"空间层面的"集中"探索，为审批局的出现提供了重要的改革载体与机制参考。

第二，大部制改革的深化困境，客观上助推了行政审批局改革的现实需求，进而明确了审批局改革的建设核心与体制关切。一方面，尽管行政服务中心注重机构与职能的集中、事项与人员的到位，但本质上未能充分响应部门间行政许可权力相互协调的诉求，因此出现了"收发室""玻璃门"等"碎片化"困境，而行政审批局则从体制层面直接将权力进行相对集中，实现了对传统大部制改革模式下协调困境的回应；另一方面，大部制改革从注重机构调整到关注职能转变，尤其是在"放管服"背景下对监管职能的侧重以及对审管关系的调整，同样成为行政审批局建设的重要内容。审批局通过审管分离提升审批效率、倒逼监管能力提升，体现出从体制层面推动政府职能转变的深层逻辑。

三　"放管服"改革

2019年10月31日，党的十九届四中全会通过了《中共中央关于坚持和完善中国特色社会主义制度　推进国家治理体系和治理能力现代化若干重大问题的决定》。其中，在"坚持和完善中国特色社会主义行政体制，构建职责明确、依法行政的政府治理体系"部分，提出要深入推进简政放权、放管结合、优化服务，深化行政审批制度改革，改善营商环境，激发各类市场主体活力。这一重要表述再次表明，党的十八大以来，"放管服"改革作为行政体制改革的核心，已成为全面深化改革的"当头炮"和政府职能转变的"先手棋"，是顺应经济发展新常态、深化制度供给侧结构性改革、助推高质量发展的重要着力点（张占斌、孙飞，2019）。

"放管服"改革有其特定的内涵和要求。改革开放以来，我国先后进行了八次大规模的机构与行政体制改革，以适应社会主义现代化建设与市场经济体制完善的需要。这些改革围绕机构与职能两个方面展开，实质上则从结构调整与功能转换两个角度，系统推动我国"放管服"改革不断向纵深发展。自2015年起，李克强总理连续召开深化"放管服"电视电话会议，通过总结成效、分析问题、部署重点工作，加快政府职能深刻转变，促进政府治理体系和治理能力现代化，推动经济社会持续健康发展。同时，历次会议也对"放管服"的具体要求和内涵做出了持续阐释。客观而言，"放管服"改革从政府与市场关系的关键环节入手，推动政府职能深刻转变，使市场在资源配置中起决定性作用和更好发挥政府作用，是一场重塑政府与市场关系、刀刃向内的政府自身革命。

"放管服"改革坚持简政放权、放管结合、优化服务三管齐下，是政府以"放"为核心、以"管"为抓手、以"服"为支撑的系统化、协同化的行政体制改革（张占斌、孙飞，2019）。具体而言，"放"是政府角色定位问题，核心是简政放权，重新界定政府、市场、社会边界和相互关系，目的是让市场在资源配置中起决定作用和更好发挥政府作用；"管"是政府管理转型问题，重点是放管结合和创新事中事后监管，涉及管理体制、部门职责、运行机制、技术平台方面，目的是建设现代政府；"服"是治理能力现代化问题，包含政务服务、社会服务、公共服务、市场服务和管理服务等，核心是在"放"与"管"全面深刻变化基础上形成的治理理念、治理机制、治理体系，目的是建设人民满意的服务型政府（中国行政管理学会课题组，2019）。"放管服"改革的深入推进要与国家治理体系与治理能力现代化的改革目标相契合，促进有为政府、有效市场、活力社会和现代国民的有机发展，构建现代治理体系（陈水生，2020）。

在"放管服"改革这一理念和路径设计的引领下，行政审批制度改革成为其重要抓手。通过放权于市场与社会，让利于企业和群众，行政审批制度改革在划清政府、市场、社会边界，实现资源优化配置上不断探索，借助行政审批局这一改革载体，在"放""管""服"三个方面积极创新，实现了市场化、规范化和便民化三大改革逻辑的系统集成。通过大幅精简各类审批事项、创新审批方式，从"严进宽管"向"宽进严管"转变，探索"不见面审批""一件事一次办""集成快办""跨市跨省通办"等，行政审批局改革在"放出活力、放出创造力，管出公平、管出质量，服出便利、服出实惠"等方面对"放管服"改革做出了聚焦式的回应，已成为集中体现"放管服"改革理论与实践纵深发展的精准落点。

第二节　行政审批局改革的制度基础

本节对行政审批局改革得以实现的制度基础进行探讨。首先简要回顾新中国成立以来行政审批制度改革的三个主要阶段；其次分析行政审批制度改革如何成为深化行政体制改革的关键和突破口，并对行政体制改革深化的特征进行总结；最后梳理行政服务中心发展演进的完整脉络，提出其作为行政审批局改革重要制度原型的观点。

一　行政审批制度改革历程

(一)　改革历程概要

我国的行政审批制度形成于计划经济时期，具有资源配置和社会控制的双重作用，体现了计划经济体制下政府与企业及社会的主从关系。相应地，行政审批也是计划经济时期政府履职的基本方式。改革开放以来，特别是建立社会主义市场经济体制的目标确立之后，传统行政审批制度与市场经济体制运行之间的矛盾日益突出，由此出现因政府管理方式转变滞后于经济体制转轨而带来的"审批失灵"（卞苏徽，2000）。在建立社会主义市场经济体制与建设社会主义法治国家的战略目标下，加快政府职能转变、推进行政审批制度改革，已经成为社会各界的一致共识与迫切要求（唐亚林、朱春，2014）。

自20世纪90年代以来，为克服传统行政审批制度的诸多弊端，以深圳市、北京市等为代表的地方政府开始探索推进审批制度改革。国家层面的行政审批制度改革于2001年启动，随即进入实质性推进阶段。

具体来看，2001年之前的行政审批制度改革探索集中于地方层面。例如，深圳市于1998年1月发布《深圳市政府审批制度改革实施方案》（卞苏徽，2000），并于1999年2月正式实施《深圳市审批制度改革若干规定》。2000年初，北京市人民政府以1号文件的形式印发《关于改革本市行政审批制度的通知》；2000年4月，《北京市人民政府关于印发北京市行政审批事项清理方案的通知》正式发布，明确北京市总计1304项审批事项，精简了454项，其中审批与核准事项精简比例为41.7%，实现了年初市政府对社会的承诺（张剑松，2000）。2000年8月，《黑龙江省人民政府行政审批制度改革方案》（黑政办发〔2000〕45号）正式印发。2000年9月，《山东省人民政府关于进行省级行政审批制度改革的通知》（鲁政发〔2000〕78号）正式印发。2000年10月18日，山西省召开太原市行政审批制度改革现场会，要求省级政府部门总结太原市的经验，做好审批制度改革的准备工作，并全面启动政府职能转变的各项工作（陈树章、马步青，2000）。

2001年，以国家层面改革工作领导小组的成立为标志，拉开了全面改革行政审批制度的帷幕，标志着改革逐步实现整体性与系统性的集成。

从改革的重心与特征来看，可将其分为两个阶段：一是 2001～2012 年的探索阶段，主要体现在以简政放权为重心、以市场化与规范化为改革逻辑的改革实践；二是 2013 年至今的深化阶段，随着"放管服"改革的开展与推进，行政审批制度作为调整政府与市场关系的主要抓手，使得改革更加侧重政府职能的深刻转变，在此基础上改革的系统性导向与服务化逻辑也逐步加强。

（二）2001～2012 年：以简政放权为重心的改革探索

2001 年 9 月，《国务院办公厅关于成立国务院行政审批制度改革工作领导小组的通知》（国办发〔2001〕71 号）印发，领导小组的主要职责是指导和协调全国行政审批制度改革工作、研究提出国务院各部门需要取消和保留的行政审批项目并拟定有关规定等，组长由时任中共中央政治局常委、国务院副总理李岚清担任。同年 10 月，《国务院批转关于行政审批制度改革工作实施意见的通知》（国发〔2001〕33 号）印发，提出要"把制度创新摆在突出位置，努力突破影响生产力发展的体制性障碍"，要求"不符合政企分开和政事分开原则、妨碍市场开放和公平竞争以及实际上难以发挥有效作用的行政审批，坚决予以取消；可以用市场机制代替的行政审批，通过市场机制运作。对于确需保留的行政审批，要建立健全监督制约机制，做到审批程序严密、审批环节减少、审批效率明显提高，行政审批责任追究制得到严格执行"。以前述两个重要文件为标志，我国的行政审批制度改革开始进入以"简政放权"为重心的改革探索阶段。

其间，国务院在 2002 年、2003 年、2004 年、2007 年、2010 年和2012 年先后六次取消、下放和调整行政审批项目 2456 项，占各部门原有审批项目总数的 68.2%。省、市、县等各级地方政府也进行了大规模的行政审批权力的削减、合并、调整和下放，变动数量占原有总数的一半以上（李宜春，2016）。2011 年 11 月，温家宝总理在深入推进行政审批制度改革工作电视电话会议上强调，要进一步清理、减少和调整行政审批事项，推进政府职能转变。坚持市场优先和社会自治原则，凡市场机制能够有效调节的，公民、法人及其他组织能够自主决定的，行业组织能够自律管理的，政府就不要设定行政审批；凡可以采用事后监管和间接管理方式的，就不要再搞前置审批。

（三）2013 年至今：以政府职能转变为核心的改革深化

2013 年 3 月，李克强总理在十二届全国人大一次会议举行的记者会上表示，国务院各部门行政审批事项还有 1700 多项，本届政府下决心要再削减 1/3 以上。此后，国务院将行政审批制度改革作为"先手棋"推进简政放权，释放市场活力和社会创造力。2013 年 11 月，党的十八届三中全会通过的《中共中央关于全面深化改革若干重大问题的决定》指出，要进一步简政放权，深化行政审批制度改革，最大限度减少中央政府对微观事务的管理，市场机制能有效调节的经济活动，一律取消审批，对保留的行政审批事项要规范管理、提高效率；直接面向基层、量大面广、由地方管理更方便有效的经济社会事项，一律下放地方和基层管理。

2014 年，在督查总结各地政府改革成效的基础上，简政放权工作从"放"和"管"两个轮子都要圆，拓展到要进一步做好"接、放、管、服务"，形成了"权力下放、监管跟上、服务提升"的改革理念（陈世香、黎德源，2021）。2015 年 5 月，在全国推进简政放权放管结合职能转变工作电视电话会议上，李克强总理明确提出，深化行政体制改革、转变政府职能总的要求是简政放权、放管结合、优化服务协同推进，即将"优化服务"纳入"放管结合"范畴，由此形成了"放管服"三管齐下、全面推进的新格局（陈世香、黎德源，2021）。

此后 5 年，国务院连续召开全国推进政府职能转变电视电话会议，都强调要在更大范围、更深层次推进"放管服"改革（陈世香、黎德源，2021）。2021 年 6 月 2 日，国务院召开全国深化"放管服"改革着力培育和激发市场主体活力电视电话会议，李克强总理在会议上强调，营商环境是市场主体生存发展的土壤。要以"放管服"改革为抓手，持续打造市场化、法治化、国际化营商环境。市场化方面要力行简政之道，深化行政审批制度改革，破除束缚企业发展的不合理障碍，让市场主体准入、退出更便捷，促进市场新陈代谢；创新和完善市场监管，对各类市场主体一视同仁，反对垄断和不正当竞争，保护市场主体特别是小微企业、个体工商户的合法权益和发展空间，坚决守住质量和安全底线；推进政务服务优化，用制度和技术办法让市场主体依规办事不求人成为常态。

二　行政审批制度改革特征

（一）简政放权：转变政府职能的主要抓手

探索政府与市场关系是政府职能转变关注的重点内容，也是行政体制改革的逻辑主线。作为国家干预社会经济事务的重要手段，行政审批制度在不同发展阶段受到经济发展水平和市场经济发展程度等因素的影响而呈现差异性（孙彩红，2017）。改革开放以前，行政审批制度对保障和促进经济社会发展发挥了重要作用。但随着社会主义市场经济体制的逐步完善与法治国家建设的不断推进，行政审批制度中长期存在的问题逐渐突出，严重影响经济社会发展创造活力的迸发（唐亚林、朱春，2014），部分已成为生产力发展和政府更好履行职能的体制性障碍（马英娟、李德旺，2019），因此迫切需要对行政审批制度进行改革。在此背景下，行政审批制度的深入改革作为转变政府职能的主要抓手，成为深化行政体制改革的关键环节和重要突破口。

从 2001 年 9 月国务院行政审批制度改革工作领导小组成立至今，中央层面开展了以简政放权为核心的十四轮审批事项改革，成为行政审批制度改革最核心的表现与特征，同时也实现了从"全能政府"向"有限政府"的转变，为理解该制度如何推动政府职能转变提供了更为直观的分析维度。通过收集整理 2002～2020 年中央层面关于行政审批事项改革的文件，可以发现事项取消及调整的数量总体呈下降趋势（见表 2－2），在改革方向上更侧重对事项进行综合管理，实现从"粗放式"缩减向"精细化"调整转变，本质上仍是围绕还权于市场，即推动市场在资源配置中发挥决定性作用的改革目标而展开。同时，在改革进程中，审批事项层面逐渐出现以"证照分离"改革为代表的创新实践。

表 2－2　2002～2020 年中央层面关于行政审批事项取消、
下放及调整的数量统计

单位：项

批次	年份	文件依据	取消	下放	调整
第一批	2002	国发〔2002〕24 号	789	0	0
第二批	2003	国发〔2003〕5 号	406	0	82

批次	年份	文件依据	取消	下放	调整
第三批	2004	国发〔2004〕16号	409	47	39
第四批	2007	国发〔2007〕33号	128	29	29
第五批	2010	国发〔2010〕21号	113	71	0
第六批	2012	国发〔2012〕52号	171	117	26
第七批	2013	国发〔2013〕19号、国发〔2013〕27号	98	35	0
第八批	2014	国发〔2014〕5号、国发〔2014〕27号、国发〔2014〕50号	136	57	113
第九批	2015	国发〔2015〕11号	75	19	21
第十批	2016	国发〔2016〕10号	13	0	0
第十一批	2017	国发〔2017〕46号	52	0	0
第十二批	2018	国发〔2018〕28号	11	0	0
第十三批	2019	国发〔2019〕6号	25	6	0
第十四批	2020	国发〔2020〕13号	29	4	0

1. 审批事项的持续精简

行政审批制度改革的首要特征，即以"精简"为主线的持续优化。从改革方式看，国家层面通过取消、下放以及调整的方式对审批事项进行简化，即根据事项特征对不同事项进行精简，从而推动政府职能转变，放权于市场、社会与地方，成为行政审批制度改革的核心基础，同时也实现了最大化地简政放权。

从改革深化特征来看，一方面，改革的频率逐渐加快，从开始的1~3年调整一次变成逐年调整，成为行政审批制度改革的常态化措施，这也与国家职能结构的调整与完善进程相匹配；另一方面，虽然涉及事项在数量上不断减少，幅度逐渐缩小，但节奏的放缓表明改革已步入深水区，必须转变传统理念，由粗放式向精细化转变，体现改革事项"含金量"的提升以及改革效率与效益的同步。

从注重数量到注重质量，简政放权这场"自我革命"必须纵深推进。事项的精简本质上是"放权"的过程，但"权"的含金量以及"管"的匹配与跟进，都是影响政府职能转变的重要因素。审批事项改革作为行政审批制度改革调节政府与市场、社会关系的根本路径，在取消的同时要加强职能部门的事中事后监管建设，在调整的同时要注重事项的规范化建设，在下放的同时要考虑地方政府的实际承载力，从而充分发挥市场在资源配置中的决定性作用，更好地发挥社会力量在管理社会事务中的作用，充分发挥中央和地方两个积极性。

2. "证照分离"的创新实践

随着简政放权改革的不断深入，审批事项的优化不再停留在单维的取消、下放与调整等措施，而是在此基础上，对目前"放管服"改革的重点领域，即与企业经营相关的现有事项进行分类建设，从而构建更深层次的放权模式。虽然目前改革范围及试点地区有限，但是该项改革为理解行政审批制度在事项层面的进一步深化提供了新的方向，对加快转变政府职能以及实现有效市场与有为政府更好地结合具有重要意义。

"证照"是企业进入市场的两个基本要件，其中"证"是指各相关行业主管部门颁发的经营许可证，"照"是指工商部门颁发的营业执照。截至 2021 年 6 月，中央层面保留的涉企经营许可事项有 523 项，涵盖现行《国民经济行业分类》1381 个行业小类中的 30%，涉及数以千万计的市场主体，影响数以千亿计的生产总值（彭云，2021）。"证照分离"改革的本质，是在这些事项的基础上分类推进审批制度改革，完善简约透明的行业准入规则，进一步扩大企业经营自主权。

"证照分离"遵循"能减即减、能简则简"的原则，一方面对事项进行再次筛选与考察，在取消的基础上交由行业协会等社会组织处理，或者直接改为备案方式，给予市场更多的主动权；另一方面推行以"告知承诺制"为代表的审批形式或流程转变，本质上是针对暂时不能取消的许可事项，通过制作承诺书来保障市场活动先行，最大限度地减少行政审批的自由裁量权。

（二）清单制度：完善职责体系的重要路径

在法治社会，权力是有边界的。法治化与规范化作为行政审批制度改革的主线之一，直接决定了提升效率、放权市场以及优化服务等改革方式的边界与限度。在简政放权后，尤其是涉及下放的职权，由哪些主体接续行使、如何行使？这些都需要相应的权责机制作为保障来满足"放权"逻辑下职权接续与规范运行的需求（徐清飞，2020）。权力清单制度源于地方政府的依法行政实践，是政府系统内部的一项创新举措，主要是指地方政府及其部门对所属行政权力进行全面梳理，进而构建清单来公示职权目录、事项、权力依据以及办事流程等内容，并将其作为权力行使的主要方式（赵守东、高洪贵，2021），目的是通过明确各级政府的职权范围及运行过程，进一步提升施政的规范性和有效性。

从制度设计历程来看，党的十八届三中全会首次提出推行政府权力清单制度，随后党的十八届四中全会将其作为消除权力设租、寻租空间的重要制度安排。党的十九届三中全会将责任清单嵌入权力清单制度实施过程，进一步拓展了制度内涵。党的十九届四中全会进一步明确清单制度的重要目标，即厘清政府与市场、政府与社会之间的关系。党的十九届五中全会结合深化"放管服"改革要求，做出全面实行政府权责清单制度的战略部署。由此可以看出，党中央通过持续部署，自上而下地推动这场始于基层探索的制度变迁过程，展现了借由体制机制创新实现政府规范履职与高效治理的决心（王杰、张宇，2021）。作为新时期政府改革的阶段性产物，权责清单制度在完善中国特色社会主义行政体制中的作用逐步凸显（朱光磊、赵志远，2020）。

具体到行政审批制度领域，在不断调整、下放与取消行政审批事项的同时，为了对保留下来的审批权力的数量、行使依据、行使主体以及流程等状况进行梳理，贯彻职权法定、依法审批原则，便于公众对审批权行使的监督，以及防止行政机关法外用权或重拾已被清理的审批事项，国务院自 2013 年起就已着手推行行政审批权力清单制度（王克稳，2017b）。该清单制度将分散于不同部门以及单行立法中的审批事项进行汇集，并对其进行清理审查，将剩余事项以清单形式向社会公布，彻底实现了审批权力的"阳光化"，成为约束行政审批权力行使的重要举措。2022 年 1 月，国务院办公厅印发《关于全面实行行政许可事项清单管理的通知》，从清单编制、依照清单实施许可以及加强监管三个方面进行制度设计。在清单编制上，明确编制要求及责任划分，并辅以调整、衔接等动态性制度安排。在依照清单实施许可上，明确清单实施的具体规范，强调相关法律法规的落实与执行，推动清单及其规范成为开展审批的核心依据。在加强监管上，突出清单的引领作用，结合清单明确监管的重点、主体与规则标准，实现事前事中事后监管的有机衔接，构建"放管结合"的完整框架。总体看，清单制度在审批制度改革中已从初期探索逐步走向深化应用与系统集成的新阶段。

但从实践层面看，建立清单制度需构建与之相匹配的运行机制，才能保障其规范作用的发挥。就行政审批制度改革的特征而言，标准化是其核心机制之一，同时也是实现服务创新与整合的重要基础。标准化建设主要针对权责清单制度推进中的地域化难题，通过加强统一性来维护清单制度的权威性，进而保障各级地方政府在履行职能时的一致性（赵守东、高洪贵，2021）。结合规范化要求来看，其既涉及权力本身的规范化程度，体现在类型、名称、主体以及依据等内容上，也涉及权力行使的规范化程度，即围绕权力运行流程等的标准化建设。所以，构建标准化基础之上的清单制度，在完善政府职责体系的基础上，进一步提高了行政审批制度改革的规范化程度。

（三）服务整合：实现公民本位的价值回归

在实现行政审批制度改革市场化与法治化的基础上，便利化同样是贯穿改革进程的核心之一。针对服务层面的创新更多依赖于体制与技术支撑，本质上是一个围绕公民核心需求展开、实现公民本位价值回归的过程。

市场化与法治化侧重制度与外部环境的互动，服务于调整政府与市场关系以及厘清政府边界及职责等目标。便利化是针对制度内部的改革策略，是以服务企业和群众办事创业为导向，围绕直接面向企业和群众、依申请办理的行政审批和公共服务事项，推动审批服务理念、制度、作风全方位深层次变革，着力打造"宽进、快办、严管、便民、公开"的审批服务模式。[①]

审批制度内部的服务优化，围绕"整合"的改革逻辑展开，主要针对部门化审批模式所带来的"碎片化"问题。从整合的层次看，主要体现在从体制维度进行的服务体系构建和从要素维度进行的服务内容完善。

1. 横向集中与纵向协调：服务体系构建

体制维度的整合是实现服务创新与优化的重要基础，在构建物质载

---

① 《中共中央办公厅　国务院办公厅印发〈关于深入推进审批服务便民化的指导意见〉》，中央人民政府网站，2018 年 5 月 23 日，http://www.gov.cn/zhengce/2018－05/23/content_5293101.htm。

体的同时为机制性突破提供了重要体制支撑。行政审批制度改革在横向维度强调对职能部门实现整合，在纵向维度侧重扁平化的服务体系设计，旨在构建多层次的服务网络。一方面，在当前改革实践中出现的行政服务中心和行政审批局模式，本质上都是在体制维度实现的不同程度的整合。虽然二者在整合程度上有差距，但都实现了"一站式""一窗式"服务空间革新，物理集中的基础也为后续改革深化提供了初步的原型系统。另一方面，服务体系构建从纵向维度的不同层级出发，在标准化建设的基础上将审批事项下放，既涉及不同层级政府对下辖区域实现跨区域协同的统筹与管理，也涉及行业部门对事项划转等工作的协调、沟通与指导。服务模式完善涉及双向信息的流动，即改革在层级政府之间的互动机制，从而结合基层改革实践对实施方案进行动态调整，保障改革设计的科学性与执行的可行性。

2. 流程再造与方式创新：服务内容完善

从服务要素来看，可将其分为事项、流程与形式的创新，即通过机制完善来优化服务模式，提升服务质量。首先从事项来看，目前地方探索出的"最多跑一次""一门、一网、一次"等创新实践的落脚点虽然在于流程设计，但其开展的基础在于"一件事"的事项设计。主要是指围绕审批事项这一核心要素，在经历下放、调整以及标准化建设后，根据事项内部的逻辑联系，按照公民办事的一般需求特征，将相近事项进行整合，对重复要件进行缩减，对时限进行压缩，体现在办事流程中即大量减少企业、群众到政府部门的"跑腿"次数，从而为后续流程及形式的设计提供改革基础。

其次是基于流程再造开展的对服务效率的提升。传统审批权限分布的"碎片化"现象较为严重，即一项审批业务的办理要经过部门各科室的流转才能完成。而目前实践中出现的"无科层审批""审批专员"等创新，不仅将传统的部门分布进行不同程度的整合，而且在此基础上基于受审分离等机制，将流程大大简化，在既有法律框架内实现效率的最大化提升，基于协同机制突破现有体制框架内的改革限度。

最后是基于信息技术实现的服务形式创新，通过突破办理时间与空间的限制，实现服务内容与技术的深度融合，推进审批服务扁平化、便捷化、智能化。近年来国内出现的"一网通办""不见面审批"等重要创新，本质上是在事项与流程整合再造的基础上，以互联网、大数据以及云计算等技术作为支撑，将服务形式从线下转为线上办理的实践探索。尤其是在新冠疫情期间，对于大量的复工复产需求以及线下业务开展的有限性，多元化的服务方式成为保障经济发展的重要路径。

三　行政服务中心：改革的原型基础

（一）行政服务中心的界定

由于行政服务中心在我国出现的时间还不长，目前学界尚未对其形成统一的界定。段龙飞（2007）认为行政服务中心是在"服务型"政府理念指导下，通过集中式的政府职能组织方式，依靠先进服务手段，为公民和组织提供一体化服务的新型行政服务机构。宋林霖（2016）则认为行政服务中心是以集中、组织和协调政府不同部门间审批权为核心功能的"一站式"便民服务平台。本书认可宋林霖（2016）对行政服务中心的定义。

（二）改革开放与行政服务中心的发展

改革开放之后，经济的快速发展对政府的管理效能提出了全新挑战，如何改进政府原有管理模式、加强政务服务，成为地方政府面临的共同问题。

1985年，广州成立"外经贸一条街"（即"广州市对外经济贸易事务总汇"），旨在实现"外商进了街，能办所有事"，开创了我国集中政务服务的先河①。12个单位集中在东方宾馆设立办事窗口，为外商提供相关服务，包括工商、税务等政府部门以及信托、劳务、法律等公司。据当时不完全统计，"外经贸一条街"成立第一年，接待客商咨询、问事达到5000人次，第二年更是超过1万人次。

1988年8月，广州市人民政府办公厅下发《关于广州市外商投资管理服务中心职能的通知》，决定在"外经贸一条街"的基础上成立"广州市外商投资管理服务中心"，并明确该中心统一管理"外经贸一条街"，做好外商投资的指导、咨询、协调、服务工作，同时提出逐步做到

---

① 《广州"外经贸一条街"开创集中政务服务先河》，搜狐网，2018年10月8日，https://www.sohu.com/a/258109158_119778。

外商只进"一个门"办事，由"一个口"统一处理协调外商投资合作的有关事宜。1994 年 9 月，广州市人民政府下发《关于进一步发挥广州市外商投资管理服务中心职能作用的通知》，要求进一步发挥广州市外商投资管理服务中心职能，强调赋予该中心相应的管理职能，提出建立"外商投资项目联合审批制度"，同时要求中心向受理、代办服务方向转变，真正发挥中心作为政府各主要管理部门为外商办事的"窗口"作用。由此可见"一门""一口""一窗"等概念的雏形与发源。

1988 年 5 月，朱镕基履新上海市市长后，在主持首次市政府常务会议时即提出上海"需要速度，需要效率"，并当机立断建立"一个机构、一个窗口、一个图章"审批项目的外国投资工作委员会[1]。同年 6 月 10 日，上海市外国投资工作委员会宣告成立，直属市政府领导，由朱镕基兼任主任。事实上，在该委员会成立之前，上海审批一个外国投资项目需要盖 126 个图章，效率十分低下。而在委员会成立之后，外商投资项目只要通过该委员会的一个图章就能完成全部审批手续。这项改革举措让世界投资者对上海的信心大增，外资进入上海的速度和规模成倍提升。

1995 年，深圳市把与外商投资项目审批有关的 18 个政府部门集中起来，成立了专业性的外商投资联合审批服务中心（王玉明、刘湘云，2013）。1998 年，武汉市为改善投资环境、提高办事效率，建立了投资咨询、联合审批、联合年检、外商投诉、集中收费"五位一体"的外商投资联合办公中心[2]。

1999 年，我国第一个政府集中办事大厅正式成立于浙江金华，成为"行政服务中心"的公认原型，它把所属 46 个具有行政审批权部门的审批办证窗口全部集中到政府办事大厅，实行"一站式"办公和"一个窗口受理、一次性告知、一条龙服务、一次性收费、限时办结"的运行模式（王敬波，2013）。由于适应了市场经济的转型，契合了服务型政府与整体型政府构建的政策导向，这种新型的政务服务模式很快传播开来，很多地区相继建设了具有类似功能性质的公众服务机构。对于行政相对

---

① 《吴官正：伟大的邓小平江泽民选择了伟大的朱镕基》，新浪网，2013 年 8 月 15 日，https://news.sina.com.cn/c/2013－08－15/045027952242.shtml。

② 《1999武汉年鉴 外贸口岸—对外经济贸易—概况》，武汉地方志数字方志馆网站，http://szfzg.wuhan.gov.cn/book/dfz/bookall/id/1107/category_id/429278.html。

人而言，行政服务中心变"群众跑"为"干部跑"，变"外部跑"为"内部跑"，变"多头受理"为"一头受理"，变"分散流程"为"集中办事"，极大地方便了办事群众，体现了以民为本的思想和为民服务的宗旨。

"行政服务中心"模式通常表现为"两集中、两到位"或"三集中、三到位"。"两集中、两到位"是指为深化行政审批制度改革，建立规范高效的审批运行机制，推进一个行政机关的审批事项向一个处室（科室）集中、行政审批处室（科室）向行政服务中心集中，保障进驻行政服务中心的审批事项到位、审批权限到位（杨运姣等，2011）。2004 年下半年，四川省眉山市在不增加机构、编制、人员的情况下，进行了市级机关内设机构行政许可权职能归并，在全国率先设立行政许可科，成为当时全国审批制度改革战线上的一面旗帜①。

"三集中、三到位"是在"两集中、两到位"和"互联网 + 政务服务"基础上的进一步发展，是指行政审批职能向一个处室（科室）集中、承担审批职能的处室（科室）向行政服务中心集中、行政审批事项向电子政务平台集中，同时做到事项进驻大厅到位、审批授权窗口到位、电子监察到位。自 2008 年开始，天津市在其下辖区县推行"三集中、三到位"改革，为后续各地行政审批局的成立奠定了基础。

在经历 10 多年的探索后，行政服务中心的发展取得了显著成绩。2011 年，中办、国办印发《关于深化政务公开加强政务服务的意见》（中办发〔2011〕22 号），指出要逐步建立健全政务服务体系，充分发挥政务（行政）服务中心作用。数据显示，2016 年全国 89.4% 的政务大厅推行了"两集中、两到位"改革，各地政务大厅共优化服务事项 17.3 万项，大厅办理量居前五位的事项累计减少办事材料 34409 份，平均每个事项减少 14 份，减少幅度达 60.2%②。

---

① 《眉山入围全国政务服务"好差评"国家标准试点地区》，四川省人民政府网站，2020 年 9 月 17 日，https://www.sc.gov.cn/10462/12771/2020/9/17/d4ef405e9b1945e9be15753d05fb8099.shtml。

② 《首份〈全国综合性实体政务大厅普查报告〉公布 "一站式办结"成为常态》，中央人民政府网站，2017 年 11 月 23 日，http://www.gov.cn/zhengce/2017 – 11/23/content_5241846.htm。

（三）行政服务中心的协调困境与创新限度

作为服务型政府背景下行政审批制度改革创新的典型实践，行政服务中心受到各级地方政府的大力推崇，在效率机制和合法性机制的双重作用下呈现快速发展趋势，在全国范围内实现了数量增长和地域扩张（王胜君、丁云龙，2010）。该模式将职能部门的审批业务实现物理空间整合，一方面通过对审批方式的再造，有效缓解了传统审批模式中存在的审批流程复杂以及审批效率低下等问题（江红义、陶欢英，2007）；另一方面通过有意识地将不同服务介质中的信息资源、程序安排以及人力资源等要素进行重新排列与组合，进而构建"一站式"服务模式，解决了公众和服务对象的信息"迷航"需求（王胜君、丁云龙，2010）。整体来看，行政服务中心的设置，是从管制型政府向服务型政府转变的重要标志，是政府在治理理念及治理方式层面的深刻变革。

随着改革实践的不断深化，停留在表层机制的改革路径与深层体制障碍间的矛盾不断加深，行政服务中心逐渐面临双向运行的成本负担、职能定位的认知模糊以及服务优化的效率迷思等不同维度的转型困境。虽然行政服务中心在窗口设置和服务优化等维度遇到的协调困境与创新限度并不会直接导致其由机制建设向体制突破发生转变，但是这类阻力较小的机制创新在催生整体行政生态的深刻变化，从而以整体形态表现出对体制改革的影响与诉求（沈荣华、王荣庆，2012）。本部分从制度运行、模式定位及服务建设三个维度，分析当前行政服务中心模式的协调困境，并探讨其与体制变革的关联关系。

1. 双向运行的成本负担

从显性成本来看，行政服务中心的成本主要包括物理成本和运营成本两部分，前者即大厅建设的基础设施投入，后者则是行政服务中心的日常支出。目前，其成本负担主要体现在运营成本上。虽然行政服务中心本身运转有效、管理有序，但客观上形成了两套审批体系，导致行政成本大幅增加。

从隐性成本来看，行政服务中心的窗口功能仍停留在材料受理上，虽然办事群众可通过统一平台提交材料，但窗口人员仍需花费时间和精力来沟通后台的审批流程。尽管行政服务中心建设提高了审批工作的公开性与透明度，但两套审批体系运转中所存在的衔接缝隙无法完全杜绝寻租与腐败空间的产生，从而导致公民等服务对象隐性成本的增加。

2. 职能定位的认知模糊

行政服务中心模式的优势在于实现审批职能集中，但行政许可权的行使仍基于原职能部门的委托。虽然窗口可以实现流程、形式等的重组整合，但实际上审批业务仍需在原部门办理，导致行政服务中心面临"收发室"的"碎片化"困境。行政服务中心建立的核心，是基于机制创新实现部门整合，这种以简约化为取向的组织创新，实际上是一种行政管理的"符号化"过程。而"符号化"特征的背后是对众多问题的遮蔽，其中最核心的就是行政服务中心的职能定位。

法律地位不清晰、事项标准不统一等导致的行政服务中心与职能部门间的职责模糊，是造成部门间相互推诿、协调成本较高以及联动机制不畅等问题的主要原因。随着改革的不断深化，缺乏明确的功能定位与责任界限以及问责机制难以建立等问题，直接影响着行政服务中心功能的发挥。

3. 服务优化的效率迷思

行政服务中心在审批工作中注入服务理念，在服务层面进行的方式优化、态度提升得到了民众与社会的广泛认可。但这种满意度主要建立在效率的提升与优化上，仍未触及服务优化的本质。

从服务提供来看，公民缺乏知情权是该模式的主要问题，即对窗口接受申请后如何流转、如何把握审批条件与标准等缺乏相应的政务公开。这种以部门为中心的服务模式，本质上体现了服务供应的垄断效应，而公民参与的缺乏，在一定程度上会带来公共服务导向出现偏差的风险。

从服务设计来看，无论是审批事项的整合、审批方式的构建还是审批流程的改造，其整体的制度设计均由政府部门单方面制定。因此，公民及服务对象在该过程中主要是被动地接受服务内容。目前，改革规范性的相对缺失会带来改革进程和导向的若干差异，进而直接影响公民的服务体验。

整体而言，行政服务中心模式虽在服务效率层面获得了较高的公众满意度，但随着市场经济的快速发展以及社会结构的快速变化，其关注点必须从服务表层的便捷化与高效化转向权力结构的合理性。因此，其服务优化的目标应该脱离唯效率的迷思困境，克服部门利益对公民利益的影响，进而从整体层面优化服务体验。上述服务深化的逻辑与趋势都要求行政服务中心克服当前模式中存在的体制性障碍。

第三节　行政审批局：系统导向下的制度探索

一　理论探究

黄小勇等（2011）提出，行政审批局是将原来隶属于职能部门的行政审批职能划转到行政审批局，职能部门不再履行审批职能，它不仅是行政审批权力运行的集中场所，而且是行政审批权力的所有者。黎军（2015）认为行政审批局模式建立了审批与管理、监督相分离的科学运行机制，实现了行政审批权的内在统一，是创新幅度最大的探索和尝试。宋林霖（2016）指出，行政审批局是依法设立，以实现审批与监管职能相分离为主要目标，将多种行政审批职权、事项、人员编制进行实质整合，形式上表现为"一局一章"，实质上承担行政审批职能与法律主体责任的政府机构。王克稳（2017a）认为行政审批局模式的特点是将行政许可权从原行政机关职权中分离出来，集中归并到行政审批局，行政审批局以自己的名义行使行政许可权，做出行政许可决定。丁辉和朱亚鹏（2017）认为行政审批局最大限度地集中了政府部门的审批职能，有利于克服审批流程复杂带来的种种难题，也可以避免对事项精简策略的过度依赖。王连伟（2019）指出，行政审批局原则上行使一级政府所有的审批权力，其人员在编制上自成一体，完全接受行政审批局的派遣、管理与考核，实现"编随事走、人随编走"。张述存和白利寅（2020）指出，行政审批局以优化审批流程和提升审批效能为目标，通过实现由一个部门集中行使行政审批权，原部门保留监管权限，打造审批与监管相分离的制衡模式，体现了相对集中行政许可权改革的要求。

综上，本书认为，行政审批局改革通过依法改变政府原有"同一职能部门既审批又监管"的制度安排，实现了政府整体"审批局审批、原有职能部门监管"的重大行政体制变革，是我国地方行政审批制度改革的最新典型实践，是中央层面推进相对集中行政许可权改革的核心模式与载体，对深化政府职能转变、推进"放管服"改革、优化营商环境具有贯通性作用，对政府治理创新乃至国家治理变革具有全局性影响。

二　法理探讨

作为相对集中行政许可权的产物，行政审批局以《行政许可法》第二十五条作为基础法律依据，即"经国务院批准，省、自治区、直辖市人民政府根据精简、统一、效能的原则，可以决定一个行政机关行使有关行政机关的行政许可权"。该条款虽在一定程度上肯定了行政审批局改革模式的合法性，但并未从主体设定、改革程序等层面对其进行明确，所以在理论层面对行政审批局改革合法性的讨论较为突出，主要体现在其作为集中行使行政许可权的部门是否符合职权法定的原则。另外，随着审批局模式在全国范围的快速扩散，上述条款已难以满足实践发展中出现的责任划分、事项特征等方面的协调与深化问题，所以亟须从法律层面对行政审批局模式的产生与深化进行理论思辨。

建设法治中国，必须构建职责明确、依法行政的政府治理体系。各级政府必须坚持依法行政，恪守法定职责必须为、法无授权不可为，把政府活动全面纳入法治轨道①。职权法定成为政府行使职权的基本原则，一方面，行政权的取得必须有明确的法律依据；另一方面，行政主体必须在法律规定的范围内行使职权，不能有滥用或越权行为（任进，2012）。妥善处理职权法定原则与行政体制改革创新的关系，是实现依法行政与转变政府职能有机结合的重要内容。行政审批局作为重要的制度创新，改变了传统的行政许可权归属关系，原职能部门只行使相关事项的规划权、调查权、监督权和处罚权等权力（徐继敏，2011），划转后的行政许可权则由行政审批局集中行使，从而构建出一种全新的行政管理模式。但在职权法定背景下，由于行政审批局并非法定的行政部门，因此自武侯区初创该模式时，便引发了对其合法性的争议。

一方面，有学者提出该模式频繁、广泛地将行政许可权从法定行政机关剥离，交由其他行政机关行使，有违职权法定原则精神，同时也影响了法律的权威（徐继敏，2011）。另一方面，也有学者从《地方各级

---

① 《中共中央印发〈法治中国建设规划（2020—2025年）〉》，中央人民政府网站，2021年1月10日，https://www.gov.cn/zhengce/2021-01/10/content_5578659.htm.

人民代表大会和地方各级人民政府组织法》《行政许可法》等多个维度，指出行政审批局的建立并未违反职权法定原则。首先，从主体层面，一级人民政府有权决定权力运行的调整，本质上是对职能运转的优化（殷飞、申海平，2016）。其次，从程序方面，基于《行政许可法》第二十五条对行政许可权的调整与变动进行了相应解释，进而提出行政审批局并未违反法律规定，符合职权法定要求。

下文围绕职权法定原则，结合《地方各级人民代表大会和地方各级人民政府组织法》《行政许可法》等法律条文，从主体、内容、程序三个维度对行政审批局的合法性进行分析。

首先，从主体维度来看，目前我国在行政主体规范方面的立法主要为行政组织法，其中《地方各级人民代表大会和地方各级人民政府组织法》第七十九条明确规定"自治州、县、自治县、市、市辖区的人民政府的局、科等工作部门的设立、增加、减少或者合并，按照规定程序报请批准，并报本级人民代表大会常务委员会备案"。同时，第七十三条和第七十六条仅对各层级人民政府的职权做出了明确规定，并未涉及政府内设机构的职权。综上可以看出，对政府部门的划分以及职能设置是各级政府的职权，同时应由本级政府的"三定"规定作为调整依据。从成都市武侯区行政审批局在区级的初创，到银川市审批服务管理局在市级的成形，"三定"规定都是其依法设立的主要依据，标志着行政审批局作为行使行政许可权的主体是得到《地方各级人民代表大会和地方各级人民政府组织法》授权的，并未违反职权法定原则。

其次，从内容维度来看，该部分主要指行政许可权作为重要的部门职权是否可以实现调整与变动。目前我国在单行的行政管理立法上，政府部门的工作职权由法律直接规定，蕴含职权法定的根本精神。前文已述及，在《地方各级人民代表大会和地方各级人民政府组织法》维度观察到的部门设置与调整是合法的，从而表明在管理法上部门的职权是相对的，而非绝对属于部门（王克稳，2017a）。《行政许可法》第二十五条对行政许可权的规定也直接证明部门的法定职权是可以进行调整的。所以，行政审批局作为合法的行政机关，可以将行政许可权实现整合，其职权内容是合法的。

最后，从程序维度来看，《行政许可法》第二十五条的规定涉及行政许可权变动的程序问题，即决策权的层级问题是只有省级许可权的调整需要国务院批准，还是所有层级许可权的调整都需要国务院批准。有学者提出该条款本质上是一个鼓励改革、授权型的规定（殷飞、申海平，2016），同时也涉及《地方各级人民代表大会和地方各级人民政府组织法》第七十九条规定的适用问题。结合目前改革的实践来看，一方面，省级规范与统筹的跟进在一定程度上解决了上述问题；另一方面，有关规范和创新的关系，本书同样持上述观点，即《行政许可法》本质上是推动行政审批制度改革的指导性法律而非束缚性规定，所以在程序上行政审批局同样合法，遵循了行政许可权变动的法定程序。

在完成上述对行政审批局合法性的总体探讨后，再对行政审批与行政许可的关系做一简要辨析。围绕二者关系，主要有三种观点：一是"等同"关系，认为二者的概念是重合的；二是"包含"关系，认为行政审批包含行政许可，行政许可是行政审批的部分内容，或者认为行政许可包含行政审批，强调广义上的许可包含行政机关做出的各项审核与批准行为（马怀德，1995）；三是"并列"关系，《行政许可法》明确将行政许可定义为行政机关对外部主体的审查与准予行为，并将内部事务的审批排除在行政许可概念之外，因此行政审批是行政机关所实施的内部审查行为（张步峰，2013），二者的范围并不交叉。此外，尽管伴随《行政许可法》的实施出现过"非行政许可审批"，但在国务院的推动下已被彻底终结。为此，本书倾向于认为行政审批与行政许可的概念是等同的，都指行政机关根据自然人与法人或者其他组织依法提出的申请，经依法审查，准予其从事特定活动、认可其资格资质、确认特定民事关系或者特定民事权利能力和行为能力的行为。

三　实践探寻

综合以上对行政审批局的概念界定与法理探讨，本书认为，行政审批局改革是当今相对集中行政许可权改革最为重要和核心的载体与模式，或者说，狭义的相对集中行政许可权改革就是指行政审批局改革，而行政审批局改革则无疑代表着相对集中行政许可权改革的最新发展及成效。

回顾20余年的相对集中行政许可权改革，从2001年国务院行政审批制度改革工作领导小组发布的《关于贯彻行政审批制度改革的五项原则需要把握的几个问题》提出"本级政府应当创造条件，打破部门界限，将分散在政府各职能部门的审批事项相对集中"，到 2003 年全国人大常委会审议通过的《行政许可法》第二十五条规定"经国务院批准，省、自治区、直辖市人民政府根据精简、统一、效能的原则，可以决定一个行政机关行使有关行政机关的行政许可权"，到 2008 年成都市武侯区行政审批局成立、2014 年天津市滨海新区行政审批局正式对外服务，再到 2015 年、2016 年中央编办与国务院原法制办开展两批相对集中行政许可权改革试点，以及 2018 年中办、国办印发的《关于深入推进审批服务便民化的指导意见》提出"深化和扩大相对集中行政许可权改革试点，整合优化审批服务机构和职责，有条件的市县和开发区可设立行政审批局，实行'一枚印章管审批'"，直至 2021 年国务院印发的《关于深化"证照分离"改革进一步激发市场主体发展活力的通知》指出"实行相对集中行政许可权改革或者综合行政执法改革的地区，按照省级人民政府制定的改革方案确定监管职责、健全审管衔接机制"，可以说，相对集中行政许可权改革走过了一条从概念原则、法理法条，到制度探索、试点推进，再到形成规模、成为主流的不平凡之路，而行政审批局正是这条改革之路的重要里程碑和标志性成果。

需要指出的是，行政审批制度改革早期出现的"一楼式""一站式"行政许可模式（霍阳、滕锐，2004），特别是行政服务中心模式（姜晓萍、兰旭凌，2007），在当时改革的特定阶段都在一定程度上承担了相对集中行政许可权改革的功能。但在行政审批局出现以后，就审批的体制、制度，特别是政府管理观念而言（刘安伟，2004），审批局对相对集中行政许可权改革的重要性不言而喻。在这个意义上，可以把以行政服务中心为代表的审批制度改革路径作为广义的相对集中行政许可权改革来理解，从而在认知与实践维度形成相对集中行政许可权改革的连续谱系。

简言之，行政审批局改革代表着当今的相对集中行政许可权改革，而相对集中行政许可权改革的深入和深化也有赖于行政审批局改革的进一步深化。为此，有必要对行政审批局改革的演进及扩散过程做出分析，以便掌握影响改革深入推进的因素与机制特征。

第三章　行政审批局改革的演进逻辑

　　全球化、信息化与城市化进程的不断推进，对当前公共治理的发展提出了新的要求和挑战，我国各地区政府根据区域特征开展了制度、政策以及组织层面的多样化创新。尤其在深化行政体制改革、整合公共服务模式等领域的创新层出不穷，创新的深度、广度与频度也都在逐渐拓展（朱旭峰、张友浪，2014）。丰富的创新成果为区域间扩散提供了基础性的样本，同时也为中央对该类政策工具的可行性提供了决策依据。进一步，在创新成果的基础上理解其在其他区域和层级的扩散特征、动力框架与影响机制，对于政策实践和政策理论的发展来说都具有重要影响。

　　政策创新扩散理论起源于西方，以联邦制与选举式民主为研究前提，故不可简单地将其理论框架套用于我国的政策实践。改革开放以来，"摸着石头过河"的政策试点路径成为政策过程理论中重要的实践范式，这种在创新基础上所形成的"以点带面"式的扩散模式是我国政策实践中的宝贵经验。在当前我国持续推进国家治理体系和治理能力现代化的背景下，大量的政策创新涌现，如何促进这些政策创新在不同区域、不同层级之间的传播，从而推进从个别试点区域治理体系与治理能力提高到全国整体治理体系与治理能力提高的进程，将是一个重大而紧迫的现实问题（杨代福，2016）。

　　行政审批局作为体制改革的创新实践，其扩散过程区别于传统的单一因素推动，为理解我国公共政策过程的变迁实践提供了新的研究案例与观察视角。通过对行政审批局改革历程的梳理，可以看出其在扩散模式上既具备横向区域扩散与纵向层级扩散等共性的扩散路径，也体现出以阶梯性为表现的时空特征，蕴含多元化和个性化的扩散机制。本章基于政策创新扩散理论的系统分析框架，对行政审批局的扩散过程进行多要素分析，在此基础上结合扩散机制对其模式进行阶段性理解，并对其既有创新以及系统扩散进行理论反思，从而为行政审批局改革的深化提供理论支撑。

第一节　系统论视角下的创新扩散

政策创新扩散的研究肇始于 1969 年，Walker（1969）发表的 "The Diffusion of Innovations among the American States" 被认为是该理论的开山之作。随后，国外许多公共政策学者开始关注政策理念、政策项目等在府际的扩散现象。经过半个多世纪的研究，政策创新扩散理论在概念体系、分析框架以及研究方法等方面都得到了不断丰富和发展，成为研究公共政策变迁的重要理论之一（陈芳，2014）。

从理论内涵看，首先是创新的概念，狭义观点认为政策创新是指政策主体通过构建原创性的政策理念或项目来解决特定的社会问题（Jordan and Huitema，2014）。Walker（1969）的贡献在于不再将创新局限于原创性，而是将其置于政策过程来观察，将政策创新定义为一个政府首次采纳的政策或项目，而无论这个政策或项目已出现多久，也无论其他政府是否已经采纳它，这个界定成为理解创新的重要基础。其次是扩散的概念，主要是指政策在不同地区的流动。进一步，Rogers（1983）指出创新扩散是一项政策理念或项目创新随着时间的推移，通过某种渠道在社会系统内传播沟通的过程，这成为目前对政策扩散最经典的解释（刘佳、刘俊腾，2020）。

从理论发展历程看，可分为两个阶段来观察，本质上是从"碎片化"走向整体性完善的过程。首先是理论的起始阶段，主要围绕核心概念及其内涵展开讨论，并逐渐将其细化为主体、客体以及媒介等维度，研究方法也从初期的因子分析向 EHA（事件史分析）等方法转变，并呈现定性与定量相结合等趋势。其次是理论的深化阶段。尽管在起始阶段出现了较为丰富的概念体系与理论解释，但其在快速发展的同时也暴露出自身缺陷，即整体而言理论处于"碎片化"状态。因此，在深化阶段，研究者开始对方法进行改良，对体系进行整合，并提出具有一致性的理论解释框架。如 Conti 和 Jodes（2017）基于美国 ACA（平价医疗法案）政策实践，指出其采纳的影响因素实质上是在更大的生态系统中完成的，不仅补充了指令机制以外的区域竞争与补充机制，而且提出了政府与私人部门的互动机制，将政策扩散置于系统视角下观察，对其影响机制及作用机制给出了更为全面的解释。Wejnert（2015）则通过构建概念化框架来整合政策扩散中的影响因素及变量数组，并将其分为三部分：第一部分包括创新本身的特征，定义了两组变量，涉及公共和私人后果以及采用的收益和成本；第二部分涉及影响采用创新可能性的创新者（行动者）的特征，共有六组变量，即创新者的社会实体（个人、组织、国家等）、对创新的熟悉程度、地位特征、社会经济特征、在社会网络中的地位和个人素质；第三部分是通过现代世界的结构特征来调节扩散的环境背景特征，共有四组变量，即地理环境、社会文化、政治条件和全球统一性。

总体来看，系统化的政策扩散是目前理论发展的重要趋势，其本质是将扩散界定为政策在社会系统中传递与创新的过程，即由政策创新本身、政策创新者与政策创新环境构成的政策创新系统的产出，并通过系统论来解释各变量间的内在联系。政策扩散理论的创新，为理解行政审批局的演进逻辑提供了更为系统的分析框架，有利于优化改革理论的建构。区别于传统的影响因素分析，本章基于系统性的政策扩散分析框架，结合行政审批局的实践与演进特征，对其演进逻辑进行分析，包括梳理其扩散要素（主体、客体、媒介等），探寻影响其扩散的作用机制，再加入演进的阶段性维度，整体构建出行政审批局的扩散模式。

第二节　改革溯源：从武侯区到滨海新区

一　武侯区行政审批局："破局之局"

（一）武侯区行政审批局的成立

2008 年 9 月，为解决区政务服务中心审批办理"体外循环"等问题，武侯区委主要领导召集相关部门负责人共同研商改革方案，最终达成进行体制性改革的共识，即成立专门的行政审批局，将全区所有职能部门的行政审批权进行集中，实现真正意义上的集中审批（顾平安等，2016）。为了推进改革，武侯区委、区政府以及各部门主要负责人多次召开会议，商讨如何协调各部门权责关系，最终在一个月内出台了中国第一个行政审批局的"三定"规定。2008 年 12 月，成都市武侯区在前期投资办证中心、政务服务中心以及"行政审批委托"等工作的基础上成立全国首个行政审批局，作为武侯区政府主管全区行政审批事项办理工作的政府工作部门，机构规格为正局级。

（二）重要的制度探索

1. 职能划转、审管分离

2009 年武侯区行政审批局正式对外开放时，区政府便将 22 个区属职能部门承担的 62 个行政许可事项及 13 个其他行政权力事项全部划转到行政审批局，原有职能部门主要承担日常监督和管理工作，形成审管部门各司其职，审批与监管相互制衡、互为监督的局面。

2. 政务服务标准化

武侯区行政审批局成立后，对政府服务标准化工作的认识和重视程度进一步深化，为此专门成立了标准化办公室，着力推进标准化进程。在审批局挂牌运行初期，便结合"行政服务标准化国家级试点区"建设，引入 ISO9001 国际质量管理体系认证，以构建服务通用基础、服务提供、服务保障三大标准体系为核心，切实推动规范化审批和制度化建设（成都市武侯区编办，2017）。后由武侯区行政审批局、武侯区质量技术监督局以及成都市标准化研究院共同完成了政务服务标准体系编写，将不符合标准化内容的机构、人员、流程不断改进，切实提升审批效能（顾平安等，2016）。

3. 创新价值与示范作用

与之前的行政服务中心相比，武侯区行政审批局的创新价值体现在三个方面：一是通过职能划转，使机构由行政审批职能"载体"转向"实体"；二是以机制本身为切入点，维持改革动力，扩大创新空间；三是服务标准化，切实提升审批效能（顾平安等，2016）。总的来说，武侯区行政审批局的创立为各地深化行政审批体制改革提供了参考和样本，各地考察团先后有近 300 批次 4000 余人次前来考察学习。其中，最为典型的是 2013 年 9 月天津市考察团对"武侯经验"的借鉴，此后天津市滨海新区结合自身改革情况，于 2014 年 5 月 20 日成立了天津市滨海新区行政审批局（顾平安等，2016）。

二 滨海新区行政审批局：定型之局

相对于武侯区的改革探索，滨海新区的改革不仅审批事项划转范围更大、审批与监管职能分割更到位，而且首次通过相关法律和政策文件明确了行政审批局的合法地位，在改革方面更加彻底。

（一）滨海新区行政审批局的成立

党的十八大以来，天津市委、市政府高度重视行政审批制度改革工作，成立滨海新区行政审批局则是其中的标志性举措。滨海新区行政审批局的成立过程见表 3－1。

表 3－1 滨海新区行政审批局的成立过程

阶段	改革时间	改革实践
调研酝酿	2013 年	党的十八大和十八届三中全会召开后，天津市委、市政府根据《中共中央关于全面深化改革若干重大问题的决定》和《国务院关于推进天津滨海新区开发开放有关问题的意见》，多次召开专题会议研究改革措施，经过广泛调研和充分酝酿，决定在滨海新区先试先行，成立滨海新区行政审批局
正式启动	2014 年 1 月	按照天津市委、市政府下发的《关于印发〈天津市人民政府职能转变和机构改革方案〉的通知》中关于"在滨海新区开展相对集中许可权"的任务要求，天津市委、市政府印发《天津滨海新区深化行政审批制度改革推进政府职能转变的实施方案》并成立滨海新区行政审批制度改革专项工作组，由天津市行政审批管理办公室牵头，正式启动改革工作
推动落实	2014 年 2～5 月	制定《关于加快落实〈天津滨海新区深化行政审批制度改革推进政府职能转变的实施方案〉工作安排》，成立滨海新区行政审批局筹备组。2014 年 5 月 20 日，滨海新区行政审批局正式对外服务

资料来源：朱光磊等主编《构建行政审批局：相对集中行政许可权改革的探索》，中国社会科学出版社，2017。

（二）改革特色与创新

1. 明确的法制基础

滨海新区设立行政审批局有三个法制依据：一是《行政许可法》第二十五条的规定；二是天津市委、市政府下发的《关于印发〈天津市人民政府职能转变和机构改革方案〉的通知》提出的"在滨海新区开展相对集中许可权和相对集中执法权工作"；三是天津市委、市政府印发的《天津滨海新区深化行政审批制度改革推进政府职能转变的实施方案》提出的"将18个政府部门的行政审批职责全部划转到区行政审批局。区行政审批局负责直接实施职责范围内的行政审批事项，启用行政审批专用章，在本市范围内通用有效。区行政审批局对职责范围内的行政审批行为及后果承担相应法律责任。在修订《滨海新区条例》时，明确区行政审批局的法律地位和行政审批专用章的法律效力"。

2. 完善的组织保障

滨海新区行政审批局是滨海新区政府工作部门，主要职责是集中行使投资项目、经贸商务、环保城管、建设交通、文教卫生、社会事务、涉农事务等方面的行政审批及相关事项，并承担相应法律责任等①。滨海新区行政审批局除下设办公室、政策法规处、综合业务处等综合性机构外，一方面，分条进行行政许可，相应设置投资项目处、经贸商务处等；另一方面，分块进行行政许可，相应设置中心商务区分中心、大港分中心等。

3. 规范审批流程

滨海新区行政审批局围绕审批规范化运行，不断完善行政审批操作规程，对审批要件和审批流程、审查标准、审批时限进行规范和细化，创新建立科学规范的"单一窗口、全项受理；专业审查、团队支撑；严格把控、终身负责"审批运行模式②，目前已升级至"受理、审查、批准"三分立机制，实现了审批行为的规范、协调、透明、高效。

4. 重视服务质量

滨海新区行政审批局强化"保姆式"服务，推行了一系列便民便企的服务措施。将区级 395 个审批事项全部下沉到街镇社区，并联通天津政务一网通平台及天津网上办事大厅，企业、群众可以在街道办理市级事项；实施"一企一证"综合改革，实现企业开办申请全流程最多跑一次，只需一张行政许可证就能覆盖企业准营全行业③；将准营涉及的多部门串联审批变为并联审批，实行"一单告知、一表申请、一窗受理、

---

① 《天津市滨海新区人民政府政务服务办公室机构职能》，天津市滨海新区人民政府政务服务办公室网站，2024 年 2 月 23 日，https://zwb.tjbh.gov.cn/contents/9952/240146.html。

② 《从集中到整合，一颗印章管审批》，中央人民政府网站，2018 年 6 月 12 日，http://www.gov.cn/xinwen/2018-06/12/content_5297973.htm。

③ 《与浦东"一业一证"并提，央视点赞、国常会表扬，"滨城"这项改革举措不能错过！》，天津市滨海新区人民政府服务办公室网站，2021 年 1 月 5 日，https://zwb.tjbh.gov.cn/contents/4393/462854.html。

一次踏勘、一证覆盖”，切实提高企业准入即准营的便利度①。

（三）“滨海模式”的扩散

1. 在天津市的复制推广

2014 年 9 月，天津市委、市政府印发《天津市区县政府职能转变和机构改革指导意见》，明确提出推广滨海新区经验，进行相对集中行政许可权改革，整合区县行政审批职责，组建行政审批局，挂行政许可服务中心牌子，为区县政府工作部门。截至 2015 年 4 月，天津市 16 个区县全部完成相对集中行政许可权改革，成立了行政审批局，启用了行政审批专用章，实现了“一个局办事、一颗印章审批、一个大厅服务”（贾婧，2018）。

2. 在全国的示范效应

2014 年 9 月 11 日，李克强总理在考察滨海新区行政审批局时，高度评价其“一枚印章管审批”的做法，指出“109 个章变一个章，是政府自我革命的大动作，要让不必要的审批成为历史”。滨海新区行政审批局与“一枚印章管审批”随即引发全国关注。此后，全国多地政府来津考察并迅速“嫁接移植”，创建了各自的行政审批局。审批局模式也开始从“一枝独秀”走向“多地开花”。在此背景下，中央编办与国务院原法制办于 2015 年 3 月下发《关于印发〈相对集中行政许可权试点工作方案〉的通知》，正式开启全国范围内的相对集中行政许可权试点改革。

第三节　行政审批局扩散的机制分析

随着政策实践的不断创新与发展，政策创新扩散的研究不再停留于对影响因素即变量相关性的分析，而是结合实践提出机制层面的解释框架。区别于影响因素，机制侧重于促进或阻止变化发生的过程，是因素发挥影响的重要载体（张克，2017）。自 20 世纪 60 年代以来，学界主要从内部或外部单一维度来对影响机制模型进行研究，其中内部是指区域的资源禀赋，即自身的政治、经济、文化、社会特征等条件，外部则是

---

① 《行政审批制度改革的“滨海样本”》，百度百家号，2020 年 7 月 13 日，https://baijia-hao. baidu. com/s? id = 1672106727854 965461&wfr = spider&for = pc。

指邻近政府或其他外部条件对政策采纳情况的影响（Berry and Berry，1990）。单一维度的解释模型较为片面。随着对不同政策实践进行的实证分析日益增加，有些学者发现内部和外部影响机制都会对政策扩散产生影响（朱旭峰、张友浪，2014）。因此，综合性的政策扩散机制是指一项政策创新在不同政府之间扩散的原因与方式，是链接扩散起源与结果的中介步骤（周英男等，2019）。

虽然既有研究已提出超过百种扩散机制术语，如社会化、契约化等（Morin and Gold，2014），但其中的焦点仍为学习、竞争、模仿和强制等机制（Shipan and Volden，2008）。行政审批局作为转变政府职能、优化营商环境的重要抓手，既涉及内部经济环境带来的发展需求，也受到指令强制、新闻宣传、交流报道等外部因素的影响。因此，本部分引入动态过程视角，选取效率、学习、模仿和行政指令四个方面来对其影响机制进行分析。

一　效率机制

效率机制侧重于内部因素对扩散的影响，且主要发生于扩散前期，即按照经济学理性主义的基本假定，组织之所以采纳某项政策或推行某项改革，是出于对组织运转的有效性和效率的考量（李智超，2019）。在政策推行前期，无论是先行开展还是进入试点，都有明显的政策红利，这也驱使地方政府对采纳该项政策具有较高的积极性。而在改革中期阶段，越来越多的地区开始实施改革，红利边际的衰减和政绩动力的弱化会影响政府对政策的采纳。因此，效率机制一方面对政策的扩散起着重要的内部影响；另一方面表现出明显的阶段性特征，即起始阶段的效应显著。

行政审批局作为一项制度创新，一方面突破了传统审批制度中存在的体制性障碍与机制性瓶颈；另一方面极大地促进了地方营商环境的改善，进一步激发了市场主体活力。所以，对于地方政府来说，行政审批局改革所带来的优化效应以及改革前期所享用的创新空间、政绩表现，都成为其采纳改革的重要推动力，本质上构成推动其扩散的效率机制。例如，银川市于2014年建立行政审批局，是在改革前期发生的扩散，其基本背景为银川市所属的宁夏回族自治区是当时的内陆开放型经济试验区，在经济发展、营商环境优化方面有着较为强烈的内在需求。再如，陕西省虽然不在国家的两批试点省份行列，但由于其在 2008 年被确定为我国第三批自由贸易试验区，所以同样基于转变政府职能的内在需求，于 2017 年启动了省内的相对集中行政许可权改革试点。

总体来看，效率导向作为行政审批局扩散的重要机制，是将其模式特征与理论框架相结合的重要表现，为理解其扩散模式提供了基础的分析维度。

二　学习机制

学习机制是指政策主体有选择地向其他政策主体学习政策经验，本质上是在接受和获取政策信息的基础上对现有政策进行改造的过程（Gilardi，2010）。区别于模仿机制，学习机制并非简单、机械的政策套用或照搬（王浦劬、赖先进，2013）。学习作为主要扩散机制之所以被广泛接受，是因为成功的政策经验能够减少政策制定过程中的行政资源消耗，提高公共政策的社会接受度，从而降低新政策的制定和执行成本（王绍光，2008）。

在我国当前的政策实践中，不同层级政府所开展的主动的学习调研与参观活动通常成为学习机制的主要载体，与此同时，新闻媒体的宣传以及领导人的肯定等都成为政策扩散的重要媒介。在行政审批局的扩散过程中，相关的基层调研、考察活动更为常见，这类主动性的学习活动表明政策主体是基于选择而进行的政策信息获取，所以不仅推动了模式的采纳，而且加强了该模式下创新措施的扩散以及再创新。特别地，习近平总书记在雄安新区调研时对行政审批局模式的肯定以及李克强总理在滨海新区对"一枚印章管审批"的认可，都在较大程度上调动了其他地区学习该模式的积极性与主动性，推动了行政审批局在不同层级之间的扩散。

三　模仿机制

模仿机制是指政策制定者直接套用、照搬其他地区政策的"政策克隆"过程（王浦劬、赖先进，2013）。区别于学习机制，模仿机制本质上是一种非理性过程，具体表现为后进地区对先进地区的刻意效仿，所以其关注点并非政策本身，而是其他政府（朱旭峰、张友浪，2014）。

模仿机制在一定程度上具备与学习机制类似的优势，即政策的直接复制能够增强公众、上级的认同，获得更高的执行合法性与社会接受度，以及降低政策执行中的风险与执行成本。但该机制最主要的问题在于实现科学实践的条件较为苛刻，存在较大的扩散风险，体现在两个地区必须在政治、经济和文化等方面具有较高的相似性，其模仿才能在一定程度上促进政策的落地与生效。潜在风险的存在，本质上是由于该机制的关注点在于行动者而非行动，所以可能出现的非理性实践最终仍会阻碍改革的深化。

行政审批局模式是当前行政审批制度改革中的主要路径之一，与之并行的为政务中心模式。从实践层面来看，以政务中心为载体的"最多跑一次"等从服务界面重塑的改革路径同样有着较强影响力，浙江省也逐渐成为政务服务和审批制度改革的学习标杆。但区域禀赋的差异导致其改革模式并非适用于所有地区，简单的模仿套用反而会影响审批制度改革的成效。随着行政审批局或主动或被动地成为地方政府审批制度改革的主要路径，对于仅向其他地区学习而对模式特征实际认知模糊的地区，在该过程中会出现改革模式混同的现象。模仿机制本质上是非理性的，特定地区在推进行政审批局改革时，仍需坚持从自身区域特征出发，对审批局模式进行辩证性应用，从而实现由模仿机制向学习机制转变，成为主动性的理性选择过程。

四　行政指令机制

行政指令机制又称强制机制，是指一个政府通过指令或激励的方式使另一个政府采纳的政策过程，大多来自纵向层次的压力，主要手段包括规章制度、政府间拨款以及优惠政策等（Volden，2017）。具体到我国来看，地方政府的权力来源于中央授权，在纵向维度地方政府接受中央政府的统一领导。这种领导与被领导关系、命令与服从关系是我国从中央到地方各层级府际关系的核心权力关系，直接决定了上级政府及部门可通过行政指令的方式来推动特定政策的广泛扩散和实行（王浦劬、赖先进，2013）。

具体到行政审批局改革的扩散进程来看，其在纵向维度的层级扩散本质上也是通过行政指令机制来实现的。结合改革节点来看，2015年之前仅有个别市、区进行改革，而2015年、2016年中央编办与国务院原法制办两批试点文件的发布，直接推动了改革在全国范围内的扩散，在省级层面采纳的数量达到峰值。2018年机构改革方案发布后，各省份也制订了相应的具体方案，推动改革在地市层面的扩散。总体看，改革在不同层级的大范围扩散都是基于行政指令机制的影响，这也成为行政审批局模式扩散最为核心的特征。

需要指出的是，随着中央政府简政放权的持续推进，在政策实践中也给予了地方政府更多改革自主性与创新性的空间。通过中央两批试点文件可以看出，对相对集中行政许可权改革的路径、方式等内容侧重于指导与规范，而非在既定框架内强制地方政府推行。尤其是在地级市层面，政务数据管理局、政务服务管理局、营商环境局等新型实体机构的出现，都体现出地方政府改革在扩散内容方面自主性的增强。

第四节　行政审批局扩散的模式特征

一　横向区域扩散

从横向维度来看，在不同部门、区域间的水平扩散本质上受学习机制与模仿机制驱动。该模式在特征上体现出明显的邻近效应与势能效应，其中邻近效应是指在空间上距离相近的区域，政策更易实现扩散，且会形成政策创新的集聚现象。这主要是因为相近区域与城市间政府信息交流较为频繁，因此邻近区域间政府容易获得政策创新的信息，同时邻近区域存在公共服务供给上的竞争关系，进而促使邻近区域进行政策跟踪与学习，并积极进行创新，两方面的结合在客观上促进了政策的扩散。势能效应是指政策扩散所体现出的梯度性，即公共政策在时间和空间上存在势能差，政策通常会沿着扩散动力源向周围政策势能较低的地区转移和扩散（王浦劬、赖先进，2013）。水平扩散作为重要的扩散路径，不同政策在不同阶段所体现出的效应也存在较大差别。以行政审批局为例，其在水平扩散过程中所体现出的邻近效应在后期阶段更为明显，同时整体上表现出区别于传统经济政策等的势能效应，本质上是问题与需求导向在推动区域间流动。

基于阶段特征，横向区域间的扩散是行政审批局改革在扩散前期的主导模式，后续在纵向层级推动下，通过与垂直扩散模式相互嵌套来实现在更大范围内的扩散。从初期来看，行政审批局涉及法定部门的变更以及法定职权的调整，在改革路径上受到合法性的质疑，所以无论是扩散速度还是扩散规模都十分有限。从武侯区在 2008 年初创该模式，到2014 年银川市以及天津市滨海新区审批局的成形，其间并未得到有效关注与学习。所以，邻近效应及势能效应并未得以体现，说明改革前期仍是效率导向下的学习机制所驱动形成的横向扩散模式。

在国家层面连续发布两批试点文件后，行政审批局改革迎来了第一次扩散的高峰期，虽然该阶段本质上是受行政指令机制影响的垂直扩散，但在这一过程中同样存在明显的水平扩散特征。这主要体现在区级层面所出现的创新集聚与模式混同现象，一方面，在该阶段邻近效应较为明显，且邻近区县采纳改革后，从事项、流程等不同层面进行创新，涌现出一批该模式下的创新案例；另一方面，在扩散过程中部分区域对改革模式的认知存在偏差，导致与行政服务中心模式混同建设，是模仿机制所导致的虚体扩散现象。

二　纵向层级扩散

纵向层级的政策扩散模式，是指在政府组织体系内部，上级政策推动者选择和采纳某项政策，并用行政指令要求下级采纳和实施该项政策的公共政策扩散模式，是目前国内政策扩散最为常见的模式（王浦劬、赖先进，2013）。在行政审批局扩散过程中，纵向维度的层级扩散是最为核心的模式。一方面，体现在央地互动中以阶梯形为表现的扩散特征，其中数量快速上升的扩散发生在国家层面发布试点文件后，表明其成为扩散的主要动力。另一方面，结合笔者收集到的地级市数据，在时间分布上可以看出明显的省级差异现象，即如果该省份发布相关规范性文件，则其下辖的地级市会在相近时间统一推动改革，这表明行政指令机制成为纵向扩散中的主导性影响机制。

具体来看，2015 年、2016 年中央编办与国务院原法制办连续发布两批关于推进相对集中行政许可权改革试点的文件，并分别确定贵州、河北、山西、四川等 14 个省份作为改革的先行区域。这标志着第一阶段部分区域自发式探索的结束，改革进入国家层面规范化、试点化推进的阶段。从发文主体来看，中央编办为改革的扩散提供了组织层面的保障，国务院原法制办破解了对改革合法性的质疑，二者联合发文对改革在全国范围的扩散提供了重要支撑。

从地方政府来看，改革的扩散并非完全遵循层级的扩散路径，即省级规范文件的发布会直接促进基层即区县一级改革试点的开展，多数地区的市级并未成立实体性质的行政审批局，所以体现出跨层级的纵向扩散。这一现象与行政审批局模式的特征有关，因为基层政府面向基层，所承担的行政许可事项绝大多数由国家和省级政府指定，自行设定的事项很少，在整个行政许可系统中，基层政府主要承担执行的功能，较易实现权限集中，而其余级别并没有突出的现实需求（方宁，2018）。

三　吸纳辐射扩散

"地方创新—中央吸纳—试点推广"，本质上形成一种吸纳辐射式的公共政策扩散模式（周望，2012）。中国具有中央统一权力的政府体制，但这并不意味着地方政府在公共政策活动中缺乏创新性与能动性的空间。在中国这样一个"巨型社会"里，仅依靠中央政府来实现对全社会的调控是难以想象的（王沪宁，1991）。在我国的政策实践中，地方政府作为政策扩散的行动主体，在政策创新和探索中拥有较大的政策空间，其本质上包含了横向的区域扩散模式以及纵向的层级扩散模式。所以，有必要挖掘地方政府对政策创新扩散的首创性与主动性，以及由学习、模仿、竞争、行政指令等多元机制所影响的扩散进程。

整体来看，行政审批局是符合该模式特征的，吸纳与辐射从两个层面将其分为三个阶段，为理解行政审批局的扩散过程提供了系统性的分析维度。

第一阶段即改革的创新与成形。成都市武侯区建立全国第一家行政审批局，为行政审批制度改革提供了新的路径参考；银川市以及天津市滨海新区在其基础上继续深化，构建"一枚印章管审批"的系统化模式，标志着该模式的成形。所以，整体来看，第一阶段为地方政府的创新过程。

第二阶段即中央对改革创新的吸纳与推广过程。两批试点文件的发布体现出国家层面对改革的认可与支持，并通过建立改革试点的方式将其进行推广，是在地方政府创新吸纳基础上进行的一定范围的试运行。

第三阶段即辐射阶段。随着改革在全国范围内的快速扩散，2018年中共中央办公厅、国务院办公厅联合发布的《关于深入推进审批服务便民化的指导意见》明确提出要继续推动行政审批局建设。此外，文件选取的优秀案例中，以行政审批局为载体的地方案例占到了一半。中央政策对审批局改革的进一步明确与推广，是推动改革实现辐射的重要动力，表明改革已经从初步的采纳扩散阶段，逐步迈向深化与系统性建设阶段。

第五节　行政审批局扩散的理论反思

政策创新扩散的重点在于是否采纳，即构建二分变量来对扩散机制以及逻辑等维度开展研究。对于行政审批局这一改革实践，传统的关注点仅在于初始阶段的扩散模式，而随着改革的深化，扩散的客体不再局限于改革的模式采纳，改革过程中出现的流程以及事项等层面的创新措施逐渐成为扩散的内容之一，同时改革扩散的范围与规范程度成为影响行政审批局演进的重要因素。所以，本节侧重对行政审批局扩散客体进行观察，以期为推动改革深化以及丰富政策扩散内涵进行一定的理论反思。

一是对改革进程中创新措施的关注，即针对目前基层改革创新的"碎片化"现状，如何推动其作为一个整体向系统集成方向发展，从而为进一步的深化扩散提供可复制的改革模式。具体来看，行政审批局作为体制层面的突破，为后续机制性创新提供了巨大的制度优势，而实现其治理效能的转换正是体现在审批事项整合、审批流程优化以及审批方式改进等方面的创新。从改革层级来看，主要实践者为基层政府，即区县一级。由于数量较多且统筹有限，基层改革常常表现出"各自为战、各行其是"的"碎片化"现象，很多具有创造性的改革措施常常昙花一现，并未得到及时关注和有效推广。所以，这不仅对于改革子系统来讲未能充分发挥审批局改革的制度优势，更为重要的是未能以系统化的模式实现推广与扩散。

二是对改革扩散所出现的异化现象进行规制，即针对目前改革措施与改革目标脱节，出现创新"内卷"及过分关注效率而忽视服务的政绩导向，来驱动改革措施的选择与推行。例如，目前在行政审批局建设中，部分区域过分强调办理时限，一味地压缩办理时间，虽然其目的是提高效率，但审批本身是有极限的，效率建设也并非数字游戏。在扩散过程中，这类由错误的竞争机制和模仿机制所驱动的选择性采纳，不仅会导致改革目标的失效，而且会浪费既有的行政资源，增加行政成本，影响整体的模式建设。

总体来看，行政审批局的扩散是一个多元化、动态化与规范化的进程，具有在多元机制影响下形成的阶梯形扩散模式。但对采纳之后创新措施的持续关注，应该成为推动改革深化的核心内容，同时对扩散进程中异化现象的规制也是改革目标与改革路径相匹配的重要保障。在此基础上，从政策创新视角来对改革演进历程进行分析与观察，旨在为推动形成系统性的改革模式与长效化的推进机制提供理论支撑。

第六节　行政审批局改革深化的个案参考

一　银川市行政审批局：紧抓重点破顽疾

（一）改革概述

改革的先行者。银川市于 2014 年 11 月 5 日成立行政审批服务局，是全国首家探索相对集中行政许可权改革的地级市。从其组建历程来看，可以将其分为基础梳理与体制突破两个阶段。首先，银川市于 2014 年初即对各部门实施的行政许可类以及部门管理类等事项进行重新梳理、论证与确认，并积极开展清理非行政许可审批事项和前置条件清理规范工作。在该阶段共取消相关事项 31 项，下放 17 项，合并 254 项，最终确定行政审批事项 78 项、部门管理事项 98 项，为后续实现大规模事项划转提供了清晰的改革基础。随即，银川市通过"归零式"清理，将发改、环保、教育、卫生等 26 个职能部门以及 100 多个业务科室办理的 153 项审批事项统一划转给行政审批服务局，转由 7 个业务处实施，并正式启用行政审批专用章，实现"一局一章管审批"，标志着银川市新一轮深化行政审批局制度改革的正式启动。

改革的探索者。前期的体制突破为改革的深化提供了基本架构，也为进一步优化审批制度与创新服务体系创造了先期条件。《银川市关于进一步推进"放管服"改革的意见》成为第二轮行政审批改革的关键标志，其核心即围绕如何发挥行政审批局的体制优势，以推进服务对象办事便利快捷为主线，针对企业注册准入准营以及工程建设项目审批两个重点难题集中发力，进而实现审批服务效能的提升。作为改革先行者，银川市行政审批局也成为第二轮行政审批局改革开启的重要探索者，为理解改革的深化特征与逻辑提供了典型的分析样本。

（二）企业开办与项目报批：改革深化的核心领域

1. 企业开办高效化

服务效率的提升是行政审批制度改革的重要目标，尤其是对于企业开办相关事项，其时效的快慢直接影响地区营商环境的活力。银川市针对企业开办这一改革重点，推出"一日办结"的服务模式。截至2018年底，涉及企业开办相关办理的主体达3071家，平均用时仅1.3个工作日。因此，作为全国范围内企业开办效率较高的城市之一，银川市基于行政审批局服务载体在事项、流程以及平台建设等方面做出的创新探索，成为审批局改革深化的关注方向之一。

具体来看，银川市行政审批局主要通过持续整合与平台搭建来推进服务效率的提升。一方面，在审批事项整合的基础上实现服务主体以及服务流程的整合。从服务主体整合来看，即将内外部不同资源要素整合至一厅。首先是对于未划转事项的部门，如国税、地税等部门，要打破区域以及行业分割的限制，进行物理集中；其次是让银行、刻章类服务公司等具体的外部主体入驻，实现体制突破基础之上的深层次"一站式"构建。从服务流程来看，银川市行政审批局将业务流程全部放置一线，即在窗口层面实现闭环审核，并对各环节进行管控，将时限压缩至以分钟计时，大幅压缩办事时限。另一方面，搭建平台以实现信息联通，实现办事主体在大厅申请相关执照的同时，将信息同步流转至银行、税务以及刻章类服务公司等主体，真正在多维实现并联审批、同步办理。

2. 项目报批集成化

工程建设项目涉及主体较多、事项复杂、流程交叉，因此时限长达百日之久，是当前行政审批制度改革领域面临的顽疾。针对该问题，银川市积极响应国务院改革要求，在逻辑集中的基础上推动审批向集成化转变，并从三个阶段来重塑、简化流程，结合多审合一、多评合一以及多验合一的创新举措，成功将审批时限提速 1 倍以上，步入全国工程项目建设审批时效排行前列。

从事项集中到审批集成，银川市在工程建设项目审批制度改革中取得的成功得益于对繁杂事项和流程的梳理，以及在此基础上针对不同环节的规划与重塑。首先，银川市政府在广泛调研的基础上，将涉及广泛、频次较高的事项再次进行划转与集中，即根据权限按照"能划尽划"的原则进行整合，其余事项集中入驻，为后续具体环节的优化提供物理基础。其次，针对原有立项、国土、规划等串联审批的各管一口的审批机制，统合划分为立项审查、施工许可以及勘察验收三个阶段，并在该过程中实现联合审验、并联进行，对审批流程进行重塑。最后，搭建"三多合一"的服务平台，即多评合一、多验合一以及多审合一，在事项和流程再造的基础上进一步扩大主体整合，并实现线上办理，即在服务模式优化的基础上，继续通过方式创新实现服务体系的优化。

二 贵安新区行政审批局：构建改革新范式

（一）改革概述

作为首批相对集中行政许可权改革试点之一，贵安新区于 2015 年 8 月成立行政审批局，针对传统审批模式下"重审批轻监管""以审批代监管"等问题，加快实现"一颗印章管审批"。在该过程中，贵安新区坚持推进"审批局外无审批"，已集中行使新区内设机构 95% 的行政许可权，行政许可精简到 92 项，逐步成为审批最少、办理最快、服务最优的国家级新区（朱桂云、吴大华，2018）。同时，贵安新区在全国率先出台"审管分离"实施办法等"1＋9"制度，推动原职能部门将主要精力集中到负责许可事项的事中事后监管和相关行业规划、政策、标准制定等工作上来，实现行政审批和行业监管既相对分离又相互制约促进，初步建立"宽进严管"的市场准入和监管制度（吴大华，2017）。

（二）技术赋能与数据治理：改革深化的根本支撑

从改革深化特征来看，贵安新区基于信息技术优势，将审批制度改革与互联网、大数据以及云计算等前沿技术相结合，一方面通过技术赋能实现对服务方式的升级，在完善服务体系的同时大幅提升服务效率；另一方面通过联通数据来打通信息孤岛等改革堵点，进而优化改革的制度设计，推动改革向数据治理等新型范式转型。通过对贵安新区行政审批局改革的整体观察，可以看出改革的深化不能仅仅停留在对体制层面的突破与完善，还需构建扎实的技术支撑，推动改革的协调与服务机制建设。

结合技术特征来看，贵安新区的核心创新举措在于实现了在数据联通以及云计算等基础之上所构建的互联网技术平台建设。相较于传统的互联网平台建设，一方面，实现了平台的整合性特征，即通过整合主体、系统等要素来加强服务体系的完善；另一方面，实现了多类信息技术的集成，真正发挥技术优势并进行转化，实现了用数据说话、用数据管理、用数据创新的新型数据治理范式，这主要体现在其大数据"六朵云"建设上。

具体来看，大数据"六朵云"由审批云、监管云、监督云、招商云、证照云和分析云所构成，具体的作用方式和效果如下[①]。

审批云通过整合网上办事大厅、综合受理平台、审批服务系统和投资项目在线监管平台，借助网上申报、网上审批、网上查询、网上办件公示等功能，实现传统审批方式下的"群众跑腿"转变为新时期下的"信息跑路"，通过一网流转、流程再造的全流程网上审批实现了一网通办。

监管云通过建设审管分离系统，一方面将审批信息实时推送到监管部门，方便监管部门根据审批信息进行针对性的监管执法；另一方面将执法监管记录反馈给审批局，便于审批局就执法情况做出是否吊销证照的决定等，有效解决审批与监管部门之间信息不对称的问题，实现了"审管分离"下以信息互动为保障的审管衔接。

监督云通过联通新区行政审批电子监察系统和政务大厅管理系统，一方面对行政审批事项办理流程的相关信息进行实时采集，另一方面对

---

① 《新区政务中心打造"六朵云" 精心构建审批服务云平台》，贵州贵安新区管理委员会网站，http://www.gaxq.gov.cn/xwdt/gadt/201812/t20181211_1971893.html。

大厅窗口审批人员的日常工作状况进行实时记录，通过对审批服务业务办理全流程的全方位监察，以及进一步预警纠错，实现了审批服务过程的全面留痕，以技术管事、数据管人实现了权力始终在阳光下运行。

招商云通过整合新区招商引资智慧云平台和政务中心建设的招商引资信息推送系统，向新区的招商引资企业主动推送审批手续办理信息，主动告知投资者需办理的审批事项、审批环节、审批材料、咨询方式等信息，同时通过设立招商引资服务窗口，为投资者提供全程帮办代办服务，实现了主动服务与精准服务的有效达成。

证照云通过利用全省统一的证照共享系统，将分散在各部门的证照信息收集共享，建设电子证照库，凡可以通过电子证照库获取业务办理所需信息或证照的，不再要求申请人提交相关纸质证照和申报材料，解决了网上上传资料无法验证、无法比对，只能依靠纸质材料的问题，实现了从源头上减少"奇葩证明""循环证明""重复证明"，实现了业务办理真正的方便快捷。

分析云通过对同在审批服务云平台内的审批云、监管云、监督云、招商云、证照云等各应用系统产生的业务数据进行实时采集，一方面将业务办理、权力运行、人员管理、服务评价等工作数据记录下来，把预警、督办、反馈等权力监督方式嵌入审批服务业务工作中，实现了数据统计、融合分析、风险预警、监督制约等功能；另一方面借助大数据融合分析技术，让行政权力运行处处留痕，推进行政权力运行可记录、可分析、可追溯，变人工监督为数据监督，变事后监督为过程监督，变被动监督为主动监督，初步形成了"规范透明、全程留痕、分析运用"的审批服务"数据铁笼"，实现了审批服务工作主动性和针对性的不断提升以及审批服务的高效优质①。

总体而言，贵安新区在开展相对集中行政许可权试点建设中，已形成行政审批"一章审批、一网审管、一单规范"和政务服务"一号申请、一窗受理、一网通办"的改革新路，并通过"六朵云"信息化综合应用的审批服务云平台推动了审批提速和服务提效，贡献了高效与高质

---

① 《新区审批服务"分析云"上线运行》，贵州贵安新区管理委员会网站，http://www.gaxq.gov.cn/xwdt/gayw/201812/t20181211_1967872.html。

并重的"贵安模式",对审批局改革的理论研究和实践创新具有积极的导向作用与示范意义(宋林霖、朱光磊,2019)。

三　上海市的审批制度改革探索

党的十九大之后,为贯彻落实中央关于"建设人民满意的服务型政府"要求,加快推进政府管理和服务的现代化发展,上海市于2018年3月印发《全面推进"一网通办"加快建设智慧政府工作方案》,全面部署"一网通办"改革;同年9月又制定印发《上海市公共数据和一网通办管理办法》(沪府令9号),打通改革的最大"堵点"。作为上海深化"放管服"改革的标志性地方政务服务品牌(陶振,2019),"一网通办"以电子信息技术为支撑,通过流程重塑与数据共享(朱宗尧,2021),整合线上线下平台,进一步深化了行政审批制度改革。虽然上海市的改革推进仍然依托政务中心作为基本载体与模式路径,但其在"一网"基础上实现的相关审批改革成果,以及局部探索实现的"无科层"审批等创新方式,对审批局改革模式的创新和完善都具有重要的借鉴参考价值。

(一)"一网通办"体系下的审批制度改革

1. 重要的改革举措

对2019~2021年上海市发布的《2019年上海市推进"一网通办"工作要点》《关于以企业和群众高效办成"一件事"为目标全面推进业务流程革命性再造的指导意见》《关于深入推进"一网通办"进一步加强本市政务服务中心标准化建设与管理的意见(试行)》《关于深化"一网通办"改革构建全方位服务体系的工作方案》等核心文件进行综合梳理后,本书认为上海市在"一网通办"体系下针对审批制度改革采取了以下重要举措。

流程再造,推进"双减半"①工作,梳理出"双百主题"②,形成优化办理建议,此后通过"一次告知""一表申请""一口受理""一网办理""统一发证""一体管理"的"六个一"再造审核全流程,实现一

---

① "双减半"即审批时限平均减少一半,审批提交材料平均减少一半。
② "双百主题"即围绕市民个人生活的100件事(3个以上办事情形)和围绕企业生命周期的100件事(3个以上事项)。

件事一次办。

标准化建设，建立政务服务中心管理体系，实施综合窗口改革，加快与业务部门的互联互通。同时，强化窗口授权，可直接授权的，由授权窗口直接完成业务办理；不适宜直接向窗口授权的，通过在线审批或向政务服务中心派驻具有审批权限的工作人员等方式，推动政务服务事项当场办结。

打通专网，基于云技术，建立市级、区级电子政务云，推进全市信息系统上云①；裁撤业务部门专网或联通政务外网，如2020年裁撤8个部门专网，实现6个部门专网与政务外网联通（敬义嘉，2021）；建立公共数据分层采集体系，各区开展数据的统一规范采集和结构化处理，实现公共数据的集中整合等。

2. 显著的改革成效

以"一件事"改革推进"六个再造"，既加强了部门协作，也优化了内部流程、缩短了审批时限。综合窗口改革实现了"前台综合受理、后台分类办理、统一窗口出件"的模式优化，同时简化了前台服务流程，将复杂事项交由后台处理，进一步提高了审批服务效率和水平。电子政务外网的建立，减少了审批人员多次录入与审批监管信息的共享问题，一方面打破了信息孤岛及其"碎片化"应用，另一方面实现了公共数据信息的体系化建设。

（二）奉贤区探索推进"无科层"审批

在上海市统一部署推进"一网通办"的改革进程中，各级政务中心在一定程度上仍然面临部门协调的改革难题。在此背景下，上海市奉贤区自2019年开始在全区推行"无科层"审批改革，探索出"审批事项规范化、审批层级扁平化、审批资源集约化"的行政审批新模式，有力地促进了行政审批的提速增效。

所谓"无科层"审批，主要是指扁平化和无层级的审批管理模式，相较于传统的"科层制"审批而言，管理层级单一、效率更高，管理权限集中、责任更加明晰。具体而言，奉贤区的"无科层"审批通过"打

---

① 《2020年上海市深化"一网通办"改革工作要点》，上海市人民政府网站，https://www.shanghai.gov.cn/nw12344/20200813/0001-12344_64071.html。

破部门内部边界，实现事项归集；打破人员科层边界，压缩审批层级；打破审批部门间边界，高效办成一件事"等核心改革举措，主要实现了简单事项"审核独任制"和复杂事项"一审一核"制，从而实质性地减少了审批层级、审批环节和审批时间，大幅提高了审批效率。

与此同时，本书还观察到，上海市奉贤区市场监督管理局在其制定的《推进"无科层"审批改革工作方案》中专门提及以下内容："区级层面将探索建立相对集中行政审批管理机构（以下简称'审批管理机构'），将各进驻区行政服务中心承担行政许可职责的人员考核评优、人事任免建议权等赋予该机构，实行统一集中管理；进一步整合业务流程，实施革命性流程再造，形成跨部门审批工作组进行集中办公、集中审批；实施相对集中行政审批权后，我局选派业务能力强的业务骨干充实到审批管理机构，不再行使已经统一交由审批管理机构行使的行政审批权。"

事实上，"区级相对集中行政审批管理机构""跨部门审批工作组"的逐步建立，特别是区市场监督管理局将"不再行使已经统一交由审批管理机构行使的行政审批权"等制度安排，充分且有力地表明奉贤区近两年所探索推进的"无科层"审批是在政务中心模式下向审批局模式的一种靠拢和逼近。本书还认为，奉贤区正在探索实行的相关制度安排实质上已经是一个"有实无名"的审批局架构，从这个角度而言，审批局模式的合理性以及重要性被再次得到重申和验证。

第四章　城区审批局改革的执行逻辑

相较于传统的行政审批制度改革路径，审批局改革具有明显的"突变式"特征，影响部门较多、改革阻力较大。从改革涉及的审批事项划转这一核心要素来看，不同地区和不同层级在事项划转的执行当中尚缺乏统一的标准与规范，导致改革实践呈现明显的异质性特征。在此背景下，为了更加系统地呈现改革全貌，进而提炼改革的实践逻辑，本章和第五章遵循典型性原则，结合改革层级、改革基础等关键变量，集中选取陕西省的六个改革地域开展案例研究，以期形成对审批局改革的类型化观察。

陕西省自 2017 年开始开展相对集中行政许可权试点改革，尽管略迟于前期试点的省份，但仍通过"试点、全面、深化"等接续性改革部署，在全省范围内的区县、开发区以及市级等层面全面推开了此项改革，涌现出以西安市莲湖区、延安市等为代表的改革典型，在全国范围内产生了积极影响，树立了中西部地区改革争先的良好形象。在城区层面，本章聚焦陕西省西安市莲湖区、渭南市华州区、延安市宝塔区三个典型城区的审批局改革，旨在基于不同改革基础来观察和分析城区审批局改革的执行逻辑，同时这三个城区都是陕西省首批开展改革的试点单位，对认识改革的推进和深化具有导向意义。

第一节　城区审批局改革的莲湖模式：
强基础上的持续创新

一　莲湖模式的形成：动力、逻辑与创新体系

（一）改革的基础回溯与显著成效

1. 改革基础

西安市莲湖区位于西安市核心区域，下辖 9 个街道 131 个社区，

全区人口共 71 万人，2018 年经济总量突破 800 亿元，连续十年荣获"陕西省城区经济社会发展五强区"称号。2003 年以来，在莲湖区委、区政府的统一部署下，莲湖区梯次建立办证办照中心、政务服务中心、"一厅三中心"以及行政审批服务局和市民中心，同步开展"两集中、两到位"改革、三级政务服务体系建设、政务服务网建设以及"最多跑一次"改革和相对集中行政许可权改革等创新性工作，有力地助推了全区经济社会发展。

2003 年 12 月 29 日，莲湖区领西安市各区县之先，成立首家办证办照中心并正式运行，实现了工商、国税、地税、发改委等 18 个区级部门 28 个投资类行政审批事项进驻，通过一门受理、单轨运行、规范审批、限时办结的"一厅式"办公，为投资者提供了迅捷通畅的审批服务。当时，中心租用了位于桃园路 1 号沣惠大厦的 2 层，办公面积为 1000 平方米，共设置 18 个窗口，工作人员有 32 人。

2008 年 7 月 1 日，莲湖区将原办证办照中心升级为区政务服务中心并启动运行，通过拓展进驻事项、管理方式及服务功能，实现区级 28 个部门 221 项政务服务事项（含 112 项行政审批事项）集中进驻，形成集便民大厅、投资服务大厅、审批大厅于一体的综合性服务中心。这一时期，中心探索建立了行政许可"九公开""一窗受理""七日办结""并联审批"等制度规范，并引进电子监察系统对审批服务事项进行全程实时监督，特别是成功推进了"两集中、两到位"根本性变革，从而极大地提升了行政审批效能。中心在沣惠大厦的租用办公面积扩展至 3000 平方米，共设置 47 个窗口，工作人员有 110 人。

通过延伸区政务服务中心的运行管理模式，莲湖区进一步构建出以区政务服务中心为主导、街道便民服务中心为依托、社区服务站为基础的三级政务服务体系，实现群众办事"只需 15 分钟"。作为对区政务服务中心的补充，2013 年 11 月 1 日，莲湖区出入境接待大厅、公共法律服务中心、中小企业服务中心和融资服务中心在莲湖文化大厦同步启动运行，使全区政务服务功能更加丰富完善。此外，莲湖区在 2015 年、2016 年先后建成并运行莲湖政务服务网、"莲湖政务服务"移动客户端，引领西安市"互联网＋政务服务"新实践。进入 2017 年，莲湖区在西安市率先启动"最多跑一次"改革，并在 3 月 4 日向社会公布全市第一张事项清单。

15个年头的实践引领和持续创新，使莲湖区最终成为陕西省首批相对集中行政许可权改革试点区。2017年11月初，莲湖区成立相对集中行政许可权改革试点工作领导小组，在确定试点工作实施方案后，仅用5天时间便完成了区行政审批服务局和各职能部门机构调整、人员编制划转及档案移交等工作。12月1日，以原区政务服务中心为基础的区行政审批服务局揭牌运行，统一实施区级20个部门的139项行政审批和政务服务事项。3天后，莲湖区行政审批服务局颁发了西安市第一张由行政审批服务局发出的行政许可证书。

2. 改革成效

2018年8月，莲湖区行政审批服务局的新办公地点——莲湖区市民中心启动运行，标志着莲湖区全面实现辖区审批服务事项的"一门通办、一窗通办、一次办结"。该中心建筑面积为2.69万平方米，设有141个窗口，工作人员超过500人，涵盖行政审批、政务服务、党群服务、便民服务以及文化传播、教育培训、双创服务、商务洽谈等功能，是目前陕西省各区县中规模最大的新型政务服务综合体。至2019年10月底，莲湖区市民中心共办理业务140万余件，接待群众193万余人次，顺利通过国务院第二十七督查组的大督查，接待中央和省市部门等260批次的考察调研，并承办陕西省优化提升营商环境、西安市深化"放管服"改革转变政府职能现场会，成为省、市营商环境工作的一张名片。

通过深化"一网、一门、一次"改革，莲湖区的营商环境得到了全面优化提升，初步达到"三少一高"的效果。一是窗口集成跑腿少。莲湖区市民中心建成后，群众办事不用再来回奔波。如开办企业由原来到工商、银行、制章、税务部门跑4次变为到区市民中心跑1次；群众在办理其他业务时，若未带身份证或户口本等，可及时到户政窗口予以解决。实现了只进区市民中心这一扇大门，就可办结所有手续。二是数据共享材料少。通过数据共享和精简共性材料，群众办事申报材料精简62.2%。如办理小餐饮经营许可业务由原先需提交6项材料减少到提交3项即可。三是效率提升等待少。通过线上线下流程再造，推行"并联审批"和"容缺受理"，审批效率大幅提高，平均压缩审批时限超过50%。如开办药店需办理药品、医疗器械和食品经营三个许可证，过去分开办理要 1 个多月，现在 3 天就可全部办理完成。四是群众满意评价高。据统计，群众平均办理时长约为 3 分钟，群众满意度达 99.6%。区市民中心运行以来，已收到留言和书面表扬 316 次、锦旗 36 面。

3. 改革经验

支撑莲湖区取得以上改革成效的经验包括三个方面。

围绕"一门受理"，坚持"三个优化"。一是优化软硬件配置。集中进驻 46 个部门和单位，设置办事窗口 141 个，可办理审批服务事项 886 项，初步实现"只进一扇门、办结所有事"。二是优化服务功能设置。除满足企业注册、办税等基本需求外，还创新设立银行开户、信贷服务等 8 个功能窗口，引进重庆猪八戒网络有限公司，为企业提供股权咨询、人力培训等服务。三是优化综合配套保障。设置市民学校、长安·莲书馆、美食天地，将电影院、停车场等纳入服务体系，围绕政务服务这一核心功能，为群众提供多样化服务。

围绕"一次办结"，实施"三个推行"。一是推行企业开办综合服务。申请人只需提交一次资料，即可由工作人员为其提供企业核名、执照办理、印章刻制、银行公户、许可证办理、税务登记、企业融资七项服务，为新办企业提供"一站式、一对一"的全流程帮办服务体验。二是推行办事渠道多元服务。在商业综合体设置政务服务驿站，在社区设置政务服务小店，并充分利用银行等社会资源，多渠道受理审批服务事项，方便群众办理业务。三是推行便民特色审批服务。推出周末不打烊和中午不休息延时服务，让群众随到随办；推出证照免费邮寄等便民服务，使企业足不出户就能办事；设置面积为 180 平方米的 24 小时自助服务区，为市民提供全天不打烊的服务。

围绕"一网通办"，实现"三个率先"。一是率先建设"三级服务体系"。以区—街道—社区政务服务机构为依托，建成三级服务体系，推行免费帮办代办，实现"马上办、就近办、多点办"，初步形成"15 分钟便民政务服务圈"。二是率先搭建"网上服务平台"。与阿里巴巴合作推进数字化转型，首先运行西安政务服务网莲湖模块，首批 144 个高频事项在"一网通办"平台上线，"网上办"比例达 90.71%。三是率先投用"数据监控系统"。建立大数据分析平台，对进驻市民中心的事项实行动态监控，收集分析办件数据，大幅优化办事流程。

（二）改革的驱动力：破题、启动与价值导向

1. 破题：突破三重困境

相对集中行政许可权是刀刃向内的重大改革，牵一发而动全身，面临系统性的障碍，需要系统性的努力。

从本级党委、政府"一把手"的角度看，启动这样力度的改革，几乎要动所有职能部门的"奶酪"，必然面临相应"阻力"；即便克服了这些阻力，新成立的审批局能否胜任集中审批这项繁重的工作？基本胜任还好，如果不胜任、出了乱子，怎么办？显然，"一把手"对推动这项改革会存在疑虑和担心，因为改革的风险，特别是领导责任都要由"一把手"来承担。这是敢不敢改的问题。

从对应要成立的审批局的潜在负责人角度看，尽管相对集中行政许可权改革是大势所趋，并有一定道理，但一个部门要把大部分同级职能部门的行政审批事项拿来集中办理，有这个能力吗？一定能办好吗？如果大体顺利还行，如果办不顺利，出错、出乱，上级领导会不会打板子？同僚们会不会"看笑话"？等等。权衡下来，对于要成立的审批局的潜在负责人来说，承担这项改革任务，无疑会面临很大的压力及风险。这是能不能改的问题。

从职能部门的角度看，相对集中行政许可权改革，要从本部门拿走实实在在的有"含金量"的审批权，首先会产生心理、行为惯性上的不适应。退一步讲，本部门把审批事项及相应人员移交给新的审批局，一方面是自己的办事力量、资源减少了，另一方面审批局能把这些行业事项管好吗？更为核心的是，本部门不管审批了，剩下的主要是监管、执法的业务，而且因为审批不在本部门，监管、执法的工作量也就"失控"了。总之，对于职能部门而言，改革对自己好处不多，而且会使监管、执法的工作量加重并带来相应的风险。这是愿不愿改的问题。

综上，敢不敢改、能不能改、愿不愿改，是启动相对集中行政许可权改革首先要面临的三重困境。就莲湖区而言，尽管已经有10多年政务服务改革与创新的积累（试点前已经实现行政审批"三集中、三到位"），但改革一开始，就摆在区委、区政府面前一个难题。由于政府组成部门法定职数的限制，成立审批局就必须同步撤销一个部门。面对这一关口，区委、区政府表现出了一往无前的改革魄力和果敢决心，坚持

决策并启动这一改革，妥善分流安置了被撤销部门的干部职工。在执行层面，莲湖区审批局的班底是原区政务服务中心主要工作人员，对包括行政审批在内的政务服务业务整体熟悉，所以有较充分的信心来承担具体改革任务。有区委、区政府的决心和区审批局的信心，改革势在必行，同时也推动职能部门进入改革的角色与状态。

2. 启动：更新三个定位

突破"敢不敢改、能不能改、愿不愿改"的三重困境，只是为启动改革创造了初始条件。改革的真正起步，还需要新的审批局充分认知改革的目标与内涵，在此基础上准确把握自身角色定位，清晰界定与其他职能部门的职责关系和关联，重构与办事群众、企业的互动关系，通过三个定位的更新来形成全新的工作风貌。

就审批局自身而言，成立这个新部门的根本目的，在于重塑政府职能结构体系，通过审管分离，既提高行政审批效率效能，也倒逼事中事后监管的强化，从而深化政府职能转变，提升政务服务水平，同步优化营商环境。抱着这样的认知，审批局就不仅仅是一个履行审批职能的权力部门，它还是一个体现新理念、发挥新作用、提供新服务的"窗口"部门，直接代表并影响着政府形象。

对于相关职能部门来说，审批局是要"收编"其手中审批权力的新部门，因此在事项、人员划转过程中，审批局要保持低姿态、良沟通，而在划转完成即审管分离后，审批局还要在良沟通的基础上加强与职能部门的协调和协作。一方面，是因为改革初期审管分离需要磨合期；另一方面，也是更为重要的原因，是改革能走多远在很大程度上取决于改革后的监管能否跟得上，因此审管分离后的审管协调与联动更重要。为此，审批局要和职能部门形成"伙伴"关系，才能让改革行稳致远。

对于办事的群众、企业来说，审批局已经成为代表政府的第一"窗口"部门，如何把以前的"门难进、脸难看、事难办"变成现在的"门好进、脸好看、事好办"，是审批局面临的最大挑战，也是根本任务。这就需要审批局变"部门本位"为"群众本位"，把自身视为面向群众、企业的服务部门，然后千方百计地去"便企利民"。

就莲湖区审批局的实践看，审批局在成立之时就有强烈的"改变"意愿和明确的"角色"意识，既要求所有人员跳出在职能部门工作时的思维和惯性，也希望给全区的群众、企业带来"与以前不一样"的政务服务；在完成事项、人员划转的过程中，审批局领导班子和每一个相关职能部门都主动对接、沟通，确保划转顺利完成，在正式开展业务后，与各职能部门也积极衔接、沟通、协调，尽可能实现审管分离基础上的审管联动；在面向群众、企业的审批服务上，审批局保持着努力为民、不断创新、持续改进的工作姿态，在较短时间内即取得了显著成效，成为省市改革的典型示范。

3. 价值导向：服务为本

突破困境、更新定位，都是为了做好审批服务。实际上，任何一项改革都有其价值导向，且往往决定改革的成败。在莲湖区的改革试点中，能够观察到明确的"为民服务"目标价值导向，如要求区级垂直管理部门的审批服务做到"三集中、三到位"，以及进一步精简提速投资项目审批、简化优化商事登记、健全完善区—街道—社区"三级政务服务体系"等，都是服务导向的切实举措。

此外，在具体改革设计中，也体现出"便企利民"的工具价值导向。例如，投入 4.55 亿元建设区市民中心、实现"只进一扇门"，提升优化莲湖政务服务网、深化线上线下服务融合发展，缩减材料流程时限、持续推进"一次办结"，等等，都着眼于群众和企业的办事方便、时间节省和成本降低，从而实现莲湖区改革试点中目标价值（服务）与工具价值（效率）的有机统一，真正体现出服务为本的鲜明价值导向。

（三）改革的内在逻辑：处理五对"关系"

从系统的角度看，莲湖区的改革试点之所以能够顺利推进，是因为莲湖区的改革具备了一个内在的逻辑框架，共涉及五对重要"关系"，包括组织维度的"纵""横"关系、行动空间的"法律""政策"关系、行为方式的"规定""自选"关系、行政审批的"集中""分散"关系以及审批与监管的"分工""合作"关系。

1. 改革的组织维度：纵向协调与横向协同

对于地方政府而言，其在履职过程中不可避免地要遇到"条""块"问题。其中的"条"，既有政府组成部门的上级业务条线，也包括垂直管理部门的上级业务条线；其中的"块"，往往成为政府职能"碎片化"和政府权力"部门化"的诱因。在这样的组织架构基础之上，莲湖区作为区县层面的基层政府开展改革试点，无疑面临不小的挑战和阻力。

所幸莲湖区在原政务服务中心建设过程中，以极大的改革勇气在2010年、2016年先后推进并实现了区本级的"两集中、两到位""三集中、三到位"审批职能变革，并在物理空间上实现了"一心多点"政务服务布局，从而在改革试点正式铺开，特别是市民中心投入运行后，以最快速度、最短时间实现了相对集中行政许可权改革在（横向）权力配置、组织革新和空间集中上的一步到位。

尽管莲湖区的改革探索开始较早，改革试点推进相对于其他区县较为顺利，但不可否认，莲湖区在推进早期探索，特别是当前试点过程中，始终面临与上级政府及其部门之间的沟通、协调等问题。尽管这些问题由于体制机制的限制不能全部得到解决，但莲湖区上下通过与省政府审改办、市行政审批服务局等上级主管部门的持续性沟通和策略性协调，做出了最大程度的工作努力，以确保改革取得实效。

2. 改革的行动空间：法律约束与政策目标

开展相对集中行政许可权改革，一方面有《行政许可法》第二十五条作为基本法律依据，另一方面作为深化"放管服"改革的重要举措势在必行。与此同时，改革涉及的行政审批事项、程序以及行为主体等，多由中央层面的法律、行政法规和部门规章设定，所以地方政府特别是基层政府在推行此项改革时，难免会遇到相应的法律风险，形成了遵守法律约束与达成政策目标间的"两难"。

莲湖区在改革实践中的确遇到了一些"两难"境地。例如，在拟订审管联动五项制度规范时，发现制度内容与部分地方性法规或部门规章存在冲突，于是会同区司法局组织政府法律顾问进行讨论和化解。又如，莲湖区市场监督管理局在处理一起小餐饮店违法使用添加剂的事件时，认为需由区审批局做出吊销该店"小餐饮经营许可证"的处罚，但在后者看来，改革试点方案并没有赋予审批局行政处罚权，于是又会同区司法局召集政府法律顾问进行探讨和协调。

当前，包括莲湖区在内的基层改革试点，在依法行政和推进改革之间的确存在张力。这一方面需要基层政府在规避法律风险的前提下尽力推进试点、取得改革实效，为改革自身的合法性提供绩效支撑；另一方面也需要上级政府特别是中央政府加快相关法律规章的调适与修订，为地方基层政府的改革努力正名、减压。

3. 改革的行为方式：规定"动作"与自选"动作"

作为陕西省的首批改革试点，莲湖区与其他试点单位一样，都承担着深化"放管服"改革、推进行政效能革命、创新行政审批方式的试点任务，以及提升政府治理能力、优化投资创业环境、激发市场和社会活力的创新使命。同时，莲湖区的改革试点是自身10多年政务服务与行政审批改革创新的有机延续，具有一定的独特性。

在落实上级规定"动作"方面，成立审批局、实现审管分离、推行"一网、一门、一次"等，都是莲湖区在改革试点中的具体举措。在自选"动作"的创新方面，首先是实现审批载体建设创新。莲湖区在开始申报改革试点的同时，即同步安排区市民中心建设。其次是提前关注审管分离带来的监管风险。在试点工作开展半年时，莲湖区委主要领导便带领相关部门巡查西大街市容，检查出某金店违规设置门头牌匾，当即提出要注意审管分离后监管不到位的风险。随后区审批局与区城管局、原食药监局分别召开三次联席会议，安排布置审管联动工作。最后是持续简化流程。包括优化食品经营（小餐饮）等一批办事流程，在全省首推审批服务地图、企业设立审批全流程图，推出现场勘验与送证一次完成的服务，推行"一网通办＋无差别受理"的窗口受理新模式等，切实为辖区企业、群众提供便利。

4. 改革的主体内容：行政审批的集中与分散

相对集中行政许可权有两层含义：一是针对之前分散在政府各职能部门的行政许可权，依据一定原则有限度地集中到审批局；二是针对集中后的某些专业性较强的行政许可事项，审批局原则上还需要原职能部门提供技术标准、管理规范、联合踏勘等条件支撑。简言之，相对集中行政许可权涉及审批的集中化和专业化，两者都应适度、均衡。

在莲湖区的改革试点中，由于前期已经实现"三集中、三到位"改革，所以审批局成立后，很快便落实了职能、人员的对应划转，总体上做到了无缝对接。在后续实践中，针对个别已经集中但运行评估后认为可不集中的许可事项，如"残疾证"办理（两头在残联、办证环节在审批局），也及时向区政府提出了调整建议。此外，针对试点期间陕西省以及西安市最新确定的"三级四同"行政许可目录标准，莲湖区也集中专门力量进行研究、梳理，及时调整、更新全区的行政审批事项。

在区审批局、区级职能部门涉及已经集中的专业性行政许可事项的关系方面，由于莲湖区目前的行政许可大多是市场准入、投资及民生服务类，所以区审批局从切实落实审管分离、高质量完成行政许可的角度出发，强化一线审批人员专业素养与技能的培训、达标和提升，目前已能够独立完成全部行政许可事项的现场踏勘、技术性评审等，支撑了审批局作为审批主体的封闭运行。

5. 改革的关键耦合：审批与监管的分工与合作

审管分离是相对集中行政许可权改革的基本诉求，借以形成政府审批与监管职能的有效区隔和分工。与此同时，审批、监管在逻辑和时序上又是紧密关联的前后项，需要有效衔接、互动乃至配合，才能真正支撑政府整体职能的顺畅发挥，进而践行整体性政府的现代理念。

因为莲湖区前期改革基础较好，所以区审批局成立并运行后，全区审管分离的改革目标在第一时间基本达成。针对审批与监管之间的衔接、配合，莲湖区政府于 2018 年 9 月制定下发了《莲湖区相对集中行政许可权事项行政审批与监管协调联动工作制度（试行）》，但区审批局在改革试点中还是遇到了一些新问题，如由"某剧院票务销售进校园事件"所暴露的审管分离后监管信息不共享、"碎片化"的问题，以及法规修订滞后于改革、对改革试点宣传不够等其他问题。对此，莲湖区委、区政府及时召开会议，专题研究分析加强审管联动工作，围绕审管分离责任不清、监管部门之间责任不清、监管部门之间配合不足等问题，从制度规范层面下大力气解决，初步理顺了审管联动相关工作。

（四）改革形成的创新体系

1. 引入先进理念

理念代表着方向、高度和格局，是改革的先声和先导。莲湖区委、区政府强烈的改革意愿，以及区审批局对自己的"窗口"定位、对职能部门的"伙伴"定位和对办事群众的服务导向，都是与推进改革相匹配的先进理念。事实上，莲湖区的改革执行团队在改革初期即达成重要共识——区审批局、市民中心不是"衙门"，必须让来办事的企业、群众"感受到变化"。这种思想深处的变革，为莲湖区的改革奠定了创新的底色。

此外，莲湖区审批局、市民中心还充分从企业管理中汲取营养，引入一系列企业化的管理服务方式。在服务群众方面，市民中心以群众为"锚"，向商业综合体学习，结合舒适宜人的空间功能布设、优雅灵动的景观设计、便捷实用的常用器具与免费厕纸、洗手热水、直饮水，以及随时可提供服务的门迎、导办台工作人员等，让每位群众从进入大厅起，全程享受各种温馨的服务。在内部管理方面，区审批局以窗口为"锚"，借鉴企业管理模式，内部办公采用大开间隔断式，通过绩效考核等机制，对业务能力强、服务态度好的窗口工作人员进行奖励并给予额外带薪假期，激励窗口工作人员爱岗敬业，激励其他岗位优秀员工向窗口流动。

2. 提供空间载体

莲湖区市民中心的建设投用，首次实现了全区政务服务在物理空间上的聚合，为群众只进"一扇门"创造了物质条件，产生了"一门通办"的直接效应。自市民中心运行以来，月均办件量约为 11 万件，超过原政务服务中心一年的办件总量（约为 10 万件）。此外，市民中心交通便利、设施齐全，可同时办理全国通办事项 9 项、全省通办事项 108 项及全市通办事项 3 项，因此吸引了周边区县企业、群众前来办理业务（据统计，其他区县前来办理业务人员占比为 39.19%）。

莲湖区市民中心的投用还带来了意料之外的溢出效应——进驻中心的各职能部门在服务态度、效率等方面展开了良性竞争。市民中心投用前，莲湖区的政府服务在空间上散布于原政务服务中心、一厅三中心等处，在它们都集中到市民中心后，区审批局领导一度担心各部门的服务水平会有差异，进而影响群众感官。但实际情况是，无论是区属部门还是垂直管理部门，一旦进驻市民中心就面临"鱼缸效应"，即自己的服务状况随时呈现在其他部门眼前。在这种情况下，正向的竞争意识很容易出现，所以在第一个部门首先更加注重服务形象、态度、品质时，其他部门会立即跟进，从而形成了市民中心进驻部门间隐性却是正向的服务竞争。

3. 集成组织优势

莲湖区改革试点各项成效的取得，在很大程度上得益于处理好了区审批局与区政务中心的关系。从行政组织隶属关系的角度看，前者是后者的组织上级；但从行政组织功能关系的角度看，前者是后者的进驻部门。政务中心在改革前是区政府直属事业单位，改革后变为审批局下属事业单位，从全区政务服务工作的主角变为配角，但实际上工作量反而增加，这让原有工作人员产生了不同程度的"失落感"。为此，区审批局在内部将政务中心"提级"管理，由主要领导直管，对审批局的业务科室由排名第一的分管领导管理，实现了审批局与政务中心各自功能的有机融合，同时也完成了审批局与政务中心两种行政审批改革模式的优势集成。

另外，莲湖区在开始申报相对集中行政许可权改革试点的同时，即统筹推动相对集中行政许可权制度改革与政务服务体系建设。行政审批制度改革整合优化了审批服务机构和职责，集中了行政许可事项，侧重体制机制创新；市民中心的建成推动了政务服务在物理空间上的聚合，表现为全区政务服务事项进驻大厅统一办理，侧重办事效率的提升。两种优势的集成，使得区审批局和区政务中心互相借力、相互促进，实现了良好的整体服务效能与效果，得到上级领导和社会各界好评。

4. 建立制度规范

审管分离后的审管联动，对改革试点的成功影响巨大。如果因为审管分离造成监管的混乱，那么改革也就从根本上失去了意义。所以，审管分离基础上的审管联动，对改革试点的可持续性非常重要。莲湖区对此有着清醒的认知和判断，在整个改革试点过程中，持续加强并完善审管联动制度建设，为审管分离改革提供了重要支撑和保障。

截至 2019 年 11 月，莲湖区已经出台 8 项相关制度规范，具体如下：用于对上、对内开展组织协调的三项制度——《莲湖区相对集中行政许可权事项对上协调联动制度（试行）》《莲湖区相对集中行政许可权事项部门联席会议制度（试行）》《莲湖区相对集中行政许可权事项动态调整工作制度（试行）》；用于审批、监管信息及时交互的两项制度——《莲湖区相对集中行政许可权事项审批信息通报制度（试行）》《莲湖区相对集中行政许可权事项监管结果抄告制度（试行）》；以及用于区内审批、监管部门协作的三项制度——《莲湖区相对集中行政许可权事项行政审批与监管协调工作制度（试行）》《莲湖区相对集中行政许可权事项审批监管特派员制度（试行）》《莲湖区相对集中行政许可权改革工作考核评估制度（试行）》。

整体看，这些已经制定实施的制度规范，为莲湖区在改革试点中推进审管分离基础上的审管联动工作树立了制度导向、奠定了制度基础、拓展了制度空间。

5. 重视技术应用

先进理念、空间载体、组织优势和制度规范，为莲湖区的改革试点提供了创新的基础框架。与此同时，一系列配套技术的及时应用也大幅提升了改革试点的效率和效能。

超前构建"政务服务网上平台"。莲湖区2015年即建成西安市首个网上政务服务平台——莲湖政务服务网，提供16项网上预审服务。2016年开发"莲湖政务服务"移动客户端，群众通过手机便可查询政务信息或提交网上预审。2018年按照全市建设"四级一体化政务服务网"要求，在全市率先试运行西安政务服务网莲湖模块，随后作为全市试点区县，配合做好"一网通办"平台的上线工作。2019年2月，全区146个高频事项在"一网通办"平台上线。

基于大数据优化办事流程。莲湖区市民中心集合所有办事数据，开发相应软硬件平台，对人流量、业务量、受理方式，办事人的地域分布、年龄结构、办事习惯，以及12345热线反映的问题等进行实时处理和分析。根据分析结果动态调整窗口设置，解决忙闲不均问题，缩短群众等待时间。

布设自助终端提供便捷服务。莲湖区2015年即开始引进和建设自助终端设备，目前区市民中心共配备出入境签注、人才、社保、税务、商事登记等各类服务终端182台。据统计，每天有2000余名群众使用自助终端办理业务，在免去排队的同时也减轻了窗口压力。

6. 注重群众体验

改革的设计、技术的便利最终都要落实到群众办事的切身体验。莲湖区在确定建设市民中心之始，就以便民利民为导向，通过引入商业综合体设计理念与方法，充分考虑企业、商户和群众的办事需求，科学设置市民中心功能分区——三楼办理商事登记、行政审批事务，二楼办理纳税事务，一楼办理社保、人才服务和其他居民事务。在此基础上，从细节发力，为办事群众和企业提供并创造舒心满意、细致入微的全方位服务体验，主要包括营造"进门体验"、创新"窗口体验"、优化"便利体验"、推出"全时体验"、强化"反馈体验"等。

7. 编织服务网络

莲湖区审批局组建后，统筹规划和利用全区的政务服务资源，在有力推进"15分钟政务服务圈"建设的同时，也不断吸引社会力量的加入，共同编织协同、有序、高效的莲湖政务服务网络。

一方面，以政务服务信息化和标准化为抓手，持续深化全区三级政务服务体系建设，借助远程审批等技术手段，推动政务服务网下延至街道便民服务中心和社区便民服务站。另一方面，积极延伸服务触角，主动探索在商业综合体内嵌入公共服务，如与大唐西市合作设立政务服务驿站，通过远程视频连线、网上审核原件、拍照上传资料、留存联系方式等流程，即可完成小餐饮经营许可证的办理。此外，还与中国电信、秦农银行等商业机构合作设立多个政务小店、政务服务驿站，极大地方便了周边企业商户和居民办事，形成了审批服务的空间网络。

8. 强调团队作战

莲湖区在改革中形成了团队作战的三个层面，即区委、区政府的强力推动，各职能部门的通力配合，以及实施过程中建立的以区审批局为核心、区委编办和区司法局全力支持配合的工作模式。

在日常工作中，区审批局内部充分发挥团队作用，审批局全体领导、干部、员工遇到棘手问题就组织相关人员进行讨论，激发解决问题的灵感。遇到重大工作，全体人员便分工协作、加班加点一起完成。正因为有这样一个凝心聚力的工作团队及其分工合作，莲湖区的改革试点在短时间内即完成人员和事项接转、规章制度建立等，3 个月内各项工作就步入正轨。与此同时，区市民中心共进驻工作人员 500 余名，他们虽然来自不同部门、从事不同岗位，但在情人节、七夕节、办税高峰等特殊时段，政务中心都会抽调导办等其他人员及时支援，热情、高效地为办事群众真心服务。

9. 推动创新迭代

服务没有止境，创新不能停步。莲湖区改革试点中的持续创新努力，对此做出了绝佳诠释。

绘制全省首张审批服务地图。通过该地图建立现场踏勘数据库，全区范围内店铺在不改变业态、建筑主体结构及经营条件的前提下，经营者申请行政许可时，可免于现场踏勘，资料审核通过后即可发证，提高了"马上办"的比例。制作企业设立审批全流程图。以前开办企业，需要跑不同的部门并询问下一步需要办理什么手续，现在对照全流程图，即可了解开办不同类别企业的全部流程及材料。绘制自然人和法人全生命周期树。按照自然人和法人分类，对群众和企业常办高频事项进行梳理，制作省内首个自然人和法人全生命周期树，让办事群众和企业一目了然。汲取商业综合体理念，以政务服务为核心，将横店电影城莲湖区市民中心店、美食天地、市民学校、长安·莲书馆、双创服务机构等进行整合，在国内首次提出并逐渐构建了新型政务生态系统，为群众提供办事、娱乐、教育、商务、餐饮等综合体验。

（五）改革的理论内涵

莲湖区改革的动力因素、内在逻辑与创新路径，既构成了顺利推进改革的实践"三部曲"和时序"三阶段"，也是相对集中行政许可权改革"莲湖模式"的内核所在。由于整个莲湖区改革所呈现的创新是多元化的，所以理解这些创新的理论视角一定是多维度的。在此先提出两点理论思考。

一是政府创新的模式，涉及莲湖区改革创新中的"能量"转换。在当今快速变化的经济社会环境中，创新被视为一个复杂的过程，其难度不断增大。从创新程度看，渐进式创新与突破式创新是两种不同的模式，其在政府改革中如何互动、共存成为研究的重点和难点。在莲湖区改革试点中，我们发现渐进式创新（此前的政务服务改革）与突破式创新（审批局改革）呈现紧密联系、互相促进的关系，即审批局改革以此前十几年的政务服务改革为基础，同时又带动后者提速。因此，可以从长期改革所累积的创新势能在新的改革中迅速转换为创新动能并加以释放这一思路来理解当前改革试点的顺利推进。这也意味着，基层政府创新并非偶然，也不会一蹴而就，需要政府决策者在谋划相关创新时发现比较优势并持续发力。

二是政府创新中的服务型领导，涉及莲湖区改革创新的核心驱动力。作为一种前沿领导理论，服务型领导能够解释莲湖区改革实现不断创新的原因。在调研过程中，莲湖区审批局领导讲述了很多为群众、下属服务的小故事，让我们意识到怎么服务好下属和群众，是他们最在乎的事。正如该局负责人所说："我每天能有多少机会直接面对群众？又能接触多少群众？所以很多时候，我们想为群众做的事情必须通过员工来做，只有服务好员工，才能得到他们最好的反馈，了解群众到底需要什么，从而更好地服务群众。"这段简单的话，道出了服务型领导发挥领导有效性的关键：服务型领导心系服务初衷，促使领导者注重关心和服务下属，下属在服务型领导的感召下，树立个人服务意识，敢于进行服务创新和工作建言，同时同事之间形成互相帮助的工作氛围，最终提高了员工服务能力，进而提升了群众满意度。

二　莲湖模式的拓展：疫情压力、政企合作与服务创新

2020 年 8 月 21 日，经中央依法治国委批准，中央依法治国办正式发布《关于第一批全国法治政府建设示范地区和项目命名的决定》①，其中西安市莲湖区位列 40 家"全国法治政府建设示范市（县、区）"名录，是陕西省唯一入选地区和西北唯一入选城区。在莲湖区法治政府建设体系中，由莲湖区行政审批服务局（以下简称莲湖区审批局）为主承载的""一网一门一次'改革"审批服务品牌是该体系的首要环节②，并被莲湖区各级领导干部称为区法治政府建设的"金字招牌"。

把时间倒推 4 个月。2020 年 4 月 20 日，陕西省发展改革委印发《关于做好优化营商环境改革举措复制推广借鉴工作的函》，在全省复制推广 9 项改革举措，而其中莲湖区就贡献了 3 项：自然人和法人生命树、"不见面审批"远程踏勘平台，以及政务服务事项微店交易模式。第 1 项举措的推出时间是 2019 年 12 月，彼时疫情还未发生；但后面两项恰恰是在疫情期间推出的，由此可见"金字招牌"一说不是"浪得虚名"。

再把时间倒推 3 个月。2020 年 1 月，新冠疫情突袭而至，与大部分单位一样，此时的莲湖区审批局也面临工作停顿、服务停歇的困境。那么，从 1 月到 4 月、从 4 月到 8 月这两个时段里到底发生了什么，使得莲湖区审批局能够快速摆脱困境，在应对疫情压力的同时实现多项政务服务创新呢？

（一）疫情来袭与莲湖区审批局的初步应对

2019 年 12 月 4 日，在莲湖区相对集中行政许可权改革工作两周年座谈会上，莲湖区审批局负责人发布了《莲湖区行政审批局审批事项实施清单（2020 版）》，并首次对外公布自然人事项全流程和法人事项全流程

---

① 《关于第一批全国法治政府建设示范地区和项目命名的决定》，百度百家号，2020 年 8 月 21 日，https://baijiahao.baidu.com/s?id=1675582519062106090&wfr=spider&for=pc。
② 《西安莲湖区深入推进法治政府建设》，《法治时报》2020 年 11 月 12 日。

生命树。2020 年 1 月 8 日，莲湖区审批局基于"自然人和法人生命树"，在全省率先推出 49 个"一件事一次办"主题服务套餐，开启了审批服务利企便民的新阶段。

然而，突如其来的新冠疫情，打断了莲湖区审批局政务服务改革创新的既定进程。莲湖区审批局按照上级部署和要求，全面投入地区的疫情防控，各项政务服务工作随之停顿。与此同时，为尽可能满足辖区企业和群众在春节假期之后的办事需求，莲湖区审批局一方面对外告知暂不全面开放区市民中心，另一方面则倡导企业、群众采取"网上办、电话办、预约办"等办事方式。

（1）网上办，是指通过陕西政务服务网、i 西安 App、陕西省电子税务局、西安市社会保险网上经办大厅等办理业务。

（2）电话办，是指可从 2020 年 2 月 3 日（正月初十）起拨打服务台咨询电话或各部门咨询电话，由工作人员对业务办理进行电话指导。

（3）预约办，是指市民如无紧急事项尽量不到市民中心办理业务，如因特殊情况确需现场办理，需至少提前一天电话或微信预约。

显然，上述"网上办、电话办、预约办"等方式，都是莲湖区审批局在面对疫情压力下的应急之举。考虑到线上服务类型与内容的局限性以及疫情发展状况的不确定性，这些应急举措肯定不能满足办事企业和群众后续的正常需求。对此，莲湖区审批局主要负责人有着清醒的认识。如何在完成疫情防控各项任务的同时，结合疫情给审批服务带来的新问题、新特点，并在自身已有工作创新的基础上应对新挑战、适应新场景、实现新的服务创新，成为摆在莲湖区审批局面前的核心议题。

事实证明，疫情带来的压力没有成为莲湖区审批局改革创新的"拦路虎"，反而成为其"加速器"，进一步助推了相关改革创新的工作进程。在 2020 年 2 月 3 日至 4 月 20 日这 78 天时间里，莲湖区审批局果敢应对新冠疫情带来的各种挑战，大胆尝试与相关企业合作提供政务服务的创新路径，接连烧出审批服务改革"三把火"。

（二）莲湖区审批服务创新的"三把火"

1. "第一把火"：政务微店——政务服务可以网购啦

（1）政务微店是什么

疫情的发生虽然阻断了莲湖区审批局此前已在线下开始推进的"一

件事一次办"主题服务，但疫情的出现反而刺激了一些市场主体投资开店的意愿，进而产生新的企业开办需求。在面对现实服务需求、面临尽量避免线下办事的双重约束下，审批局负责人想到了"网店"。开网店，淘宝是不二之选。于是审批局负责人安排专人联系对接淘宝平台，但发现需要缴纳一笔额度不小的押金，这对于政府部门而言不便开支。在比对若干网店平台后，莲湖区审批局最终选择了不需缴纳押金的微店平台，开出了自己的线上政务微店。

选择开微店，有三个方面的优势：一是操作简单，工作人员易上手、可实时接单；二是将政务服务业务做成"商品"，更直观、更接地气；三是微店依托拥有 8 万多用户的区市民中心"办事小帮手"公众号，受众广、潜在客户多。2020 年 2 月 15 日，莲湖区审批局政务微店正式上线，用户关注"办事小帮手"后可直接进入"官方微店"，选择需要"购买"的特定商品，通过与客服沟通并在线提交所需各种材料后，后台工作人员即可办理对应许可，并将证照等许可文件邮寄给用户。此外，购买各项商品所需的 0.01 元费用是微店平台运营规则要求的，会在订单完成后原渠道退还用户。

（2）推出政务微店的基础

政务微店的顺利推出，离不开前期已实施的基于"自然人和法人生命树"的"一件事一次办"主题服务套餐。"生命树"以企业、群众办事需求为导向，采取层层递进形式，将相互关联或为达到某种结果需要办理的多个事项作为一个事件，再将类型、作用相似的事件概括为一个主题，进而形成企业和自然人的全生命周期树。"一件事一次办"套餐相当于生命树中的一个具体事件，如开幼儿园、开饭店、开诊所等。通过前期对事件所关联事项的材料精简和流程优化，达到一次把所有事项办理完毕的目的。因此，事件——套餐的前期应用为政务微店中的"商品"设计奠定了坚实基础。

（3）政务微店的实际效果

截至 2020 年 5 月底，政务微店可提供餐饮、文体、医疗三大类办证服务，涵盖开办餐饮店、足浴店、浴室、美容美发店、小卖部、商店、书店、医院、药店、诊所、健身房等 92 个"一件事一次办"套餐。营业数据方面，政务微店浏览量超过 1 万次，咨询量超过 200 次，通过微店下单 53 件。这些数据表明，政务微店受到了较为广泛的关注，但业务咨询特别是办理方面还有较大提升空间。一方面，这与疫情得到有效控制、线下服务恢复正常有关；另一方面，如何引导、培养用户线上办事的习惯是后续值得关注的重要问题。

2. "第二把火"：远程踏勘——不见面也能实现店铺踏勘

（1）远程踏勘是什么

远程踏勘是现场踏勘的"线上升级版"，后者是指行政审批部门依据法定条件、程序等，对相关企业法人或自然人申请材料的实质内容进行现场调查、核实、确认、检查、勘验等。莲湖区是西安市中心城区，第三产业发达，餐饮、零售等居民服务类企业众多，因此审批局承担的涉企现场踏勘业务较为繁重。疫情的发生，不仅阻断了审批局"一件事一次办"的线下主题服务，而且让相关现场踏勘变得"寸步难行"。所幸莲湖区审批局在疫情发生前就在关注和摸索远程踏勘技术，有一定的知识积累，而疫情带来的巨大工作压力更是加速了远程踏勘技术平台的研发进程。从 2020 年 2 月初开始，审批局技术保障中心与第三方公司协同努力，很快开发出了适用的远程踏勘平台，并于 3 月 9 日投入试运行。该平台利用移动通信与云计算技术，允许用户通过手机微信一键发起踏勘申请，经由专门人员在线实时响应后，即可对企业店铺实施远程踏勘，同时全程自动录音录像并存储，既完全替代了现场踏勘，也给企业商户带来了实实在在的办事便利和成本节约。

（2）远程踏勘的实施过程

疫情发生前，莲湖区审批局主要依靠现场方式开展踏勘活动。这种方式虽然直接明了，但存在成本高、效率低等突出弊端：因为要去不同地点勘验，所以对车辆的依赖性较强，审批局只有一辆公车可供使用，而踏勘人员却有三组，"人车"矛盾突出，对踏勘效率影响较大。对此，莲湖区审批局做了两个方面的改进探索：一是推出"审批地图"；二是尝试利用社交平台（QQ、钉钉等）辅助现场踏勘。

"审批地图"是基于辖区商业综合体详细布局图和已现场勘验过的万余家商铺信息形成的数据库，办事企业和群众在申请行政许可前，能在其中查询已备案商业综合体或已审批店铺信息，如不改变原店铺业态及建筑主体结构，可申请免除现场踏勘，随后提交许可资料，经审核合格后即发放相关许可证。在社交平台应用方面，莲湖区审批局早期通过QQ视频实现业务远程咨询，后续应用钉钉开展远程审批，通过视频沟通、网上审核原件、拍照上传材料等环节，实现审批局与街办党群中心的业务通办，但踏勘仍需现场进行，达不到全链条线上审批。此外，过程中的影音信息无法保存，也对相应行为的合法性问题产生影响。

疫情的发生，尽管暂时缓解了现场踏勘的"人车"矛盾，但也提高了踏勘人员因现场作业而接触新冠病毒的风险。对此，审批局主要负责人与技术保障中心负责人有过这样的沟通：要么就去现场，但疫情的风险是一定存在的；要么就把踏勘系统做出来，把审批都搬到线上。尽管这不是一个"死命令"，但技术保障中心负责人认为，既然领导发话了，还是要尽全力开发远程踏勘专业平台，尽快实现全链条远程审批，既帮助企业复工复产，也保护同事远离疫情风险。

技术保障中心对远程踏勘平台的初步构想，是实现面对面交流并实时保存音视频内容。有了这个模糊的需求后，技术保障中心便与有过合作的技术公司进行共同研发。考虑到平台应用的时效性，其研发过程没有遵循传统信息系统开发的老路，而是采用了"边做—边用—边改"的迭代式开发路径，即从"模糊"的需求开始做，拿出原型系统后，在应用中不断测试，再把其中的缺陷、Bug 等反馈给技术公司进行修正，借此循环使系统不断完善。凭借高效的政企合作，远程踏勘平台在研发一个多月后即投入试运行。表 4 - 1 给出了截至 2020 年 4 月远程踏勘平台功能改进情况。

表 4 - 1　远程踏勘平台功能改进情况（截至 2020 年 4 月）

层面	存在问题	解决状态	解决措施/意见
用户端	用户界面复杂，不友好	已解决（4 月初）	重新设计界面，填写企业名称、社会信用代码、手机号、验证码即可获取座席号
	系统不兼容（苹果手机用户无法使用）	未解决	完善系统适配
审批端	有问题的视频无法删除	已解决（4 月）	增加删除功能
	视频文件无法下载	已解决（4 月）	将视频格式转化为 MP4 格式，方便存储和审查
	视频话音不同步	未解决	帧同步/状态同步

层面	存在问题	解决状态	解决措施/意见
审批端	系统短信不能实时接收	未解决	在系统内预存话费余额,余额不足应提前通知相关部门
	下班时间仍能收到短信提示	未解决	给短信发送加时间限制,对群众进行温馨提示,仅在上班期间可以发送
	视频存储占内存过大	未解决	利用分布式系统 Hadoop 中的 HDFS 存储;刻盘
系统	短信资源浪费	未解决	限制用户发短信、获取座席号码的次数
	审批视频商户与审批人员显示布局不合理	已调整（4月）,不完善	以商户的屏幕为主,审批人员视频位于右下角展示即可
	存储空间浪费	未解决	两个人同时在线,再开始录视频,设置同步开始按钮
	缺乏定位功能	未解决	通过网络、基站和 GPS 获取商户经纬度,传给服务器计算

此外,在平台研发过程中,公司需要投入人力、物力,以满足莲湖区审批局对系统的功能需求。按一般的理解,这应该是一个普通的政府采购项目。但实际上,审批局的需求不是一次性提出的而是分多次不断增加,这给双方的合同签订以及政府支出方式都带来了相应困难。对此,审批局认为这在一定程度上是自己把针对原型系统的知识"无偿"提供给了公司,所以尽可能压低开发费用;而公司着眼于后续市场应用,也接受了审批局的合作条件。在此过程中,审批局负责系统初步设计与功能描述,公司负责界面设计、代码编写与功能实现,然后就是双方的应用–研发迭代,推动平台功能不断增加与完善。这种政企合作模式使莲湖区审批局得到了自己需要的远程踏勘平台,同时也让公司通过系统开发与应用积累了产品经验,后续可以通过将产品卖给其他审批局获得更多利益。

（3）远程踏勘的实施效果

远程踏勘平台的应用取得了多方面的显著成效。一是促进审批再提速。原来踏勘人员每天的工作时间中有半数用于前往现场的路途中,现在集中用来进行远程踏勘,加快了勘验速度;以前需要预约、上门、检查等半天才能完成的工作,现在只需几分钟就能完成,显著提高了审批效率，节约了企业成本。以食品经营许可为例，原来企业需要等15个工作日方可拿证，现在当天即可拿证，极大地降低了企业开办成本。二是避免了踏勘人员与商户的直接接触，并全程录音录像。现场存在的问题一目了然，保证了踏勘工作的公平、公正、公开。特别是在疫情期间，远程踏勘平台的应用降低了人员见面接触风险。三是解决了程序瑕疵问题。平台支持多路同时工作，特别是其全程音视频存储、自动归档功能，是其他公共通信平台无法替代的。四是节约了行政成本。未启用该平台前，踏勘人员需要乘车到现场进行勘验，使用平台后，工作人员在办公室就可以对现场进行勘验，节约了办公经费，同时还可以科学分配工作人员，节约了人力成本。目前，莲湖区审批局已在食品经营许可、伐树、建筑起重机械适用备案等事项办理中使用远程踏勘平台，其业务量占平时现场踏勘业务量的75%。平台自2020年3月9日试运行以来，截至2020年11月底已完成远程踏勘8000余件。

3. "第三把火"：主题直播——涉企政策可以"秒懂""秒用"

（1）主题直播是什么

2020年春节后，受疫情影响，全国各地的政务服务机构都采取多种方式为企业和群众提供线上服务。在此期间，莲湖区审批局也顺势而为，开通抖音直播，为办事群众提供线上"云服务"，助力企业复工复产。

2020年4月1日，莲湖区审批局联合一窗研究院（政务咨询机构）举办"云游大厅"线上直播活动，全国各地政务服务机构工作人员5600多人通过网上直播，在45分钟的时间里"参观"区市民中心，了解审批改革进展及优化营商环境成效。根据直播现场及线下反馈，市民中心大厅无声智能排队系统、员工减压室、婚姻登记自动填表系统、政务微店以及行政审批远程踏勘平台等受到广泛关注。尤其是行政审批远程踏勘平台受到政务同人的广泛赞许，大家纷纷表示，行政审批远程踏勘平台解决了疫情期间无法开展线下踏勘的大问题，特别是它的全程音视频存储、自动归档功能，是现有公共通信平台无法替代的。

与一窗研究院联合举办的这次线上直播，让莲湖区审批局发现了一座"新大陆"。与此同时，西安网络广播电视台下属的西安新闻广播

（FM95.0）频道①也通过此次活动联系上了莲湖区审批局，希望双方开展合作。经过商议，两家单位决定以主题直播方式，共同开办《创业在西安》栏目。该栏目通过"创业在西安"和"莲湖区市民中心"两个官方抖音号在市民中心大厅、西安新闻广播直播间进行直播，并通过西安新闻广播《创业在西安》栏目播放音频，既避免了抖音直播的单一方式，也拓展了直播的宣传渠道。

（2）主题直播的系列内容

在莲湖区审批局与西安新闻广播双方主创团队的精心策划及组织下，2020 年 5 月 28 日至 8 月 14 日，《创业在西安》栏目邀请合作单位先后开展了 5 次主题直播，内容涵盖行政审批告知承诺制、企业就业见习补贴、创业贷款资金扶持、企业稳岗就业补贴、双创利好政策宣讲等（见表 4 - 2）。

表 4 - 2　2020 年莲湖区审批局系列主题直播

时间	合作单位	直播主题
5 月 28 日	莲湖区审批局	告知承诺制，让行政审批方便快捷
6 月 18 日	莲湖区人社局人才中心	促就业、帮企业，你选人、我补贴
7 月 3 日	莲湖区人社局小贷中心	创业贷款助发展，资金扶持有保障
7 月 17 日	莲湖区社保中心	你来稳岗保就业，我来补贴做后盾
8 月 14 日	莲湖区科技局	"叠加政策"让企业充分享受政策利好

一是告知承诺制，让行政审批方便快捷。

2020 年 5 月 28 日，莲湖区审批局携手西安新闻广播打造的全国首档市民中心专属栏目《创业在西安》正式开播。

本次直播中，首先由审批局工作人员为大家讲解"告知承诺制"的具体流程，之后专门邀请曾经办理过业务的群众做了专访。告知承诺制是指在办理相关事项时一次性告知申请人所申请事项的办理条件、标准、技术要求、所需材料，申请人以书面形式承诺其符合办理条件，但由于客观原因无法提交全部材料，承诺在规定期限内提交其余材料并承担相

---

① 西安网络广播电视台是公益性事业单位，但其具体业务采取市场化运作。因此，本案例将西安新闻广播频道视为市场主体，并在这个意义上将其与莲湖区审批局的合作作为政企合作来对待。

应违反承诺的后果，由审批机关先行进行审批的方式。

受邀群众——某培训教育机构的田女士在节目中表示："以前办理手续提交材料繁多，办事流程复杂，经办人常常一头雾水；现在企业要做什么、怎么做以及承担的责任、未履行的后果，全都写在告知承诺书里，一目了然，企业只要一条一条地对照做就行了。实行告知承诺制后，我在最短的时间内拿到了办学许可证，大幅节约了财务成本和时间成本，使企业快速开展经营，抢抓市场机遇。"观看直播节目的线上观众纷纷对"告知承诺制"和田女士的现身说法点赞、送花，互动热烈。

二是促就业、帮企业，你选人、我补贴。

2020年6月18日，栏目第二季"促就业、帮企业，你选人、我补贴"如约开播。本次节目邀请莲湖区人社局人才中心负责人和企业代表进行对话，旨在为广大企业和求职者搭起一座互通的桥梁。

莲湖区人社局人才中心负责人首先介绍了西安市"就业见习政策"及办理指南，企业代表则"现身说法"畅谈设立见习基地和招聘见习生。随着西安市"就业见习政策"的进一步推动，企业如需招聘大学生及青年求职者，可申请成为就业见习基地，在被认定为见习基地后，可接收见习生在企业开展为期3个月的见习，促进见习生与企业相互深入了解，方便企业选人用人。同时，为帮助见习生提升就业能力，见习期间政府将为见习生每月发放1200元的见习补贴。直播过程中，直播嘉宾还就企业如何申请就业见习基地、如何接收见习生在企业开展见习，以及见习生如何申请福利、享受哪些福利等大家关心的具体问题进行了现场解答。

三是创业贷款助发展，资金扶持有保障。

2020年7月3日，栏目第三季邀请莲湖区人社局小贷中心以"创业贷款助发展，资金扶持有保障"为主题进行直播，由西安新闻广播主持人和莲湖区人社局小贷中心负责人一起解读政府资金扶持个人创业者的有关政策。在直播过程中，线上观众对西安市人社局就业服务中心印发的《西安市一次性创业补贴实施细则》兴趣浓厚，小贷中心负责人就此进行了重点说明。该细则明确了一次性创业补贴的对象、标准及申领流程，其中补贴对象为在西安市首次创办小微企业或从事个体经营，且自工商注册登记之日起正常经营6个月以上的西安市户籍人员（就业困难人员、毕业年度和毕业 5 年内的高校毕业生、贫困劳动力、退役军人、农民工等），符合申请条件的人员一次性创业补贴的标准为 5000 元/人。

针对有观众问到的小贷中心业务对象，负责人也进行了具体讲解，包括城镇登记失业人员、就业困难人员、复员转业退役军人、刑满释放人员、高校毕业生、化解过剩产能人员、农村富余劳动力、网络商户、建档立卡贫困人口等。

四是你来稳岗保就业，我来补贴做后盾。

2020 年 7 月 17 日，栏目第四季"你来稳岗保就业，我来补贴做后盾"在"西安新闻广播"官方微博进行直播，并在"莲湖区市民中心"和"莲湖区人才中心"抖音直播间开播。节目一开始，陕西外婆印象餐饮管理有限公司陈艳女士、陕西华润万家生活超市有限公司刘婷女士首先分享了"稳岗返还政策"给企业带来的诸多利好。

随后，西安新闻广播主持人与莲湖区社保中心负责人一起为线上观众详细解读了企业稳岗返还社保资金的相关政策。社保中心负责人表示，只要不是"僵尸"企业和严重失信企业，且企业申请时失业保险参保人数比上年度平均参保人数减少不超过 50%，就可登录西安市人社局官网自主申请。此外，无论企业大小均可申请，企业员工越多返还补助越多，而且只要企业合法合规，遵守申请流程，初审和拨款的速度都很快。

五是"叠加政策"让企业充分享受政策利好。

2020 年 8 月 14 日，栏目第五季"'叠加政策'让企业充分享受政策利好"在"西安新闻广播"官方微博进行直播，并在"莲湖区市民中心"抖音直播间开播。节目播出期间，莲湖区科技局负责人、华为云（莲湖）联合发展中心董事总经理、西仪股份有限公司副总经理等嘉宾以对谈的方式，集中呈现了莲湖区科技局通过辅助创业促进就业、叠加政策、主动服务让企业充分享受政策利好的多个事例。

在与线上观众互动的过程中，莲湖区科技局负责人进一步介绍了该局保姆式、陪伴式、全流程、全链条等特色服务，并指出乐意通过上门宣讲政策、帮助企业争取扶持资金、细化出台定向性和精准性支持政策等方式，为区内企业全面做好各项服务，让企业充分享受政策利好。

（3）主题直播的开展效果

线上主题直播是莲湖区审批局继开设政务微店、开展远程踏勘之后推出的又一服务创新举措。该系列主题直播围绕"创业在西安"这一重要的城市创新发展主题，吸引了地区政府部门、相关企业和广大线上观众的积极参与，对涉企支持政策的宣传推广和服务落实起到了直接的助推作用。此外，市民中心还依托抖音直播平台，采用窗口流动方式在工作时间不间断直播，群众可以针对关心的内容在线提问或私信留言，工作人员也会在第一时间答疑解惑。整体而言，线上主题直播这一创新举措，既可以让企业和群众及时了解到最新的政府政策，进而充分享受政策利好，也能够实时与群众沟通交流、收集意见建议，进而做出有针对性的改进，同时还从一个侧面对莲湖区优化营商环境工作进行了有效宣传。

（三）疫情期间莲湖区审批服务创新辨析

结合前文的事例介绍，可以观察到疫情期间莲湖区审批局的政务服务特别是审批服务大体经历了从被动"应对"到主动"创新"的一个渐变过程。那么，如何理解这个过程的动因？本书认为，一方面，疫情防控所强调的保持社交距离、线上办公等，与当前的政务服务发展趋势（"互联网＋""一网通办"等）有内在的契合性；另一方面，复工复产的推进，也要求疫情防控条件下的政务服务做出新的响应。而莲湖区审批局的创新活动，也正是在响应疫情压力的条件下，以多种政企合作方式来努力挖掘线上服务空间的结果。下面对这些服务创新做进一步讨论，以初步辨析其类型及过程特点。

1. 创新的类型

结合对政务微店、远程踏勘、主题直播这三个典型创新的全过程调研及访谈，特别是对其创新源头的了解和分析，本书认为它们对应三种不同类型的创新，即压力响应型创新、权威引导型创新和互利协同型创新。此外，政企合作的方式在这些创新中也有不同的表现。

政务微店：压力响应型创新。疫情发生初期，尽管生产生活有所停滞，但来自企业和群众的服务需求是客观存在的——既包括春节前未处理完的业务，也有复工复产带来的新的涉企事务等。对此，莲湖区审批局必须做出服务响应。也就是说，在疫情防控和用户需求的双重压力下，莲湖区审批局必须以适当方式推出相应的线上服务。因此，审批局通过匹配适宜电商平台（企业）的方式，便有了政务微店的出现。

远程踏勘：权威引导型创新。前文已提及，疫情发生初期，尽管现场踏勘的"人车"矛盾有所缓解，但也增大了踏勘人员接触新冠病毒的风险。同时，审批局主要负责人对技术保障中心负责人的要求不是一定要把踏勘系统做出来，而是给了下属权衡和选择的空间。从这个角度看，踏勘系统不是一个"必需"的任务，在做好个人防护的条件下继续去做现场踏勘，领导也是可以接受的。另外，作为下属的技术保障中心负责人当然会考虑和评估疫情风险。与此同时，"领导毕竟是领导"，对其交代的重要工作"还是要尽力去做"。因此，疫情压力作为一种"催化剂"，事实上加快了远程踏勘平台的研发。在一定程度上，可以认为审批局负责人"利用"了疫情的因素，但就整个过程而言，该创新还是更多地体现了领导作为权威的一种借势引导的作用。

主题直播：互利协同型创新。前文已提及，与一窗研究院的直播合作，让莲湖区审批局更加认识到政务直播的效应，西安新闻广播团队也是在认可审批局实力的前提下主动与其开展合作。因此，双方的主题直播合作是"一拍即合"的，没有什么障碍。同时，在复工复产的大背景下，直播活动的社会效益和关联政绩效应也都存在，双方乐见其成，从而在该创新中合作双方配合度非常高，达到了互利共赢的目的。

2. 创新的耦合

本部分讨论远程踏勘平台开发与应用中出现的多重创新因素及其关联。一是前文已提及的涉及平台开发的"边做—边用—边改"的新型迭代开发路径；二是审批局与技术公司之间以无偿知识提供、技术能力积累为媒介的利益交换机制，这对政企合作方式也是一种可行的创新；三是技术公司、审批局、用户作为平台研发、提供、使用的三方，围绕平台应用形成紧密的互动与合作关系，既推动平台的不断完善，也提供更加便捷的踏勘服务，整体实现了服务供给的创新。

3. 创新的扩散

本部分讨论其他地域单位对远程踏勘平台的学习应用。自陕西省发展改革委在全省推广莲湖区审批局的远程踏勘平台以来，渭南市、榆林市、商洛市、安康市、宝鸡市、咸阳市、富平县、高陵区、华州区、眉县、西安航天基地、长武县以及成都市武侯区、兰州市安宁区、长沙市望城区、菏泽市东明县等省内外的政府审批服务部门都前来考察学习该平台，特别是陕西省税务局、甘肃省药监局也来考察学习，其中富平县、陕西省税务局已开始部署远程踏勘平台的具体应用。特别地，陕西省税务局在自身应用中还提出可以给系统增加商户定位的功能，进一步丰富了平台系统的应用功能。目前，莲湖区审批局的平台中已增加该项功能，意味着它从自身创新的扩散中获得了新的收益。

（四）莲湖区审批服务创新的响应及过程机制

莲湖区审批局能够在疫情下形成"三把火"系列创新，有其内在的机制和逻辑。为此，结合文献研究和系统分析，本书提出了莲湖区审批服务创新的一个解释性机制框架，包括服务创新的响应机制和过程机制，其中前者涉及响应的启动与定向，后者涉及双向信任、合作开发与共同生产。

1. 疫情压力下的服务创新响应机制

（1）服务创新的启动：突发公共卫生事件对审批服务的挑战

突发公共卫生事件是指突然发生，造成或者可能造成社会公众健康严重损害的重大传染病疫情、群体性不明原因疾病、重大食物和职业中毒以及其他严重影响公众健康的事件。2020年2月23日，习近平总书记在统筹推进新冠肺炎疫情防控和经济社会发展工作部署会议上指出："这次新冠肺炎疫情，是新中国成立以来在我国发生的传播速度最快、感染范围最广、防控难度最大的一次重大突发公共卫生事件。"新冠疫情的发生，不仅给公民身体健康和国民经济发展带来重要影响，而且对现有审批服务体系的运转造成直接冲击。

具体来看，公民需求的转变和增加与线下审批服务开展的有限性之间的矛盾，是莲湖区审批局要面对的现实难题，这既在本质上对以服务效率为核心的服务方式、内容及流程等多个方面形成挑战，也构成其实现服务体系创新的主要驱动力与根本基础。首先是对服务效率的更高要求。作为公民需求的核心特征，效率在新冠疫情下显得越发重要，莲湖区审批局的工作，无论是在服务内容的整合上，还是在服务流程及方式的优化上，都是围绕高效这一逻辑主线展开的，以满足公民的审批需求。其次是对服务体系的冲击。莲湖区审批局一直坚持从服务内容设计和实体大厅建设角度推进行政审批改革，且主要从线下维度进行服务体系的优化，相比较而言线上服务体系建设相对缓慢。而新冠疫情催生的"不见面"审批需求直接对其现有服务体系形成冲击，如何及时转变服务体系建设重心，是其在疫情下面临的主要挑战之一。最后是在以效率为核心的线上服务模式建设过程中同样存在较大的具体维度的压力。如线上审批服务链条中踏勘环节的缺失与设计、工作人员的素质要求与资源分配以及技术平台的开发与维护等挑战，都是在服务创新过程中所要应对的具体问题。

总体来看，新冠疫情一方面对现有审批服务体系产生直接的冲击与挑战，另一方面也成为其实现创新的主要驱动力，倒逼审批局实现服务转型，增强组织和服务韧性，从而实现服务体系的系统完善和深度优化。

（2）服务创新的定向：应急需求与韧性体系

新冠疫情的发生，在对现有服务体系造成冲击的同时也加速了莲湖区审批局服务创新的进程。从短期来看，如何满足疫情防控中的审批服务需求，快速恢复正常的审批秩序，成为莲湖区审批局服务创新的核心导向。从长期来看，如何通过疫情准确定位服务体系短板，从而实现系统性优化，以增强服务体系的韧性，是在该背景下莲湖区审批局服务创新的根本问题。整体来看，服务创新的定向是在疫情冲击下以公民需求为核心所展开的体系完善，长期与短期目标的结合，需要不同主体在创新过程中的紧密合作，更为重要的是如何将探索出的创新方向以专业化的机制作为保障，以常态化的建设来推进，从而更好地应对突发公共事件带来的应急管理压力与服务体系冲击。

线下服务开展的有限性进一步推动了公民线上服务需求的增加，这也成为疫情下莲湖区审批局服务创新所关注的主要方向。从之前的线上服务体系来看，以企业准入流程为例，从业务咨询、提交申请、材料预审到开展踏勘，仅业务咨询与提交申请可以在线上开展，但是服务方式单一且时间较长，所以线上服务长期流于形式，使用率较低。疫情期间，莲湖区审批局准确定位了线上服务体系存在的缺口，一方面以丰富且便捷的方式来替代原有的官网及 App 等，通过公民使用频率高且难度较小的抖音及微店等平台开展服务；另一方面致力于实现全流程的线上服务，通过开发远程踏勘平台来代替线下的踏勘环节，在有效开展踏勘业务的同时也极大地降低了行政成本，提高了行政效率。

从莲湖区审批局的长期建设来看，如何提高应对突发公共事件的能力，避免特定事件影响所导致的公民服务受限问题，本质上仍是围绕服务体系的韧性建设展开的。起源于材料科学的"韧性"一词，是指面对外部力量冲击下的适应和应对，从而得到有效恢复和成长的过程，在心理学及社会学领域也被翻译为"复原力"等（任远，2021）。服务体系的韧性同样强调在面临新冠疫情等突发公共事件的巨大冲击时，能够依靠组织架构的力量实现资源有效整合，从而进一步实现适应、调整和完善。在莲湖区审批局的服务创新过程中，具体服务形式的创新是补短板的过程，更为重要的是创新过程中理念的转变以及主体的增加，如与不同类型主体构建的新型合作关系，成为其在短时间内实现创新的重要保障。所以，从该维度来看，疫情压力下服务创新的过程，也是莲湖区审批局通过集成不同主体的特定资源增强服务体系韧性、不断实现服务体系整体优化的过程。

2. 政企合作中的服务创新过程机制

（1）服务创新的保障：双向信任

新冠疫情具有传播性和复杂性等特征，其治理难度已经远远超出任何一个特定治理主体的治理能力和范围（孙玉栋、丁鹏程，2020）。因此，如何集成不同主体的资源优势成为疫情防控的重要考量。在莲湖区审批局的服务创新过程中，正是基于不同维度和程度的政企合作，推动了整个服务体系的及时调整和深度优化。疫情防控的紧急性，要求不同主体在短时间内实现更少障碍的交流，进而实现合作的高效性。所以，建立政企之间的信任机制成为双方开展合作的重要基础。

观察莲湖区审批局的创新案例，可以发现无论是数据的开放与交互还是特定平台的开发，都是在特定范围内最大限度地与企业进行合作。尤其是远程踏勘平台的创新，莲湖区审批局为推进研发进度以及帮助企业控制成本，将原型系统知识无偿提供给特定的技术企业，为后续平台的持续改进提供了重要基础。从本质上而言，莲湖区审批局已经实现了政府角色定位的转变，不再仅仅是服务项目的发包人，还是与企业建立以信任机制为基础的合作伙伴。

信任机制的建设是一个双向互动的过程。一方面，莲湖区审批局的便企利民行为得到了大多数市场主体的认可，而相关企业也积极提出反馈意见与建议，并参与到踏勘平台的优化过程中，这本身就是基于信任机制而实施的合作行为。建立在双向互动基础上的信任机制为政企合作提供了根本的保障机制，不仅优化了政企间关系，而且帮助二者形成合力以共同应对新冠疫情的冲击。

（2）服务创新专业化：合作开发

服务创新既要不断挖掘和收集公众办事需求并实现应用，也要通过服务模式的完善来引导公民的办事需求。线上服务平台的便利性、易操作性、稳定性以及界面的友好性等专业问题，一直是制约电子政务发展的主要因素。疫情下如何完善线上服务体系以缓解线下审批服务的压力，同时保障技术设计与应用的专业性，成为服务创新所要面对的主要挑战。

在莲湖区审批局的服务创新过程中，针对不同类型企业采取不同的合作策略，结合公民需求形成平台设计目标，利用不同企业的强项与资源进行线上服务体系的合作开发，是推动其在短期内实现服务创新的主要因素。其中，既包括对口袋科技（微店运营主体）、字节跳动（抖音运营主体）等互联网企业平台的直接应用，也包括与特定技术企业（远程踏勘平台研发）实现的联合开发与服务外包。

在选择直接应用其产品的合作企业过程中，莲湖区审批局更多考虑平台自身的特点，即受众面、便利度以及手续费要求等。政务微店和抖音直播所选择的微店与抖音平台，实现了让更多公众会用、愿意用的核心目标。而在解决远程踏勘等特定技术问题时，莲湖区审批局采取联合开发的方式，与技术企业共同进行平台的基础设计与开发，同时结合办事群体的使用反馈与技术企业不断进行平台功能更新，实现了平台应用的动态完善。

观察莲湖区审批局的上述创新过程，可以发现其与不同类型企业的合作开发既为服务创新提供了平台基础，也保障了服务创新的专业化；既为公民提供了更为全面且便利的审批服务，也引导公民需求向线上转变，从而缓解了疫情带来的直接压力。

（3）服务创新常态化：共同生产

共同生产是指公共服务用户在服务设计、管理、提供或评价中志愿性或非志愿性地参与（Osborne 等，2016）。由此可见，共同生产是一个多主体参与的持续性过程，而不仅仅是一个行为，在这个过程中，政府和社会在其中互相激励、反馈与调适，产出相关方满意的公共产品与服务（容志、张云翔，2020）。共同生产机制即政企合作的常态化机制，在该理论框架下，可以更加精准全面地观察政企合作的创新动力机制、行为互动机制等给服务体系持续优化带来的效应。

疫情下莲湖区审批局的服务创新既包括狭义上与特定企业进行的合作，如与微店、抖音、特定技术企业所开发的不同服务模式，也包括广义上与不同企业进行的从设计、管理到反馈评价的全流程持续合作。共同生产强调公共服务用户在合作过程中作用的发挥，即并非所有企业都是共同生产的主体。只有当企业参与者同时也是服务使用者时，这种参与才被定义为共同生产。在传统政企合作中，横向的合作项目已经较为普遍，而聚焦服务对象参与的共同生产则是莲湖区审批局在疫情期间实现动态政企合作的主要创新。从"一件事一次办"主题服务套餐、微店及抖音等互联网平台的选择到远程踏勘的设计和优化，在创新的不同模块和环节中都充分反映了企业和群众的切实需求。

具体看，可从倡议、回应、推广以及扩散四个微观阶段来理解创新的过程。首先，新冠疫情的发生为莲湖区审批局和相关企业（及群众）的共同生产提供了初始动力，即从客观维度要求二者必须实现合作才能更好地应对疫情压力，而审批局基于企业需求所实施的各类举措在本质上是从主观层面来提供共同生产的初始动力，即发起倡议的过程。其次，企业在倡议的基础上及时进行回应，通过多元途径参与并配合各项调查，积极反馈自身需求和服务意见，让具体的创新措施更加科学合理，从而形成共同生产的初始网络。再次，创新措施的持续改进让更多企业认识到回应的有效性和必要性，从而愿意加入合作网络之中，此即前述推广阶段。最后，持续改进推动了某一特定措施的设计和完善，同时引发其他层面措施的开发，如莲湖区在自然人和法人生命周期树基础上发展的"一件事一次办"主题套餐，在取得显著成效的同时，也推动其在微店等线上平台继续扩散。这些不同行为框架内的创新通过有机集成，推动了莲湖区审批局整体服务体系的系统优化。

（五）服务创新的深层逻辑

在此基础上，结合莲湖区审批局的具体创新举措，进一步挖掘了其中的深层逻辑，包括整体性导向下审批事项的深度优化、服务型导向下多元供给的模式构建，以及信息技术支撑下全链条线上审批服务的实现。

1. 整体性导向下审批事项的深度优化

服务内容是政务服务创新的基础。无论是服务主体的增加还是服务方式的优化，其实质仍是围绕现有服务内容进行完善。从服务内容本身看，目前改革的主要方向是在保障效率的基础上实现公民办事体验的提升，服务数量的多少、类型的丰富程度以及服务质量的高低，都成为影响服务内容的重要因素。在新冠疫情下，公民对公共服务的供给需求更加强调效率提升以及操作的便利程度，所以审批服务的创新指向仍是以精简、高效为核心目标来对服务内容进行整合与流程再造。

建立在自然人和法人生命周期树基础上的"一件事一次办"主题套餐服务，是莲湖区审批局在整体性导向下对审批事项这一核心要素的深度优化。一方面，服务内容的持续整合是提升效率的重要保障，无论是线下审批服务开展，还是线上服务体系建设，以审批事项为根本的服务内容设计和流程再造都是重要的先行基础；另一方面，从部门间事项归并到事项基于关联特征的整合，既是疫情下行政审批改革的深度探索，也是政务中心模式与行政审批局模式从兼容到融合的重要表现。

2. 服务型导向下多元供给的模式构建

莲湖区审批局以"政务微店"与"抖音直播"的方式实现疫情期间线上服务体系的完善，其中前者是直接为公民提供"一件事"的套餐办理服务，后者则侧重利企政策的宣传及咨询服务。二者都是利用方便快捷的信息传递与社交平台为公民和企业提供更加便利的政务服务，涉及宣传、咨询和办理的全链条服务，实质上是与其他治理主体的合作和共建。这些服务模式的创新可以及时有效地解答公民在业务办理中遇到的相关问题，提高政民互动频率和效率，也显著改善了传统电子政务中操作难、答复慢等导致的线上服务形式化问题。

此外，无论是"政务微店"还是"抖音直播"，都结合第三方平台以多样化的形式作为线下服务模式的补充，有效满足了公民在疫情期间对线上政务的需求。这也表明，疫情下莲湖区审批局通过与不同主体的合作，构建出多元主体参与的协同治理体系，实现了在服务内容完善基础上的服务模式创新。

3. 信息技术支撑下全链条线上审批服务的实现

尽管"不见面审批"在很多地方都得到推行，但其线上部分大多停留在材料的受理及审批环节，现场踏勘环节一直是在线下进行的，未能实现全链条的线上审批服务供给。新冠疫情的发生，实际上突出了全链条线上审批的重要性。

针对该问题，莲湖区审批局基于不同的技术应用，先后开发出审批地图和远程踏勘平台，有效解决了辖区内的远程踏勘问题。与结合微店、抖音等平台和主体来丰富服务模式不同的是，审批地图，特别是远程踏勘是基于信息技术来对具体的服务供给方式进行创新。复工复产作为疫情防控进程中的并行任务，不仅对服务内容的精简优化提出了相应要求，而且倒逼服务方式的创新，以实现更高的审批效率。远程踏勘平台的创新，是莲湖区审批局在疫情下针对"不见面审批"需求以及基于大数据和互联网技术的积极应对措施。当前，技术赋能政务服务创新已经成为改革的主要路径，但如何精准定位公民需求以及服务链条的供给缺口，则是实现政务服务突破式创新的核心任务。莲湖区审批局对现场踏勘问题的解决，既推动了线上政务服务体系的进一步完善，也在服务内容完善的基础上以更加快捷高效的方式推动了服务模式的优化。

三　莲湖模式的完善：化制度优势为治理效能

（一）"集成快办"：走向"无科层"审批

2021年《陕西省政府工作报告》明确提出，要纵深推进"放管服"改革，深化相对集中行政许可权改革。如何在前期工作的基础上精准"深化"相对集中行政许可权改革，也成为莲湖区审批局急需回答的一个重要问题。

在"集成快办"出现之前，包括莲湖区审批局在内的很多地方审批局在开展审批业务时，仍然遵从科层式的审批流程，即先是"窗口收件—科室干部初审—科长复审—局分管领导终审"，再经由"科长—科室干部—窗口"的层级链条将许可文件返回办事群众。这一审批流程事实上包括7个环节，审批效率并不高，如果遇到科长或局分管领导外出等情况，审批效率还会再打折扣。

尽管莲湖区审批局此前基于全生命周期树推出了"一件事一次办"的审批服务模式，整体审批效率较之前已有显著提升，但受制于局内科层式逐级审批的原有模式，对于特定事项的审批而言，其效率变化并不显著。如食品经营许可证的审批办理，在局内逐级审批的条件下需要3～5天的时间，这与审批局成立之前在原有主管部门（食药监局）办理的时长大体一致。这也意味着，审批局的成立并没有提升食品经营许可证等类似事项的审批效率，从而也就不能充分发挥相对集中行政许可权改革的制度优势。

在此背景下，莲湖区审批局从2020年6月开始，着手试行"集成快办"的最初探索，具体选择"店铺门头牌匾建设审批"这一高频许可事项，通过局内多次会议研讨，将该事项审批要件（审查细则、流程规范等）以标准化的方式予以固化，最终达到审批"认件不认人"的效果。在此基础上，莲湖区审批局逐步扩展此类事项数量，至2020年1月正式推出了包含20个事项在内的"集成快办"审批模式。

按照莲湖区审批局负责人的理解，"集成快办"包含4个要素：一是"集成快办"审批事项申请材料清单；二是流程再造，将原来的4个审批层级（办事员、干部、科长、分管领导）降为2个审批层级（办事员、审批服务专员）；三是设立审批服务专员岗位，由各科室审批工作人员轮值，审批"认岗不认人"；四是"远程踏勘"平台前移至办事窗口，"申请+踏勘"一次完成。

对此，本书的解读是：审批事项要件（即申请材料清单）的标准化是改革基础；审批流程再造（从4层级7环节变为2层级3环节）是创新关键；审批服务专员岗位轮值是机制保障；"远程踏勘"平台前移是技术支撑。

其中，审批事项要件的标准化是相对集中行政许可权改革的题中应有之义，全国各地的审批局也都在推进"标准化审批"这一重要举措；审批流程再造是莲湖区审批局此次改革的最大亮点和重要创新，在一定意义上也是在相对集中行政许可权改革的基础上对审批制度的二次变革，真正体现了审批局的制度优势；审批服务专员岗位的设立及其轮值，从工作机制上保障了"集成快办"的可持续健康运行，同时也实现了对原有审批科室在审批职能、审批事项、审批人员上的打通、贯通与整合，最大限度地发挥了审批局的资源优势；而"远程踏勘"平台从后台技术部门前移至办事窗口，则实现了申请受理环节与要件审查环节中踏勘子环节的无缝衔接，从而保障了审批服务专员在窗口现场的技术审查能力。

整体而言，审批事项要件的标准化、审批层次与流程的扁平化、审批服务专员的岗位化以及技术踏勘环节的远程化，共同支撑了莲湖区"集成快办"审批模式的创新实践，在充分发挥审批局制度优势并将其转化为现实治理效能的同时，也为省内外相对集中行政许可权改革的进一步深化提供了有益的参考借鉴。

（二）"三个一"工作法：明晰初始责任

为解决办事群众来到窗口对办事流程不清楚、受理材料不明晰的问题，避免办事群众多跑路，莲湖区审批局于 2020 年中在综合窗口推行了"三个一"受理模式，即材料齐全开具一份"预受理通知单"，材料缺件开具一份"补正通知单"，办理困难需专人辅导开具一份"帮办代办申请单"，并交由帮办代办中心继续跟进。这一模式规范了窗口工作人员的受理程序，针对受理时的不同情况给出了对应解决方案，提升了群众获得感，因此受到办事群众的一致好评。

为此，莲湖区市民中心大厅设置了受理流程公示栏，将该办理模式以流程图的方式进行公示，并设置监督电话，申请人可对该模式的实行情况进行监督。同时，每张单据都有相关办理人员的签字，做到责任到人。

"三个一"工作法的实施，使得莲湖区的行政审批制度建设更加精细化，在实现办事流程更加透明、办理困难有了解决方案以及群众获得感不断提升等效果的同时，也让整个审批服务在初始阶段就形成了办事双方的责任明晰与对等。

（三）"办不成事"反映窗口：形成管理闭环

为进一步优化营商环境，方便企业、群众随时反映在政务服务大厅办不成的事和遇到的问题，2021 年 5 月 8 日，莲湖区审批局正式设立了"办不成事"反映窗口，让企业、群众办不成事有地儿找、有人管、有人帮。

所谓"办不成事"，是指办事企业、群众通过线上或线下提交申请材料后未能实现成功受理、成功审批，或多次来大厅未能解决问题等有关情况。而"办不成事"反映窗口的设立，便于更好地倾听企业、群众诉求，企业、群众在办事过程中遇到任何困难都可以到这个窗口来反映，窗口工作人员也会第一时间提供咨询、引导，做到一次性告知，确保难点、堵点有"出口"。

"办不成事"反映窗口的办理流程为受理—分类—转办—办结—反馈。在办理时限方面，对于简单事项，即收即转即办；对于一般事项，5个工作日内整改反馈；对于复杂事项，10个工作日内反馈，说明理由和办理进度，并持续跟踪督办直至办结。在受理业务时，窗口人员会为企业、群众填写"办不成事"反映问题记录单，并转派相关部门。部门收到反映问题转办单后，认真分析原因"对症下药"。

整体而言，设置"办不成事"反映窗口进一步优化了审批服务流程，并在整个审批服务的最终阶段形成了有效的管理闭环，大大提升了群众办事的便捷度和友好度，也进一步破除了阻碍群众办成事的隐性壁垒。

（四）"通办助手"：助推全区通办与跨省通办

2021年4月初，在前期酝酿及调研的基础上，莲湖区开始全面启动并推进"全区通办"各项准备工作。其中的一个关键行动，是聘请第三方公司围绕"通办"业务中的即时通信、办事引导、资料流转等需求迅速开发"通办助手"，以实现资料的异地受理和线上流转，从而解决通办业务点多、量大、协同难等瓶颈问题，有力地助推各项业务的跨区域通办。在一系列内测、反馈、改进、协调等工作的基础上，2021年6月3日，莲湖区正式推出了街道、社区政务服务事项"全区通办"。

具体而言，在莲湖区任一街道（社区）便民服务机构的"全区通办"窗口，通过"前台综合受理、全程网上流转、后台分类审批"的办事模式，就可以对首批16项"全区通办"事项按照统一标准进行受理，并依托"通办助手"线上流转至该事项办理主体街道或社区予以具体办理。

目前，莲湖区可实现包括城乡居民养老保险参保登记、城乡居民医疗保险参保登记、就业困难人员认定、就业失业登记等在内的26项居民个人事项的"全区通办"。此外，自2021年6月1日起，莲湖区顺利承接了内地居民结婚登记"跨省通办"的试点任务。

从"集成快办"实现审批制度升级，到"三个一"工作法明晰审批服务初始责任，以及"办不成事"反映窗口形成管理闭环，再到"通办助手"支撑区内外服务体系构建，莲湖区在自身审批服务，特别是审批制度接续创新探索的基础上，利用三年半左右的时间，完成了莲湖模式的形成、拓展与完善三大阶段，从总体上贡献了一个基层审批局改革的理想"模型"。审批局改革的莲湖模式，既是引致本书研究的实践起点，也是贯穿本书研究的核心对象。它与第五章将要介绍的以工程建设项目审批制度改革推进为重点的延安市审批局改革，事实上构成了陕西省内审批局改革的"双核心"模型。

与此同时，随着本书研究进程的深入，更多城区审批局改革进入了我们的观察视野。十分巧合的是，在西安市莲湖区之后，笔者先后考察调研的渭南市华州区审批局、延安市宝塔区审批局，尽管试点改革都很成功且成效显著，但在改革的政务服务基础上，一个较弱，一个没有，恰与莲湖区形成了鲜明对比并构成了连续谱系，从而也对本书的理论构建工作起到了积极的实践支撑作用。

第二节　城区审批局改革的连续谱系

一　弱基础的华州区：压力倒逼下的改革"急先锋"

（一）改革的起步、撬动与成效

1. 弱基础，艰难起步

现今，由渭南市华州区行政审批服务局（以下简称华州区审批局）管理的区行政服务中心总面积为 1.5 万平方米，进驻单位 45 个，设置窗口总计 119 个，工作人员 260 余人，可办理各类审批服务事项 1300 余项，划入集中审批事项达 373 项。通过中央、省、市相对集中行政许可权改革部署下的学习借鉴和总结创新，华州区审批局深入推进审批服务改革，通过构建标准化、网络化、智能化的政务服务体系，营造良好的营商环境和社会发展环境，先后获得 2019 年度"全国政务服务创新奖"和"陕西省十大优秀审批服务案例入围奖"、2020 年度"全国政务服务创新奖"和"全国政务服务最佳实践奖"等荣誉，改革成效获得各方认可。

回顾华州区审批局改革的初期启动，"确实是很不容易"。据华州区审批局主要领导对原区行政服务中心的描述，"2018 年前的华州区政务中心面积只有 100 平方米,共有 10 个窗口,没有什么业务人员,只能办残疾人证。进驻到这里的单位只负责咨询工作,根本没有实实在在的政务服务事项落地",由此可见华州区行政审批改革所需硬件及软件的匮乏。

事实上,2017 年陕西省给渭南市下达了 4 个审批局改革的试点指标,但由于对改革的未知,各区县纷纷推诿,指标落实缓慢。直至市政府指定了两个经济开发区和两个县(华州区时为华县),渭南市的审批局改革才正式拉开帷幕。作为 4 个试点区县之一,特别是面对全省营商环境考核和政务服务与进驻部门全省排名的倒数处境,华州区委、区政府下定改革决心,在渭南市还没有成立市级审批局的情况下,迎难而上、先行先试。

2017 年底,华州区委、区政府发文决定成立华州区行政审批服务局(为区政府工作部门)。至 2018 年 3 月 27 日华州区审批局正式挂牌成立时,审批局还没有"一兵一卒"。一个多月后,审批局迎来了自己的"光杆司令"。此后,经过艰辛的改革创业努力,华州区审批局的干部队伍搭建、事项划转等工作才逐步推开。2019 年 3 月 25 日,新建成的区政务服务中心投入使用。2019 年 5 月 27 日,华州区审批局颁出全市首张由行政审批服务局签发的工商营业执照。至此,华州区的相对集中行政许可权改革才真正实现实质性起步。

2. 巧智慧,撬动改革

对于"新生的"相对集中行政许可权改革,华州区审批局主要领导虽有过此前任职财政局的成功改革经验,但对现行改革的"脉搏"把握并不清晰。为使改革顺利推进,他带领团队先后到上海、浙江等地学习,积累经验,后结合华州区实际情况,提出了"建立新大厅、搭建网络平台、组建干部队伍"的改革方案,并得到上级领导的全力支持,华州区审批局的改革大幕随之拉开。

新的大厅地址有着落了,副局长和政务中心的负责人就位了,但审批服务人员匮乏、事项划转不顺畅等问题也摆在了华州区审批局主要领导面前。怎么逐个解决这些问题,考验着他的能力与智慧。

(1)"低"年龄与"高"学历,组建团队

2019 年春节前,一份"招贤令"从华州区审批局发出。通过政府购买服务,华州区审批局面向社会公开招聘 45 名工作人员,要求年龄在 45

岁以下，大专以上学历。新招聘的人员入职后，审批局即强化其礼仪培训和业务培训，然后把他们派到行政审批综合窗口、前台指引和引导、24 小时自助终端帮办、心为心热线等服务岗位。同时，审批局在区政府帮助下，要求区级各有关部门向政务中心派驻 2 名以上工作人员，并设置 1 名首席代表。对此，华州区审批局主要领导认为，"因为新来的工作人员都是年轻人，经验不足，所以期初很多老干部担心审批局改革会进行不下去，我就鼓励大家好好栽培新人。年轻人虽然经验不足，但他们就像一块未开的玉石，能够被更好地打磨和雕琢，这对于改革而言未尝不是一件好事情"。

此后，按照区委、区政府"编随事走、人随编走"的要求，各相关部门的人员划转也一次到位。最终，局机关领导 1 正 2 副、中心副主任 2 人、划转人员 3 人、新招录公务员 3 人、各部门进驻人员 170 余人、政府购买服务人员 45 人，共计 260 余人。审批服务团队初具规模后，华州区审批局加快建立健全务实管用、考核激励、优质高效的制度体系。

（2）巧妙布局，顺利划转事项

为遵循"应进必进、应划尽划"原则，扎实推进审批局改革，华州区成立了由区委书记挂帅的政务服务中心进驻工作领导小组，小组办公室设在区委办，主任由区委办主任兼任，审批局主要领导则担任副主任。这样一种较为巧妙的改革组织机构及人事布局较为有效地打破了部门利益格局，同时以一种"柔性"的方式克服了行业部门基于自身利益所产生的抵触情绪和行为。在此背景下，华州区审批局顺利地集中了其他职能部门的应划许可事项，通过采取"前台综合受理、后台分类审批、统一窗口出件"的"一窗受理"模式，开启了"一枚印章管审批"。

截至 2021 年 3 月，华州区审批局共完成涉及全区 26 个职能部门的 373 项审批事项的集中和划转，并在逐步完善改革方式方法的进程中高效便捷地服务企业和办事群众，有力地降低了企业运行成本，有效地提升了政府服务效能。

3. 优服务，生成"华州探索"

华州区审批局始终坚持"把人民放在心中最高位置"的发展理念，践行为人民服务的根本宗旨，以"审批环节最少、审批效率最高、审批服务最优"为目标，在深入推进审批服务便民化方面进行积极有益的探索，逐步健全规章制度，完善运行机制，内强素质、外强服务，并取得了优异的探索成果。政务服务中心自运行以来，截至 2020 年 11 月，华州区审批局平均每日接待群众 1300 余人，累计办件量达 15.2 万件，梳理"最多跑一次"事项 521 项、高频事项 200 项、"一件事一次办"套餐服务 20 项、"即批秒办"事项 56 项、标准化流程再造 108 项，精简材料 65% 以上，压缩时限 60%，审批提速 55% 以上，网办率达 96.36%，居全市首位，排名全省前列。

华州区审批局在薄弱基础上的改革探索，以实实在在的工作实绩为自己赢得了"全国政务服务创新奖"等多项荣誉，在有效提升政府治理效能、服务民生需求、优化创新创业环境、推动经济社会发展方面取得了明显成效，为带动相关改革提供了可学可鉴的有益做法及经验。

（二）改革的核心策略

1. "内外兼修"，准确认知改革

华州区改革的顺利推进离不开对改革的清晰认知。对于华州区审批局而言，其对改革的整体认知主要源自内在与外在两个方面。

外在方面。自 2019 年 5 月签发首张工商营业执照起，华州区审批局先后接待各市县考察学习 43 批次、来电交流学习经验 180 余次。其中，中央党校、国家行政学院教授顾平安，成都市武侯区行政审批局第一任局长谢存亮的实地考察，对华州区审批局改革的推进至关重要。一方面，顾平安是行政管理领域的专家学者，出版专著《开局之局：中国第一个行政审批局的探索与实践》，对国内审批局改革具有充分的认知理解和实践把握。另一方面，谢存亮是成都市武侯区行政审批局第一任局长，是相对集中行政许可权改革最直接的亲历者与推动者，对一线改革有着深刻的认识理解和丰富的经验积累。基于此，华州区审批局对相关改革理念与改革举措形成了相对充分且不断加深的系统认知。

内在方面。其一，华州区审批局挂牌成立后，审批局党支部于 2018 年 5 月 7 日正式成立，在加快推进审批服务便民化进程中，坚决贯彻党的决定、领导基层治理、团结动员群众，充分发挥党组织的战斗堡垒作用。其二，华州区审批局主要领导深知一个好的改革团队对改革顺利推进的重要性。一方面，在审批局挂牌成立后，他便积极带领班子成员学习中办、国办相关文件及其指导理念要求，并外出学习相关省份的先进改革经验，同时就各种改革理念和举措定期邀请专家教授指导授课，不断加深对改革的认识和理解。另一方面，面对"一张白纸"的诸多班子成员，他全力组织内部交流学习，在专家讲、领导讲之外，积极鼓励同志讲、同事讲，通过持续的交流和探讨进一步深化团队对改革的学习理解，形成了良好的工作氛围，打造了区内最团结的团队班子。

2. 超前构建数字平台体系

华州区审批局自改革之初便对数字平台建设的必要性和重要性有着充分认知。贯穿近几年的改革历程，华州区审批局坚持以企业和群众用户为中心，全面引入开放、互动、共享、平等、免费的互联网思维，纵向上省、市、区、镇（街）、村（社区）五级互联，横向上各职能部门业务办理系统互通，网上办事大厅与线下实体大厅相融合，全力搭建了适应高并发、大容量、高效率运转的智慧华州政务服务平台。

一是利用手机 App、微信公众号等创新网上办事，梳理水电气暖、工商登记等"一件事一次办"服务事项，推行"一件事"套餐服务，高度集成服务中心软硬件、建成智慧型服务大厅，强化窗口工位数字化监管等举措，搭建政务服务管理平台。

二是整合投诉、建议、非紧急救助服务等功能，建好一个快速响应平台、组建一支快速响应队伍、建成一张全覆盖网络、建立一套接诉即办机制，形成高效畅通的"心为心"政务服务热线系统。

三是与区级各相关部门紧密协作，把政务服务"心为心"热线平台、行政执法监管平台等综合功能全部纳入城市网格化综合管理之中，以城市网格化综合管理平台为枢纽，构建网格化管理平台，与 10 个镇（办）网格化综合管理中心和 151 个村（社区）工作站的"1 + 10 + X"体系紧密连接，优化网格化管理平台，实现城乡政务服务全覆盖。

四是融合行政审批服务、智慧政务大厅、人工智能 AI 审批、网格化管理、"心为心"政务服务热线等系统，做到线上线下互联互通、能力整合，让线上办事更便捷。同时，通过场景引领，让线下办事更方便。整体实现了"一网通办"智慧政务服务平台的高效运行。

3. 建立制度与文化双保障机制

（1）"六线"工作法

标准化是提高审批服务效率的重要基础之一。为进一步规范审批行为，提高审批效率，提升政务服务质量，华州区审批局开展了政务服务中心标准化建设改革工作，以期实现老百姓在一个效率更高、服务更优的环境中"好办事、办好事"。对此，政务服务中心独创"六线"工作法，即从台面到桌面，再到大厅整体，相关设备、物品的摆放均为"六条直线"。

在"六条直线"之外，大厅内所有与办公用品无关的物品一律清除，柜台内放置的垃圾桶一律摆放在过道一侧。办公桌旁的两个"一律"，为大厅物品的井然有序、大厅整体环境的整洁有序提供了保障。

"六线"工作法从细节入手，高标准、严要求，将一个个微小的细节组合成统一标准的大厅配置。通过人性化、精细化的管理，增强了全体工作人员的主人翁意识和责任感，也让大厅充满了"家"的温馨。

（2）"十度"工作法

对于华州区审批局而言，在党建引领下各项制度的完善落实举措丰富多样，其中之一便是"十度"工作法。具体而言，在制定《渭南市华州区行政审批服务局运行规范》《渭南市华州区行政审批服务局工作人员服务行为规范》，实施首问负责、一次告知、转办到位、限时反馈等制度，从仪表形象、工作环境、服务态度、文明用语、工作纪律、工作过程等方面提出明确要求后，华州区审批局进一步以《党建引领"十度"工作法》规范工作人员的服务，坚持落实接待群众把握尺度、遵循法度、涵养气度、保持风度、传递温度、加深力度、攻克高难度、提升满意度、跑出加速度、再创新高度。进而想群众之所想，急群众之所急，创新工作方法，通过规范工作人员服务，为群众提供个性化服务，秉持"店小二"的工作态度，为群众、企业做实做细每一件事。

2020 年，在新冠疫情肆虐的时期，华州区审批局工作人员仍坚守在工作一线，成立"红色代办小分队"。2020 年 2 月 6 日上午，白先生前来办理预约事项，在等待区接受体温测量并消毒后，红色代办小分队的工作人员在等待区指导并帮助白先生完善相关手续，前后只用 10 分钟就办理完了业务。事实上，虽然上半年受到疫情影响，但企业与个体户新设立数量不降反升。自 2020 年 1 月 1 日至 2021 年 3 月，华州区新设立企业与个体户合计 1933 家，比上年同期的 783 家增长了 146.9%。

（三） 改革的重要创新

1. 独任审批服务员

为进一步简化审批程序，有效提升行政审批效率，在实现全程网办、远程视频踏勘、受理承诺容缺制的基础上，华州区审批局学习参照独任检察官制度的经验做法，首创并率先在全市设立注册许可登记"独任审批服务员"，将企业的设立登记、符合简易登记条件的注册登记、不需进行现场核查的食品经营许可等事项，由"一审一核"模式改为"独任审核"模式。

"独任审批服务员"，即将行政审批的审查与核准职责合并，审核合一，由一名具有独任审批资格的工作人员独立完成事项的审查、核准并做出审批决定，同时对审批结果终身负责。通过推行"独任审批服务员"制度，将行政审批的审查与核准职责合并，将多个流程压缩为一步即可办结，将多层流转压缩为一站立等可取，华州区审批局实现了专窗、专人、专程为办事群众服务。仅营业执照一项，便实现了压减申报材料60%，20分钟内办结。

华州区审批局还制定了《独任审批员行政审批工作制度（试行）》，进一步明确了独任审批员的工作职责，这项制度的实行标志着华州区在全市跑出了"独任审批"的加速度。

2. 工改"三会"模式

工程建设项目是一项多部门系统配合的系统性工程，任务难、难度大。项目的前期审批工作效率直接影响到项目后续推进速度。提到工程建设项目审批改革之前的情景，华州区不少企业主都深有感触：了解政策太困难、推进程序太烦琐、诉求沟通不顺畅、审批耗时较长、信息共享程度较低等问题，都让建设单位只能"硬着头皮"来回跑。

针对工程建设项目审批中存在的突出问题，华州区审批局坚持问题导向和需求导向，在推进工程建设项目审批制度改革过程中听取企业诉求，借鉴沈阳市"三会"审批服务模式，形成了具有华州区审批局特色的"三会"审批服务模式，即审前见面会、审中协调会、审后总结会。制定《上门服务、亲商助企工作实施方案》，建立"三会"服务模式，为重点项目开通"绿色通道"，采用"主动跟踪＋及时响应"的方式，协调解决项目单位遇到的各类问题。通过"亲商助企勤务员"队伍，对企业进行摸底并上门开展服务。

具体而言，在企业完成前期的立项工作后，审批局会召开审前见面会，召集相关单位，手把手、一对一地教企业办理后续手续，保证每个细节都强调到位。如果项目在建设过程中存在问题和疑问，审批局会召开审中协调会，根据具体问题指导企业。施工证发放完毕后，审批局将召开审后总结会，总结经验，从企业项目立项、用地规划、征地规划等一系列程序开始，深入总结，询问企业不满意的地方，进一步完善服务。

3. 镇级"五个延伸、四个一"新模式

2021 年以来，为提升基层政务服务水平，建立高效便捷、服务群众的便民服务体系，一方面，华州区通过实施"五个延伸"，即体制延伸实现"只盖一个章"、事项延伸实行"一站式"服务、服务延伸打通"最后一公里"、系统延伸推动"一网通办"、指导延伸确保改革"一直走得稳"，打通服务群众"最后一公里"的利民渠道。

另一方面，按照"能进必进、应进必进"原则，华州区各镇（街）积极推进事项集中，实现了"进一扇门，办一揽子事"。其一，通过整合镇域内各种印章，将多枚改为一枚，凡是涉及审批、证明、服务类的事项，均加盖一枚公章。其二，实行"一站式"服务，并开展帮办、代办等服务，群众只需到镇便民服务站"跑一趟"即可办理多种业务，提交的材料和办理流程缩减一半。其三，依托陕西省政务服务平台，加快行政审批、政务服务信息系统互联互通，全面推行"互联网 + 政务服务"模式，让"群众少跑腿"，让"数据多跑路"，提高为民办事效率。基于此，华州区审批局正着力构建"流程最优、时限最短、成本最低、服务最好"的政务服务运行机制，努力打造"四个一"行政审批新模式，即一枚印章审批、一个大厅办事、一支队伍服务、一个平台保障。

随着"一枚印章管审批"向基层延伸的深入推进，各镇（街）的行政管理体制更加优化，审批局及其延伸机构和平台服务群众、服务基层的能力不断增强，群众获得感、满意度大幅提升，华州区经济高质量发展也有了强有力的支撑和保障。

（四）改革推进的服务动机

1. 显著的公共服务动机贯穿改革全程

陈鼎祥和刘帮成（2021）探讨了基层公务员变革担当行为的形成机

理，对公共服务动机涓滴效应的检验结果表明，领导的公共服务动机通过影响下属的公共服务动机（涓滴效应），会激发后者的变革担当行为，并且授权型领导对其公共服务动机的下行影响具有促进作用。这对认识华州区审批局改革的价值逻辑具有重要的指导和借鉴意义。在华州区审批局的改革创新实践中，审批局主要领导及其团队成员在理念与实践上的各种创新和落实，无不体现着公共服务动机与组织的相伴成长。

公共服务动机是指个体超越自我利益和组织利益，从而为整个社会谋取利益的一种信念、态度和价值观。其解释和测量维度主要是佩里的四维度结构模型，即参与公共政策制定、对公共利益做出承诺、同情心和自我牺牲四个维度。进一步聚焦华州区审批局，其公共服务动机可划分为改革主将与团队下属成员两个层面，并在四个维度均有所体现。

（1）改革主将的核心推动

在改革主将层面，华州区审批局公共服务动机的彰显在于审批局主要领导。其一，从最初被点将任命到位，带着对相对集中行政许可权改革的模糊认知，他先后到上海、浙江等地学习交流经验，并多次邀请专家教授莅临华州区审批局，为团队成员创造更多的学习机会、营造良好的学习氛围。在此基础上，结合华州区实际情况，提出了"先建立新大厅，再搭建网络平台，最后同步组建队伍"的改革方案，推动华州区审批局改革陆续铺开。这体现出他在参与公共政策、改革方案制定的主动性和积极性。

其二，一方面，华州区审批局构建软硬件平台和系统面临财政资金的短缺与不足，他积极调动自己从政积累的各类资源，通过多次交流、谈判，最终以分批付款的策略保障了系统和平台建设的一步到位，切实加快了改革推进的步伐与节奏。另一方面，就改革整体而言，无论是党建"留心护根"工程引领强基层、强队伍、强服务，健全完善城乡基层服务群众网络，统一整合镇（街）各领域、各行业网络，健全"心为心智慧政务服务网格化系统"，还是组织引导全区政务服务系统党员干部到居住区报到，认真落实发现一个问题、提出一个问题、解决一个问题的"三个一"工作要求，确保下得去、沉得住、做得好，服务基层、服务群众、服务企业等举措的推出和落实到位，都离不开他对团队合力形成与提升的引导和推动。

这些都体现了一名基层改革践行者对群众、对公共利益所做出的深切承诺，他始终抱着对百姓的同理心，从群众角度形成对改革创新路径的认知与探索，同时不计个人得失，不在乎自我利益的牺牲，树立了超越自我价值追求的公共服务动机理念。

（2）团队下属成员的响应落实

在团队下属成员层面，华州区审批局的公共服务动机通过一系列有力举措实现了涓滴效应。具体而言，华州区审批局的改革，是在坚持对政务服务要做到人民至上这一理念下不断深入推进，并呈现多个亮点的。

从应划尽划、实现事项划转最全，应进必进、实现部门进驻最多，编随事走、人随编走、人员配备最快，智慧华州政务服务平台高效运转、信息化程度最高，便民利企、审批效率最高，到提升群众获得感和幸福感、审批服务最优，华州区审批局以创建服务型党组织、服务型政府为抓手，自始至终从群众最关心、最直接、最现实的利益问题入手，深入推进审批服务便民化改革，用做好优化流程的"减法"、办理事项的"加法"、服务群众的"乘法"，以实打实的服务，顺应满足了民生需求与社会期盼。这些成果的取得与成效的提升，既离不开改革主将的核心引领，也离不开华州区审批局团队下属成员对改革的积极响应和贯彻落实。

在理念传达与实践落实的过程中，对于华州区审批局而言，不可忽视的还有从审批局各级领导手中下放的自主审批等权力，将其前置窗口，并首创"独任审批服务员"等改革制度和模式，以宽松的组织环境给予窗口人员以自由裁量空间，支持组织整体发展，同时支持员工自身成长。以授权型的领导方式，通过决策参与等途径和方式促使团队下属成员不断学习，提升相关知识和技能的掌握程度，并提高其工作的灵活度，从而在整体上实现领导内在的公共服务动机不仅与其自身外显的领导风格有机匹配，而且内化和外显于团队下属成员的服务动机与变革行为，实现领导者公共服务动机的涓滴效应。

2."情怀"与"担当"引领组织未来

庞明礼和陈念平（2021）指出，中国共产党以担当为本色，具有对伟大使命的明确认知与担当，对人民群众的价值承诺与伦理关切，对党性修养的高度强调与典型示范等特点。在管理学意义上强调担当精神，是组织对干部的一种内在信任激励，一是担当暗含了"授权"的意思表达，传递组织信任的信号；二是有自主权力才有担当，担当的前提是一定的决策权空间。

华州区审批局着眼于其已有改革成效和现行改革举措，以团队的使命情怀与担当精神引领着组织整体的未来发展。

在前期推进审批服务便民化的进程中，华州区审批局在巩固"不忘初心、牢记使命"主题教育成果的推动下，从出台《关于开展党建"留心护根"工程的实施方案》《关于党建"留心护根"工程"强基层、强队伍、强服务"主题党建活动的实施细则》，到实施全面网格化管理，以及"党群服务"纵向到底、横向到边等举措，在党建引领下积极探索改革之路，实现了"应进必进、应划尽划"下的统筹整合、平台搭建完善下的改革推进，以及人才集聚和制度健全下的服务优化。

当前，华州区审批局仍在继续深化探索改革创新的路径和方式。一是对内部股室及办理事项进行二次改革，调整审批事项，成立受理中心，真正实现"受审分离"，持续推进政务服务标准化办理。二是根据"审管联动"机制，定期召开审管联动会议，征询审批服务意见，明确监管职责，真正建立审批、监管、执法闭环治理体系。三是坚持问题导向、高效便民、协同推进、风险可控的原则，全面推行"告知承诺制"，梳理、编制、公布"告知承诺制"事项清单，规范工作流程，完善办事指南，明确法律责任，建立诚信机制，加强诚信管理，找准政策规定和企业需求的契合点，提高审批效率。四是坚持改革是破解一切难题的"总钥匙"，在工作推进中坚持博采众长、创新实践，理顺体制、优化机制，在改革中升级打造优秀政务服务管理团队，在政务服务标准化体系建设、大厅精细化管理等方面不断增强改革团队的责任意识，激发团队改革创新的活力与积极性，主动担当，完善政务服务"华州模式"。

二　零基础的宝塔区：市级加持下的优秀"服务员"

在宝塔区设立行政审批局、推行相对集中行政许可权改革困难重重。首先，在组建审批局之前，宝塔区既无政务中心的建设基础，也无事权划转、人员划转的集中基础，是实打实的"零基础"；其次，宝塔区管理 12 个镇 1 个乡 5 个城市街道 320 个行政村，行政管理层级复杂，管理难度较大；最后，宝塔区在短时间内既要完成行政审批制度改革，又要同步完成工程建设项目审批制度改革，这给区审批局的组织能力和统筹规划能力带来了严峻挑战。

事实上，宝塔区行政审批服务局（以下简称宝塔区审批局）在 2018 年 7 月 6 日组建后，随即陆续承担起全区 244 个大项、390 个子项政务服务事项的审批服务工作，通过聚焦企业和群众办事的堵点、痛点和难点，不断创新审批模式、优化服务方式，提高审批效率、提升服务品质，全力推进并实现了"两项改革一张网一公开"工作。通过陆续创新推出的一系列便民利企服务，宝塔区审批局已实现减少审批材料 213 项，压缩审批时限 579 个工作日，206 个政务服务事项"最多跑一次"。实现在无政务中心建设的"零基础"上，打响"宝塔服务员"品牌，为城区审批局的改革创新提供了经验借鉴。

（一）市区联动促改革

1. 市级发挥指导与示范作用

延安市是陕西省首批相对集中行政许可权改革中唯一一家市级试点单位，2018 年 3 月便组建了市级行政审批服务局，在市级层面共计划转了 28 个部门的 406 项行政许可事项，占市级总数的 62%，其中工程建设项目全生命周期所涉及的审批事项除自然资源部门事项外一次性划转到市审批局。

宝塔区是延安市委、市政府所在地，属于延安的中心城区，是革命圣地的"心脏"，毫无悬念地成为市级进一步推动行政审批改革落实的核心地域。根据陕西省委办公厅、陕西省人民政府办公厅印发的《关于开展相对集中行政许可权改革试点工作的方案的通知》（陕办字〔2017〕89 号）和延安市人民政府办公室《关于印发宝塔区开展相对集中行政许可权改革试点实施方案的通知》（延政办函〔2017〕212 号）要求，2018 年 4 月，宝塔区机构编制委员会下发《关于组建宝塔区行政审批服务局的通知》，审批局筹建工作正式启动，开启了从零开始的征程。

有市审批局作为上级单位，市级改革的推进为宝塔区行政审批制度改革奠定了坚实的基础，创造了有利的条件。一是在审批改革方面，市级在法律法规、政策要求、规范标准等方面起到了统一指导的作用，区级层面只需遵照执行即可。同时，市级部门已完成了大多数事项的划转，大大降低了区级事项划转的难度，宝塔区审批局在不到 20 天的时间里便完成了全区 19 个部门（单位）121 项行政许可事项的划转工作。二是在工程建设项目改革方面，由于区级没有建立网上平台的权限，由市级牵头，统筹规划、组建系统、制定规范、统一标准、明确材料、优化流程，大大加快了区级改革的进程，降低了改革难度，促进了改革的深化扩散。

2. 区级承担探索与创新重任

在运行的第一年里，宝塔区审批局坚持把提升干部综合业务能力作为首要任务，把清理减少行政审批事项、规范审批行为、重塑审批流程、缩减审批时限作为工作重点，刀刃向内，全力推进"两项改革一张网"工作。在打响"宝塔服务员"品牌的同时，也彰显了"宝塔服务员"的最美风采。

一是采取小型分散、集中办会、外出学习等灵活多样的形式开展审批业务培训，通过老带青、优帮差，集中研讨、分组研学等方式，提升干部业务能力。宝塔区审批局先后 10 余次赴宁波、杭州、银川、天津等审批制度改革先行地区以及吴起县、安塞区等兄弟县区交流学习。累计开展全员培训 30 余次、专题研讨 20 余次。同时，制定了《窗口工作人员行为规范细则》《首问责任制》《日会商制度》等 20 余项规章制度，以约束规范工作人员行为。紧抓日常督查，通过线上电子全程监控，线下每日巡查、随机抽查实现督查"全覆盖"，以督查倒逼工作人员增强纪律意识、服务意识。

二是坚持环节最简、流程最优、时限最短、效率最高的原则，制定规范了每一类事项的办理流程。宝塔区审批局梳理了 50 项行政审批高频办理事项，共减少审批材料 151 项，压缩审批时限 419 个工作日；完善了"最多跑一次"清单，160 项行政许可事项可实现"最多跑一次"，占总事项的 70%；实现了即办件 75 项，占比为 33%。功夫不负有心人，仅 12 个月的辛苦付出，宝塔区审批局就在行政审批制度改革的道路上探索出了新的"六个一"工作模式，即"一支队伍、一枚印章，一个平台、一网通办，一次革新、一个目标"。

三是开展"我是行审人"演讲比赛、"520"服务承诺、创佳评差、主题党日等一系列活动,全力提升领导干部的凝聚力和战斗力,打造了一支想干事、敢干事、能干事的干部队伍。截至 2019 年 7 月,宝塔区审批局已开展 4 次别具特色的主题党日活动,12 名同志被评选为"大厅服务之星",5 名同志被评选为"优秀宝塔服务员",5 名同志被评选为"马上就办、办就办好政务服务标兵"。

四是把提升行政审批效率作为破解改革堵点的途径,切实让企业和群众感受到改革带来的红利,享受高效便捷的审批服务。宝塔区审批局先后创新了"微信视频"勘验,成立了施工许可办公室,建立了"信用驿站",构建了政务服务网,开通了"红色专办绿色通道"。截至 2019 年 7 月,宝塔区审批局已完成"微信视频"勘验 1100 余次,提供红色专办服务 30 余次,开展"信易批"业务 10 余次,网上开放政务服务事项 411 个,网办率达 65%。

五是以企业和群众满意为目标,坚持为企业和群众提供更暖心、更贴心、更舒心的优质服务。宝塔区审批局推行了"三零"服务模式,研发了专题联办模块,下沉了行政审批事项,提供了延时、预约服务,开启了"二维码"服务新模式,公布了"便民服务菜单",建立了"好差评"制度。同时,设置了母婴室、免费充电点,配备了雨伞、老花镜、针线包等,编制了政务服务平台和手机 App 使用指南、办事指南、窗口受理指南,制定了大厅办理事项清单、便民事项清单、告知承诺书等,极大地方便了企业和群众,受到了一致好评。

(二) 建章立制明规范

1. 加强组织建设,提供改革保障

在相对集中行政许可权改革方面,宝塔区审批局分别成立了宝塔区行政审批制度改革领导小组、工程建设项目审批制度改革领导小组和"互联网 + 政务服务"领导小组,其中工程建设项目审批制度改革领导小组以区委书记为第一组长,区长为组长,领导小组的设立为推进行政审批制度改革和工程建设项目审批制度全流程、全覆盖改革提供了强有力的保障。此外,在审管联动方面,宝塔区审批局从住建、消防宝塔大队等 12 个部门(单位)抽调专业人员成立了宝塔区施工许可办公室,有效发挥了审管联动作用。在法治工作方面,宝塔区审批局联合区司法局成立了全市行政审批系统第一个行政调解委员会,主要负责行政审批办事解答、法律咨询、矛盾纠纷化解工作。在工程建设项目审批方面，2019年6月，宝塔区审批局完成了中介服务平台和专家库的建立，目前共有入库专家235人、中介机构66家，同时制定了中介服务机构和专家库管理办法，以进一步规范行政审批中介服务事项，促进中介机构规范健康发展。在文化建设方面，宝塔区审批局牢牢抓住党的建设这一根本，集聚多方资源提升干部综合素质，通过打造机关文化，开展一系列活动，激发领导干部干事创业的热情和激情①。

2. 强化制度建设，优化审批流程

一是在行政审批方面，针对区级政务服务事项，宝塔区审批局坚持环节最简、流程最优、时限最短、效率最高的原则，制定规范了每一类事项办理流程。梳理了50项行政审批高频办理事项，编制了《宝塔区政务服务事项目录清单》，形成了清单化管理机制，做到了"法无授权不可为"；针对事项划转，制定印发了《关于调整区级部门单位政务服务事项的通知》，共划转244个大项、390个子项，基本实现了事项的应划尽划；针对群众办事，下发了《关于推进群众办事"只进一扇门"相关工作的通知》，将区城管局等9个单位的事项集中于行政审批服务大厅管理，企业和群众告别"多头跑、来回跑、多次跑"；针对审批踏勘，制定了《宝塔区行政审批联合勘查工作办法》，将原先分散在多个部门的审批手续有效整合、同步受理，大大减少了审批事项的申请环节，缩短了办理时限，进一步夯实了事中事后监管职责，形成了优势互补、分工协作、沟通顺畅、齐抓共管的工作格局。

二是在工程建设项目审批制度改革方面，发布了《宝塔区工程建设项目审批试点工作实施方案》《宝塔区深化工程建设项目审批制度改革实施方案》《宝塔区工程建设项目审批制度改革试点工作考评督查办法》等文件，明确了工程建设项目审批的流程、实施、管理、考核等操作规程和权责规范，成为持续深化改革的治本之策。

三是在人员管理方面，制定了《大厅窗口人员行为规范》《值班值守制度》《请销假制度》等各类规章制度共计30余项，进一步加强对办事人

① 《服务从心开始 践诺从行出发 | 宝塔区行政审批服务局成立一周年工作综述》，宝塔区行政审批服务局微信公众号，2019年7月5日，https://mp.weixin.qq.com/s/TMeUxMeYI3U0SA2b－mwIA。

员的管理，提高其工作效率和服务水平。同时，制定了《干部考核工作办法》，采用分值量化的方式对窗口人员工作纪律、业务技能、服务规范、群众评议等每季度进行一次综合考核，倒逼行政审批服务提质增效。

四是在"互联网＋政务服务"方面，印发了《宝塔区"互联网＋政务服务"平台建设实施方案》《关于加快推进"互联网＋政务服务"工作的通知》《关于开展"互联网＋政务服务"工作专项督查的通知》等文件，实现了实体大厅、网上平台、移动客户端、自助终端、服务热线的有机融合，实现了部门间信息的互联互通、开放共享，让居民和企业"少跑腿、多办事、不添堵"①。此外，宝塔区审批局还制定了《宝塔区审批与监管信息双向推送制度》，通过政务服务平台实现了行政审批与监管信息的有效互动，形成了审批与监管紧密衔接、协同联动的全新工作格局。

3. 完善机制建设，推动改革深入

一是实现首受负责机制，对于前来政务大厅办事的企业和群众，首位受理业务人员负责事项办理全过程的跟踪服务，协调办理，提供全流程服务。

二是打造窗口无否决权机制，即窗口工作人员对申请人提出的需求、诉求，特别是法律法规和规范性文件不明确的申请，不能简单、直接地说"不行""不可以""办不了"等，要改"不知咋办"为"想办法办"，为申请人提供相应帮助。

三是构建审管联动工作机制，依托互联网平台，审批部门将审批情况同步推送至各监管部门，各监管部门将监管情况及时反馈给审批部门，实现审批与监管无缝对接，推进"审批＋监管＋执法"闭环工作模式。

四是深化法治服务推广机制，建立全市首个政策法规库，涵盖投资项目类、交建环保类、社会事务类、农教水林类等七大类法律法规，涉及26个部门300多部法律条例，并建立了更新机制，每半年对相关政策法规进行补充和删减；整理编印《宝塔区行政审批法律法规文件选编》，收录了各级关于行政审批的重要法律法规和相关文件；举办"行审大讲

---

① 《"互联网＋政务服务"要更好地服务大众》，中央人民政府网站，2016年3月11日，http://www.gov.cn/xinwen/2016－03/11/content_5052393.htm。

堂"，重点围绕行政审批制度改革、政策法规文件以及审批过程中的重点难点等，安排各业务科室负责人轮流讲课，至今已开展9次。

五是建立行政审批考核机制，对从事审批工作的业务人员开展定期检查和不定期抽查，对具体审批行为进行内部管控、跟踪、问责。由监督监察科对审批人员履职情况进行监督检查，对违纪违规行为进行责任追究。发挥人大代表、政协委员、新闻媒体、互联网和广大市民的社会监督作用，建立考核功能完善、防控措施严密、执行监管高效的事中事后监管工作体系。

六是建立审批服务回访机制，每月对各业务科室的审批件进行随机抽查，全面排查审批过程中可能出现的风险，并通过实地回访、电话回访、发放问卷等多种方式和多种渠道，对已办结的审批事项进行随机回访，回访的内容包括审批流程、服务态度、办事效率、廉洁自律等各个方面，真正做到让权力在阳光下运行，把权力关进制度的笼子里。

（三）立足审批创亮点

1. 推进事项分层划分

宝塔区审批局积极开展事项层级划分工作，共划分政务服务事项420项。其中，科室负责审批事项358项，占比为85.2%；分管领导负责审批事项50项，占比为11.9%；局务会议负责审批事项12项，占比为2.9%。同时，宝塔区审批局按照"能放则放"原则，赋予基层政府更多自主权，将部分区级行政审批事项及公共服务事项下放至乡镇、街道办事处，并积极主动地对接市级相关部门，全力做好事项承接工作，切实方便企业和群众办事。截至2021年6月，宝塔区审批局共承接市级事项16项，下放区级事项5项。

2. 优化审批流程

一是简化项目立项手续。宝塔区审批局将400万元以下项目立项中可行性研究报告的审批用实施方案审批代替，同时将社会稳定评价和资金来源证明等多个文件用告知承诺代替，申报资料由原来的6项缩减为2项，为项目单位减少了50%的费用和75%的时间。

二是推行告知承诺审批。一方面，针对企业和群众申请办理的行政许可事项，宝塔区审批局全面推行告知承诺审批制度和证明事项告知承诺制，以清楚告知、企业和群众诚信守诺为重点，推动形成标准公开、规则公平、各负其责、信用监管的治理模式；另一方面，针对社会投资建筑面积在 3000 平方米及以下的小型仓库、厂房等工业类建筑项目等四类低风险工程建设项目审批，实施"清单制＋告知承诺制"，工程审批时间全部压缩至 20 个工作日内办结，极大地加快了项目审批和建设步伐。

三是推动"信易批"应用，结合"信易＋"，建立全市首个信用驿站。通过信用中国（陕西）网站、信用中国（陕西延安）网站和陕西鼎业征信有限公司（第三方）征信系统，宝塔区审批局全方位、多渠道查询办事主体的信用状况，对于确定为守信的企业、个人即可进入行政审批"绿色通道"办理相关业务，同时可享受五项优惠政策。截至 2021 年 6 月，宝塔区审批局通过第三方征信系统评定的企业达 1364 家，诚信个人有 102 人。

四是推行"行政审批＋"模式，在"行政审批＋脱贫攻坚"的基础上，宝塔区审批局推行"行政审批＋乡村振兴"审批模式，对于乡村振兴类项目或政务服务事项可享受"绿色通道""帮办代办""容缺受理""告知承诺"等全流程、"一条龙"审批服务，助力乡村振兴，让积极参与乡村振兴工作的各界力量享受到行政审批制度的便利，确保脱贫成果长效巩固。

3. 设立审批专区

一方面，针对所有工程建设项目审批事项全部实现无差别受理，实现了"前台综合受理、后台分类审批、材料网上流转、统一窗口出件"的"综合窗口"服务模式，工程建设项目审批在一个专区全流程办结，实施统一规范管理，为建设单位提供"一站式"服务；另一方面，针对乡镇农药经营、兽药经营许可等涉及服务"三农"的行政许可事项，由"专店经营"向"专柜经营"转变，进一步满足群众需求，方便服务群众。

4. 提供优质服务

一是开通"红色专办绿色通道"，设立"红色专办"综合服务窗口，实行投资项目审批"一窗进出、全程代办"；组建"红色专办员"队伍，围绕重点项目、重大工程、民生事务等，提供优质高效服务；确定"红色专办员"，负责投资项目从立项用地到开工建设涉及的审批专办服务，并协助投资者（项目单位）办理其他服务事项。

二是推行"三零"服务模式。研发专题联办模块，下沉行政审批事项，提供延时、预约服务，开启"二维码"服务新模式，公布"便民服务菜单"，建立"好差评"制度。

三是启动业务联动机制，将审批事项交由相关科室联合办理，并通过"容缺受理"和"告知承诺"审批，对申请的业务进行同步受理、同步审核。做到"你承诺，我就批"，极大地提高了行政审批效率。

（四）改革创新的核心理念

一是"快"字当先，跑出"加速度"。宝塔区审批局始终以积极转变政府职能、有效提升审批效能、激发市场活力作为深入推进行政审批改革的初衷，进而坚持以"提质增效"为导向，全力提升审批效能，紧紧围绕群众和企业的难点、痛点、堵点等问题，进一步优化审批流程、减少审批环节、精简审批材料、压缩审批时限，重整审批体系、重塑审批流程、重造审批环节，促进跨部门全过程审批服务办理流程，实现信息共享、互通有无，通过流程优化、材料缩减、时间缩短、效率提高，真正实现了"不见面"审批。

二是"优"字为本，连通"民心桥"。宝塔区审批局一方面将老百姓和市场主体反映最强烈、最突出的问题作为工作改革的重点，在工作手段、方法、形式上谋创新，推动行政审批服务工作提速增效；另一方面充分考虑不同年龄层次、不同文化程度群众的感受，通过建立导办制，满足不同群体的需求，分类施策、全程辅导、定制化服务，建设"自助服务区""互联网＋政务服务"体验区，提供多样化服务，深入推行帮办代办、延时预约等模式，全力为群众和企业办事提供错时、延时服务以及节假日受理、办理通道，不断将改革红利送到群众和企业面前，进一步提升了来大厅办事群众的体验感和满意度。

第五章　市县审批局改革的组织逻辑

本章继续研究陕西省的审批局改革实践，具体选取延安市、西安市以及榆林市靖边县作为典型案例，先探讨延安市审批局对全市审批制度改革的刚性推动，分析西安市审批局对全市审批服务创新的柔性引导，再评介榆林市靖边县审批局以刚柔并济的方式推进审批服务标准化、品牌化的探索之路，进而总结提出省级政府在改革中应发挥的统领作用。整体而言，本章既展现市级审批局改革的模式路径及多样形态，也呈现县域审批局改革的可行路径，并与第四章内容一起构成省、市、区县改革的完整图谱。

第一节　延安市审批局：刚性推动创制度

2020 年 4 月至 2021 年 6 月，笔者对延安市行政审批服务局（以下简称延安市审批局）的改革创新工作进行了持续的跟踪观察，其间与该局主要负责同志多次交流研讨，以期把握延安市审批局的改革脉络。2021年 6 月 8～10 日，笔者在延安市审批局实施集中调研，通过小范围座谈会、个别访谈、深入审批科室查看业务系统、到访项目现场以及集中研讨等多种方式，进一步凝练提取延安市的改革与创新经验，深刻体会到内嵌于延安市审批局改革团队强烈的"不辱使命"的担当精神。

一　改革的实践过程

（一）外部推动

2016 年 6 月，中央编办、国务院原法制办印发《相对集中行政许可权试点工作方案》（中央编办发〔2016〕20 号），提出其他省份如需开展试点或适当扩大试点范围，可参照先期试点执行，这为有条件进行相对集中行政许可权试点改革的有关省份打开了政策窗口。与此同时，陕西省于 2016 年获批设立陕西省自由贸易试验区。作为"一带一路"重要节点和第三批自贸区成员，陕西省肩负着进一步激发市场和社会活力、推动内陆改革开放的重要使命。在外部政策窗口以及内部发展需要的共同作用下，陕西省将探索开展相对集中行政许可权改革提上了议事日程。

2017 年上半年，陕西省决定开展相对集中行政许可权试点改革。考虑到市级层面改革的重要性，以及延安市作为中国革命圣地的特殊政治地位及示范作用，陕西省委决定将延安市作为试点改革中的唯一地级城市。同年 10 月，陕西省委办公厅、陕西省人民政府办公厅印发《关于开展相对集中行政许可权改革试点工作的方案的通知》（陕办字〔2017〕89 号），明确延安作为市级改革试点。此后，在省委、省政府的大力支持下，延安市委、市政府坚决落实试点任务，于 2018 年 3 月组建了全省首家市级行政审批服务局，全力推进改革试点任务的落实。在市审批局成立之前，延安市委、市政府经过通盘考虑，选择了一位长期担任市政府副秘书长、具有丰富行政经验的领导干部作为市审批局局长的人选。随后，延安市委、市政府很快配齐市审批局的领导班子，班子成员则在延安市的支持下，尽可能从相关职能部门抽调了一批得力干部作为干将，由此开启了改革的新征程。

相对集中行政许可权改革的实施，首先就要面对从其他职能部门划转事项与人员这个难题。许可事项就是审批权力，把权力拿走好比从职能部门身上"割肉"，其间的角力可想而知。为了督促这个改革进程，延安市委主要领导每两个月来一次审批局了解情况，部署改革推进工作。在具体事项和人员的划转上，延安市政府主要领导一次性召集审批局和其他组成部门的一把手召开专题会，亲自明确划转的原则、范围以及需要双方协调解决的相关问题。而延安市政府的常务副市长则经常打电话给市审批局的主要领导，询问还有哪些地方或问题需要他协调解决。在这样一种浓厚的改革推进氛围下，尽管延安市审批局时不时地要面临与职能部门之间的工作矛盾，但整体而言，事项和人员的划转还是比较顺利的。

当然，作为推进改革的主体部门，延安市审批局从一开始就保持了强烈的改革担当与高涨的工作热情，一方面，市委、市政府领导确实在改革推进上给予了强有力的支持和配合；另一方面，延安市审批局的领导班子对改革工作的态度也十分鲜明，"干就干好"，"不能让人戳脊梁骨、说风凉话"。此外，由于延安市审批局的主要领导此前长期担任市政府副秘书长一职，与很多职能部门一把手之间形成了良好的人际关系。这种"人脉"资源，事实上也充当了改革的润滑剂，加上来自市委、市政府的大力支持，共同推动了改革的顺利起步。

（二）内源驱动

2018 年 3 月，延安市审批局组建后，按照"人随事走、编随人走"的改革要求，将市发改委、工商局、住建局等 28 个部门承担的行政许可事项划转至审批局集中管理。延安市审批局成立初期，事项划转后各项审批权大量集中，存在行政许可事项繁杂，管理条块状、分散式、"碎片化"且缺乏统筹，以及操作规范不统一、审批标准不完善等情况。同时，行政审批职能的大量划转导致审批局工作人员数量与行政审批事项不匹配，过多的审批事项和不必要的审批流程使得工作人员负担过重。因此，尽快出台关于明确行政审批事项及流程、剔除不必要监管事项及要求的规章制度显得尤为重要。为此，延安市审批局在外出学习、集体研究的基础上，密集制定并出台了《集中审批工作运行规程》、各类事项审批流程和集中审批管理等制度办法 40 余项，明确了行政审批的基本规则、工作规范、操作流程等，确保了行政审批的规范运行。

随着延安市审批局改革的进一步深化，在规范优化原有行政审批事项、确保审批事项依法合规的过程中出现了两个方面的问题。一是在清理不合法事项的过程中，发现存在法律法规之间相互矛盾以及部门之间职能交叉、多头管理的现象。二是在明确合法性审批事项的过程中，通过对繁杂行政审批事项的合并和化简，部分行政审批工作的步骤流程变得多余。因此，为了解决法律矛盾、部门冲突等隐藏问题以及审批步骤冗余的伴生问题，亟须从内部倒逼行政审批流程再造和行政审批机制重塑，从而推动改革不断深化。

工程建设项目审批一直是审批制度改革的重点和难点，自然也是开展相对集中行政许可权改革的重点和难点。2018 年 5 月，国务院办公厅发布《关于开展工程建设项目审批制度改革试点的通知》（国办发〔2018〕33 号），确定在北京市、上海市、延安市、浙江省等 16 个地区开展试点工作。事实上，能够进入工程建设领域改革（以下简称"工改"）的国家试点，延安市委、市政府和市审批局在前期做了大量准备工作。由此，延安市也成为承担"全国工程建设项目审批制度改革试点和陕西省相对集中行政许可权改革试点"的"双试点"城市。而延安市审批局则成为承接并推进"双试点"改革的操盘手。这再次表明，延安市以及延安市审批局以相当的改革勇气和魄力扛起了深入推进审批制度改革的大旗。

为了尽快推进"工改"，进而联动推进审批局改革，延安市审批局在前往厦门、沈阳等地学习考察后，通过集体研究，决定把引入工程建设项目审批的相关信息系统作为"工改"的突破口。但在引入审批系统的过程中又发现，"工改"所涉及的大量审批事项的标准化是引入系统的前提。也就是说，如果要利用专门系统对工程建设项目审批实行动态管理，就必须完成审批事项的精简化、操作的标准化以及流程的规范化。为了满足引入工程建设项目审批管理系统的需求，延安市审批局从上到下充分发挥不怕吃苦、乐于奉献的改革精神，利用数月时间集体攻关，在破解工程建设项目审批中的堵点、难点等方面持续发力，边实践、边思考，边总结、边提炼，最终创新建立了一张蓝图统筹项目、一个系统统一管理、一个窗口提升服务、一张表单整合材料、一个部门集中审批、一套标准规范运行的"六个一"工程建设项目审批管理体系。

受到"工改"的积极带动，延安市审批局在"工改"审批服务标准化的基础上，进一步推动建立了全市政务服务标准化工作体系，先后制定了近300万字的《延安市工程建设项目审批管理标准化手册》和《延安市政务服务标准化工作体系1.0版》两个重要标准化文件，以最大限度地简化办事程序、提高审批效率，压缩自由裁量权空间，从而实现"一套标准管审批、只认标准不认人"。

从改革初期的建章立制，到确立以"工改"促全面改革，从引入"工改"审批系统，到建立"工改"审批标准化体系，再从"工改"标准化，到整个政务服务标准化，这一系列扎实的改革举措和关联性的改革推进，无不体现出延安市审批局改革推进的强大内源驱动。

（三）组织发展

改革初期，延安市审批局尽管有改革的决心和勇气，但对改革的推进路径客观而言并不是很清晰。包括事项梳理、审批机制重塑等改革成果，在一定程度上也是工作压力倒逼的结果。但从"工改"开始，从引入审批系统、梳理审批事项达到标准化的程度，再到系统运行后逐步摸索出"六个一"工程建设项目审批管理体系，标志着延安市审批局改革团队的阶段性成功和组织能力的大幅提升。

此后，以"工改"的"六个一"模式为基础，以"双试点"改革推进为两翼，延安市审批局进一步细化、深化改革，最终提出了高度凝练的"三集一优"（集中事权、集聚资源、集成设计、优化服务）改革模式。从"六个一"到"三集一优"，实际上也标志着延安市审批局在团队创新能力和组织发展成熟度上的双重升级。

二　改革的创新内核

（一）创新的认知

改革创新的前提是对改革要有清晰的认知。党的十八大以来，"放管服"改革作为行政体制改革的核心，成为全面深化改革的"当头炮"和政府职能转变的"先手棋"，并在推进国家治理体系和治理能力现代化进程中成为重要抓手。作为"双试点"城市，延安市以推进审批局改革作为"放管服"改革的抓手，坚持以更大力度激发市场主体活力、更好更快方便企业和群众办事为导向，直面短板，敢破敢立，抢抓机遇，积极探索，按照"系统谋划、重点突破、多点支撑、整体推进"的思路，以审批局"一枚印章管审批"系统性重塑行政审批管理运行机制，以审批服务全流程、全覆盖"六个一"整体性重构工程建设项目审批管理体系。

"两项改革"互为支撑、相得益彰，延安市审批局在三年的积极探索下，构建形成了集中事权、集聚资源、集成设计、优化服务的"三集一优"相对集中行政许可权改革新模式。通过这场"刀刃向内的自我革命"，延安市审批局以权力结构的调整优化，打破原有行政体制下的思维模式和办事模式，实现了审批更便捷、管理更规范、体系更完备、服务更优质的整体效应，获得了企业和群众的认可以及满意度的持续提升。

（二）创新的路径

1. 事项划转与人员划转

如前文所述，延安市审批局在组建之初，按照"人随事走、编随人走"的改革要求,将市发改委、工商局、住建局等 28 个部门承担的行政许可事项及相关业务人员划转至市行政审批服务局,其中工程建设项目全生命周期所涉及的审批事项除自然资源部门事项外一次性划转,为后期工程建设项目审批制度改革形成典型示范奠定了坚实的基础。

具体而言,在事项方面,按照"精简、统一、高效、便民"的原则和"应划尽划、接得住、能办好"的思路,延安市审批局将与企业和群众生产生活关联度高、办件量大、有明确法律依据和审批标准的事权,以及涉及工程建设项目全生命周期行政许可的事项(除国土外)划转集中到审批局实施集中审批管理。按照政务服务"三集中三到位"要求,除涉及国家机密、意识形态、专业性较强以及与群众关联度较低的 30 个事项外,延安市审批局要求相关部门将其余事项按照"应进必进、集中便民"的原则全部入驻政务大厅办理,实现进厅总事项达到 1150 项,占市本级的 97%,基本实现"进一扇门、办所有事"的目标。

在人员方面,除核定编制的 90 人外,延安市审批局通过公开招聘,选聘了 45 名临聘人员充实综合受理窗口和大厅运行管理服务力量。同时,通过多种形式的教育培训,推动干部的业务能力从单项向综合转变,并先后选派 3 名干部到国家住建部、省住建厅挂职交流,公开遴选 7 名公务员。通过干部挂职交流、遴选聘用等方式,延安市审批局培养和引进了行政审批制度改革方面的复合型、专家型人才,有效支撑了集中审批业务的顺利开展,实现了事权集中下人力资源的有效聚集。

2. 审批服务管理体系建设

在后续推进上,延安市审批局聚焦企业和群众反映突出的办事难、办事慢,多头跑、来回跑等问题,围绕审批服务流程更优、时限更短、成本更低、服务更好的目标,着眼于系统集成、协同高效,实施全方位、全覆盖的审批服务管理体系集成设计和系统构建,着力推进政务服务标准化、信息化、协同化发展。

其一,按照权责对等、权责一致和"谁审批谁负责,谁主管谁监管"的原则,延安市审批局系统梳理了审批和监管的权责边界,强化落实审批监管责任,制定出台了《进一步加强审管联动推进事中事后监管实施方案》,发布了审批部门事权目录、监管部门事权目录以及审批与监管"双告知"目录三个清单,明确了责任追究的各类情形,压实了审管权责，建立审管信息双向推送制度、联席会议制度和联络员制度，形成了审批与监管紧密衔接、协同联动、相互监督、互为支撑的工作格局。同时，按照"整合是原则、孤网是例外"的思路，延安市审批局把实体大厅、网上平台、移动客户端、自助终端、服务热线等有机融合，打通替代了部分行业部门专网，与"互联网＋政务服务"平台联通信息共享。其中，建设项目审批全流程在工程建设项目审批管理系统内运行，实现了系统之外无审批，从而从整体上实现了审批服务清单化、标准化、阳光化的集成设计。

其二，延安市审批局把审批服务标准化体系建设作为持续深化改革的治本之策，组建标准化工作专班，借助高校智库力量，通过大量的调查研究，并经一年多的努力，编制了近 300 万字的《延安市工程建设项目审批管理标准化手册》和《延安市政务服务标准化工作体系 1.0 版》两个标准化体系，明确了事项管理、实体大厅、服务流程、"互联网＋政务服务"、队伍建设、监督考评等操作规程和权责规范，逐事项从申报端到末梢端全环节、全流程操作规范清单化、表单化，监督制约机制全周期、全覆盖，最大限度地简化办事程序，最大限度地提高审批效率，最大限度地方便企业和群众办事，最大限度地压缩自由裁量权空间，实现"一套标准管审批、只认标准不认人"。

总体而言，延安市审批局的组建及发展完善，变革了政府行政许可权的管理运行方式，使部门垄断的"权力"经由集中制度去部门化、清单制度阳光化，再经由标准化实现许可的服务化，最终使权力转化为责任和义务（见图 5 - 1），把将权力关进制度的笼子里，实现了权力与监管的规范运行，修炼形成社会所认可的"内功"，充分履行服务职能，践行自我使命与价值。

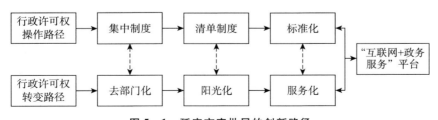

图 5 - 1　延安市审批局的创新路径

（三）　创新的策略

"船到中流浪更急，人到半山路更陡"。进入改革持续深化推进的阶段，延安市审批局也迎来了进一步巩固改革成果、规避改革风险、最大化实现审批局制度治理效能的问题。

正如前文创新路径所呈现的，延安市审批局在改革进程中将大量事项的审批许可权力集中于一个部门，因此在初期便面临权力机构调整下原行业部门对事权划转的消极配合问题。

在后期相关事项的进一步划转和实际运行期间，一方面，面对部门间摩擦与抵触的存续、审管权责边界的不清晰及其制度化确认机制的缺位，延安市审批局通过审批部门事权目录、监管部门事权目录以及审批与监管"双告知"目录三个清单的制定和完善，以事项与权力的阳光化实现了矛盾期的有效过渡，迎来了行政审批改革的顺利推进。另一方面，虽然延安市审批局并没有所谓的自身的行业部门利益，但是各项审批权力集中的事实使其必须严于律己，从源头上打消外界可能产生的质疑。因此，延安市审批局以审批服务标准化体系建设作为持续深化改革的治本之策，最终形成近300万字的标准化体系，有效实现了"一套标准管审批、只认标准不认人"，实现了全环节、全流程操作规范清单化、表单化，监督制约机制全周期、全覆盖，主动且有力地压缩了审批服务人员的自由裁量权，实现了全流程标准的完全公开，始终坚持让权力在阳光下运行。

最终，延安市审批局以清单化、标准化与阳光化的机制变革及其制度化实现了管理机制与管理体制的有效匹配，最大限度地规避了改革风险，进一步巩固了改革成果，提升了行政审批改革效能。未来，一方面，延安市审批局将进一步理顺并优化内部工作关系和管理服务环节，对已形成的政务服务标准化体系继续深入研究与完善，通过运行发现问题、提升优化，修订出台《延安市政务服务标准化工作体系1.0版》，提高政务服务标准化水平，提升政务服务质量；另一方面，延安市审批局将对现有的工程建设项目审批标准化体系进行再提升、再完善，规范项目报建事前标准，提高项目报建成熟度，达到项目申报程式化、项目审批"傻瓜式"，实现企业办事更便捷、审批服务更高效的目标，为"两项改革"的深化保驾护航，持续完善和提升可复制推广的审批改革"延安模式"。

三　改革的价值取向

以中央和陕西省"双试点"推进为基本特征的延安改革，通过外部推动、内源驱动实现了组织层面的成长与发展，为改革的顺利启动和持续开展提供了重要保障，而对改革理念及其创新任务的准确认知与判断，对实现创新的改革路径的摸索、肯定与自觉，以及对实施改革创新所需的制度力量及风险规避的有效把握，使得延安的改革创新方向明确、路径清晰、蹄疾步稳。那么，我们要追问一下，究竟是什么原因使得延安的团队能够做到这种程度的创新？事实上，在延安的集中调研，也帮助笔者解答了这个问题。

在调研的交流过程中，改革初期的一个细节让笔者动容。为了推进对"工改"所需事项的标准化梳理，当时的工作团队在分管副局长的带领下几乎每天都要工作到晚上12点多，在几个重要的节点上，局主要负责人和团队成员都在办公室加班，为了保证节点任务的完成，他们一起熬夜到次日凌晨三四点钟。团队成员完成任务可以休息了，但局主要负责人只能稍事休息，还要赶去参加当天上午8：30的市政府会议。正是在这样一种"团队作战"的积极氛围下，延安市审批局的改革才有今天的局面，这既在意料之外，又在意料之中。

在一次小范围的座谈会上，延安市审批局的一位分管领导提到改革能够取得成功的几个原因，他说"解放思想"是关键，再就是"敢于担当"和"甘于奉献"。这几个关键词看似普通、平常，但仔细斟酌，则是延安改革创新取得阶段性成果的价值内核所在。结合对延安改革全程与创新全貌的总体把握，以及前述几个关键词，笔者提出延安改革的核心价值链条，即"历史方位—追赶超越—政治自觉—人民至上"，相应体现了延安改革创新团队在精神追求层面的"四感"，即方位感、使命感、责任感和归属感。

（一）历史方位

审批局改革是新事物，且不说政府内部，即便是学者群体，对其认识、认知也不尽一致。当然，就政府内部而言，更多的职能部门所关心的是自身权力的得失，在改革之后则是"关心"审批局的权力太大，以及审批有无瑕疵。面对部门的这种实际情况，延安市审批局的领导则想得更远。在他们看来，不论是审批制度改革还是"放管服"改革，国家的大趋势是"弱化审批、强调监管、突出服务"。为此，他们要做的就是把"审批服务化"。同时，他们中的一些人认为，如果着眼于未来经济社会以及技术发展的趋势和形态，政府审批在未来很可能就"消失"了。

朴素的思想往往蕴含大道理。延安市审批局的改革团队能够有上述的想法和认知，其实反映了他们思想解放的程度以及解放思想进行改革的真实态度。审批事项的多少并不重要，重要的是把审批事项所承载的权力通过一系列合法合规的操作最终落实成公开、透明的服务事项。这种"审批服务化"的理性判断和具体做法，事实上体现了延安市审批局领导干部充分解放思想、跳出审批看审批、从未来的社会形态看现在的政府治理的价值判断。进一步而言，这也反映出他们能够针对审批局改革看全局、想长远，真正具有改革的大局观，从而形成了对审批局改革的一种务实、前瞻乃至超然的历史价值判断。

（二）追赶超越

判断出改革的方向，并不意味着改革就会自动成功，正所谓"知易行难"。

审批局改革是一场"刀刃向内的自我革命"，从一开始就要面临原有职能部门的质疑、非难和抵触。延安市审批局的负责同志向笔者提到过这样一个场景：在改革初期，一个职能部门的副局长由于对改革不理解，直接跑到他的办公室跟他拍桌子。改革的阻力由此可见一斑。当然，因为有市委、市政府主要领导的大力支持和协调，延安市审批局的改革很快便走上了正轨，在事项、人员划转上也比较顺利。但真正的难点还在后面：事项划转了，能接得住、办得好吗？

这个时候，需要有一点"舍我其谁"的使命感，延安市审批局的改革团队也正是这么做的。为了能把中央和陕西省的"双试点"推进好，特别是把作为审批改革核心的"工改"试点推进好，他们自加压力、眼睛向外，先后赴厦门市、沈阳市、天津市、银川市等国内"工改"及审批局改革的先行地区学习调研，第一时间了解、掌握先进做法与典型经验，为自身的改革奠定了良好的基础，同时也提升了对推进"工改"利器的认知，即涉及多规合一的信息化平台系统。在此基础上，他们进一步引入平台系统的开发团队，加快推进"工改"的信息化进程。在这个过程中，由于涉及大量审批事项的标准化问题，他们再次引入专业力量，协同开展事项标准化梳理及相应业务系统开发，从而出现了前述审批局主要领导与团队成员一起熬夜工作的场景。

正是在这样一个由强烈的使命感做驱动，由自我加压、主动学习来推进改革的过程中，延安市审批局改革团队从一开始便把国内先进作为标杆，无形中达到了追赶的效果，同时在总结学习的基础上群策群力、协同攻关，先后攻克以"工改"为核心的整个审批改革中的事项标准化、办理信息化等难题，进而提出了标志性的延安"工改"的"六个一"模式，并贡献出"多评合一""拿地即开工"等具体创新模式，从而在扎扎实实追赶的基础上实现了有效的超越。

整体而言，以审批事项标准化为核心的建章立制，以及以"工改"业务信息系统建设为核心的技术驾驭，如同延安市审批局推进"双试点"改革的两翼，有效带动了延安市审批局改革整体的顺利起飞和追赶超越，成为新时代陕西追赶超越新篇章的重要助力。

（三）政治自觉

"敢于担当"，是延安市审批局改革团队在陈述自身改革能够取得一定成效时所提及的重要原因之一。

事实上，在"工改"推进初期，延安市审批局改革团队便已发现工程建设项目审批所涉及的大量行业法规和部门规章往往互为前置或者相互矛盾，这也是改革之前很多地方都出现的工程建设项目审批如同"万里长征"般曲折的根本原因所在。如果遵循此前的审批方式，审批局改革将彻底失去意义，或者说根本无法推进下去。在此背景下，一方面，延安市审批局充分利用自身省级相对集中行政许可权试点的优势，通过梳理首批已经划转的"工改"审批事项，尽可能优化既有审批流程；另一方面，也是更为重要的，延安市审批局对此前审批中存在的由部门法律法规"交织缠绕"造成的事项审批"堵点"乃至"死结"采取了果断突破的方式予以根本冲破，从而真正将改革落到实处、将试点推向深处。

毫无疑问，这样推进改革，很可能会与现行的部门法规产生矛盾，但同时应该看到，很多部门法规往往既存在内容规定滞后的问题，也带有传统"以审代管"的落后因素。所以，延安市审批局的改革在程序合法性上可能有商榷的空间，但在实质正义性方面无疑是需要肯定的。因为突破部门法规的初衷只是为了推进改革，两者之间的张力最终需要以修法的方式予以解决或缓和。但注意到回避现行法规与试点改革推进间的张力，特别是敢于采取突破现行法规的方式来务实推进改革，无疑都需要以高度的对改革的政治自觉作为前提。

换句话说，延安市审批局领导干部口中的"敢于担当"，更多地体现了他们对改革事业的责任担当与政治忠诚。习近平总书记多次提及"改革永远在路上"。从宏观以及长程的历史视野来看，改革才是发展的关键动力。对历史形成的、存在内容滞后性和部门管理惯性的若干法规内容进行一定程度的突破，是改革的内在要求。所以，不拘泥于现有的不合理的条条框框的束缚，主动求变、果断求进，才是改革的应有之义，也是延安市审批局改革团队身上所折射出的宝贵精神和价值追求。

（四）人民至上

无论是对改革认知的准确方位感，还是对改革推进的由衷使命感，抑或是对改革攻坚的政治责任感，最终都指向了延安市审批局改革团队对审批局改革最重要的价值判断，那就是"办事企业和群众给不给咱们点赞"。换句话说，以人民满意为准绳，是延安市审批局改革团队准确、全面、深入推进改革的根基所在，也是改革取得显著成效的最为根本的力量之源。

正是因为脑中想着人民、心里装着人民、眼里看着人民，延安市审批局改革团队才会在整个改革过程中无时无处都能做到"甘于奉献"。事实也表明，延安市审批局的领导干部无论在改革的哪个阶段或节点，从上到下都始终保持了不辞辛苦、不计得失、不虑荣辱，真正把人民满意作为改革设计的核心准则，把人民满意作为改革推进的最大动力，把人民满意作为改革成功的根本标准。正如延安所拥有的独特的与其他"市民中心"或"政务服务中心"一下子就区分开来，同时融合了"为人民服务"和"以人民为中心"的"为民服务中心"所标示的那样，"人民至上"的价值理念、取向和追求已经深深地融入延安市审批局改革的方方面面和里里外外。这样一种价值导向，既是延安这片神圣土地的本色所在，也是我国把"人心民意"作为国家治理根本价值指向的制度特色所在。

整体而言，延安市审批局的改革及创新完整体现并贯通了新时代从地域、区域乃至国家的价值脉络，是陕西省市级审批局改革的优秀代表和突出典型，具有重要的理论研究价值和实践推广价值。

第二节　西安市审批局：柔性引导优服务

一　改革概述

党的十八大以来，党中央高度重视"放管服"改革，多次就深化改革做出重大决策和战略部署。党的十九大对"放管服"改革提出新的更高要求，提出建设人民满意的服务型政府。建设服务型政府的核心在于转变政府职能，其中"放管服"改革作为转变政府职能的重要抓手，在党中央的部署下持续深化，而作为推动"放管服"改革重要抓手的行政审批制度改革则显得尤其重要。

在此背景下，陕西省委、省政府坚定不移深化"放管服"改革，着力推进简政放权、放管结合、优化服务。其中，改制政务服务机构、设立行政审批局是落实行政审批制度改革的重要内容。2017年，陕西省开展相对集中行政许可权改革试点，在相关地市、区县以及开发区组建行政审批服务局，承担政务服务管理职责，承接同级有关部门划转的行政审批和政务服务工作。

根据《西安市机构改革方案》（市字〔2019〕7号），西安市从试点改革到全面设立审批局仅用了一年半时间。2019年2月1日，西安市行政审批服务局（以下简称西安市审批局）正式挂牌成立。西安市审批局成立后，积极推进区县一级事项划转与下放，代市政府审核了11个区县和3个市属开发区的《相对集中行政许可权改革实施方案》。虽然西安市审批局没有承接其他职能部门的事项划转，但其依然在规范行政审批服务行为、优化政务服务环境、推进政务服务体系建设等方面充分发挥了市局的指导作用，在组织引领和创新服务层面为陕西省相对集中行政许可权改革交出了自己独特的答卷。

二　联通内外：引导改革进程

作为正局级建制的市政府工作部门，西安市审批局不仅负责全市审批制度改革具体工作，而且负责规范全市行政审批和政务服务行为，优化政务服务环境，协调指导和监督检查区县、开发区的行政审批服务等工作。为顺利推进这些工作，西安市审批局通过连续的行业创新案例评选树先进、立典型，以及有计划的外埠培训与挂职，着力于基层领导干部的理念更新与能力提升，充分搅动了市域改革的"一池春水"。

（一）创新案例评选：树先进、立典型

作为陕西省相对集中行政许可权改革的核心承载地之一，西安市的行政审批和政务服务系统紧紧围绕政务服务"一网通办"以及企业和群众办事"只进一扇门""最多跑一次"等目标，不断深化行政审批和政务服务各项改革。

同时，为进一步营造积极推进全市审批服务工作改革创新的氛围，不断深化行政效能革命，打造"三化五最"营商环境，西安市审批局于2019年初启动西安市2018年度政务服务改革"十佳"创新案例（后改名为年度审批服务"十佳"创新案例）评选活动，截至2021年6月共举办了三届。评选活动分为单位推荐、系统初评、现场答辩和专家评审四个阶段，旨在从全市范围内评选出成效突出、经验鲜活的改革创新案例，鼓励各区县、开发区在改革创新中积极探索和主动实践，持续推出具有西安特色的审批服务系列品牌。

2018年以来，各区县和开发区审批局围绕政务服务网平台建设、高频民生事项"一网通办"、工程建设项目并联审批、政务大厅服务质量提升、代办服务体制机制创新等积极探索了多项创新案例，充分反映了在市审批局的组织带动下全市行政审批服务系统在改革创新中的积极探索和齐头并进[1]。这种树先进、立典型的评选活动既肯定了相关基层单位的创新努力，也为其他地区的改革推进提供了参考范本，起到了互通有无乃至创新扩散的积极作用。

从西安市2018~2020年度审批服务"十佳"创新案例（见表5-1）的内容演进来看，各基层审批局已经从改革的探索阶段逐渐走向改革的深入推进阶段，其标志是第三届评选出的十个案例。

---

[1]　《2019年度全市审批服务"十佳"创新案例出炉》，西部网，2020年5月27日，http://m.cnwest.com/xian/a/2020/05/27/18789736.html。

表 5 - 1　西安市 2018～2020 年度审批服务"十佳""创新"案例

年度	案例内容及单位				
2018	《"互联网+政务"提供智慧服务》，国际港务区审批局	《一套流程管项目　整合资源出效能》，西咸新区审批局	《莲湖区深化"一网、一门、一次"改革》，莲湖区审批局	《不破法规破常规　联评联审提速度》，高新区审批局	《"金钥匙"服务——曲江营商环境的一道靓丽"风景线"》，曲江新区审批局
	《创新工作模式　审批提速增效——"六个一"审批工作法》，浐灞生态区审批局	《破难点　解痛点　政务服务暖人心》，新城区审批局	《服务提质　审批提速"审前服务"助力提升营商环境》，浐灞区审批局	《"互联网+人工智能"未央区"五位一体"平台疏堵点》，未央区审批局	《"家门口""自助办"全省首家智能服务驿站探索办事新体验》，经开区审批局
	《开设"水电气暖"综窗　集成服务联动报装》，浐灞生态区审批局	《政务兑现进大厅，国际港务便民》，国际港务区审批局	《政务服务"八办"改革，惠企服务更便捷》，西咸新区审批局	《"三结合"创新基层政务服务新模式》，曲江新区审批局	《开展质量管理体系建设　提升行政审批服务质量》，航天基地审批局
2019	《"六个一到位"全力推进十五分钟政务服务圈建设》，雁塔区审批局	《织密政务网　服务零距离》，高新区审批局	《"填空式""零基础"标准化　高效能审批》，未央区审批局	《审批地图让审批服务再提速》，莲湖区审批局	《以标准化推动行政审批服务规范化　助力"一次办"成》，浐桥区审批局
2020	《住权产权零距离　证零时差》，浐灞生态区审批局	《新生儿出生"一件事一次办"》，阎良区审批局	《推进"四电"改革，实现"不见面审批"》，西咸新区审批局	《数据资源要素赋能，政务服务"免申即享"》，航天基地审批局	《"三统一两融合"探索跨区域通办服务新模式》，高新区审批局
	《"六个一"举措推进"跨省通办"商事登记改革实现新突破》，雁塔区审批局	《以"远程踏勘"审批提速》，莲湖区审批局	《重塑审批模式，率先开展"一业一证"改革》，碑林区审批局	《"2+7+N"基层政务新模式，助力"15分钟政务服务圈"建设再升级》，新城区审批局	《建"2345"代办模式，做贴心服务小二，着力打造有温情的营商环境》，周至县审批局

资料来源：西安市行政审批服务局网站。

西安市 2020 年度审批服务"十佳"创新案例有四个基本特点。

第一，审批集成，或者事项集成，如浐灞生态区的"交房即交证"、碑林区的"一业一证"以及阎良区的"出生一件事"，都是围绕"一件事一次办"相关审批事项的整合集成。

第二，服务延伸，或者服务体系化，如横向上高新区的"跨区通办"和雁塔区的"跨省通办"，以及纵向上新城区的"三级体系"，都是围绕服务网络延展和细化的体系升级。

第三，技术赋能，如航天基地的"政策通"平台本质上是一种数据赋能，以及莲湖区的"远程踏勘"平台、西咸新区的"四电"应用，都体现出技术赋能下的审批服务再提速。

第四，人本改革，如周至县的"贴心跑小二"，无论是面对自然人还是法人，都做到了以人为本的服务变革。

整体而言，2020 年度的创新案例充分体现出"制度创新—技术赋能—价值引领"的完整改革逻辑，标志着西安市的审批局改革正在进入集成化、智能化和体系化发展的新阶段。

（二）外埠培训与挂职：理念更新与能力提升

1. 主题培训

为深入开展西安市行政审批服务工作，提升基层干部为民服务的工作实效，学习其他审批局审批制度改革的先进经验，为西安市审批制度改革各项工作发展注入新的活力，2021 年西安市审批局两次组织各区县、开发区审批局主要领导和干部共计 100 余人赴上海交通大学、浙江大学开展主题培训。

同济大学、上海交通大学、浙江大学、上海市委党校、中国国际贸易促进委员会、浙江省人民政府咨询委员会等单位的专家学者围绕"十四五"规划、"智慧城市"建设、数字化改革、行政审批制度改革创新、"互联网＋政务服务"、营商环境建设、"最多跑一次"、政务服务标准化建设等内容，通过集中授课、讨论交流、案例分析、现场教学等方式，分专题开展培训。参训学员分别赴上海市大数据中心、上海市徐汇区行政服务中心、中国（杭州）人工智能小镇、杭州市行政服务中心进行实地考察，围绕"一网通办"建设、数据资源整合、政务服务流程优化和综合窗口改革、智慧城市建设和"最多跑一次"等内容进行了深入交流。

西安市审批局通过组织专题培训等涉及知识充电、理论提升、能力提高的学习交流活动，进一步拓宽了基层干部的工作思路，提升了理论素养、学习能力和业务水平，升华了改革认知，凝聚了改革共识。通过学习交流，将先进经验与理念应用于后期改革工作实践中，把深化"放管服"改革各项工作任务落到实处，为西安市营商环境实现新突破和西安市高质量发展做出了积极贡献。

2. 干部挂职

作为组织培养、锻炼、选拔高素质干部的重要方式，干部挂职是提高干部工作能力的有效方法。党的十八大以来，以习近平同志为核心的党中央高度重视组织工作和干部队伍建设，对干部挂职锻炼工作提出了很多新要求，大力推动干部挂职锻炼制度改革创新（崔建民，2021）。

西安市审批局非常重视市内基层单位领导干部挂职锻炼，从审批局的前身政务中心开始，每年就连续选派干部挂职历练。审批局成立后，先后选派干部到省级对口部门以及杭州、南京等地挂职交流。通过定期召开干部挂职学习工作汇报会，谈体会、找差距、聚共识。如在一次分享交流会上，挂职苏州市吴中区的高陵区编办副主任从九个方面详细讲述了江苏行政审批制度改革的具体做法和经验，分享了挂职期间的感悟和启示，并对全市后续审批改革工作的开展提出了意见和建议。

深入学习先进地区的政务服务新观念、新方法，可以提升基层干部的工作技能和实践本领。挂职干部在挂职期间有规划、有目标、有创新，带着制约西安市行政审批制度改革的难点问题，有针对性地在当地开展调查研究，将"先进经验"转化为"西安实践"，使西安市审批服务紧跟先进政务服务，与其同发展、共促进。

三　以点带面：推广服务创新

在推进全市行政审批制度改革过程中，西安市审批局结合自身特点，将"审批服务"作为推动工作的主线，所推出的 15 分钟政务服务圈、"互联网＋政务服务"、中介服务超市和"一件事一次办"主题服务等分别从服务体系、服务方式、服务主体、服务内容等方面深化审批服务，并以"以点带面"的方式不断推进改革取得实效。

（一）15分钟政务服务圈：服务体系健全

2020年10月，西安市被评为2020年中国营商环境标杆城市，政务服务指标被评为全国标杆指标，"15分钟政务服务圈"建设等3项改革举措在全国复制推广①。"15分钟"这个名词源自东亚发达国家和地区（日本、韩国等）"生活圈"的概念。在现代城市中，成年人步行15分钟就可以获得所需的政务服务，满足日常办事的基本需求，是公共服务可及性的具体体现②。

西安市审批局通过在15分钟圈内新建便民服务驿站、改造基层服务中心、合作建立办事网点等方式，建立起覆盖市、区、镇（街）、村（社区）的四级政务服务网络，满足群众对民政、社保、卫健、税务等部门的100多个事项的办理需求。截至2020年底，西安市新建25个便民服务驿站，改造606个基层便民服务中心（站），与银行、邮政等机构合作建立370个办事网点，打造154个"15分钟政务服务圈"标准化站点，并绘制发布办事地点电子地图，实现群众70%的个人事项可在步行15分钟（1.2公里）范围内办理，真正实现利民便民，打通了审批服务"最后一公里"③。

西安市审批局通过打造、推广"15分钟政务服务圈"，重构了西安市行政审批服务系统，通过新建和改造办事网点、服务中心，构建起覆盖全市的政务服务网络，真正将审批服务内容与事项下沉至街道、社区，实现了政务服务体系的全新构建。

（二）"互联网＋政务服务"：服务方式升级

李克强总理在2015年和2016年的《政府工作报告》中两次提及"互联网＋"，提出要"大力推行'互联网＋政务服务'，实现部门间数据共享，让居民和企业少跑腿、好办事、不添堵"。2016年9月，国务

---

① 张端：《年底我市重点领域高频事项基本实现"一件事一次办"》，《西安日报》2021年3月5日，第4版。
② 《西安市"15分钟政务服务圈"建设打通便民利民"最后一公里"》，陕西新闻广播微信公众号，2021年3月19日，https://mp.weixin.qq.com/s?_biz＝MzA4NzUzNTcxMw＝＝&mid＝2652553433&idx＝3&sn＝2456b6b15a09422ed61db987c31ab837&chksm＝8bd999d7bcae10c186001741280016b37bd722c4197a61f08488957cfe474d51e42f2b668e99&sc ene＝27。
③ 《〈优化营商环境条例〉实施情况第三方评估发现的15项创新举措公布　我市"15分钟政务服务圈"入选》，《西安日报》2021年3月8日，第5版。

院印发《关于加快推进"互联网＋政务服务"工作的指导意见》，对加快推进"互联网＋政务服务"工作做出总体部署。作为信息技术发展的产物，"互联网＋政务服务"以大数据为依托，将政务资源与互联网资源相融合，能够进一步提高治理效能。

西安市审批局通过建设一体化在线服务平台，推进系统打通、数据共享、综窗改革、网上中介服务、"好差评"系统和电子监察系统等信息化手段，有效更新服务方式，使诸多事项实现"网上办""马上办"。其中，全市"一网通办"总门户累计注册量超81万人次，市级政务服务事项网上可办率达到91.9%。2020年实现31种电子证照数据共享互认，7个部门17个政务服务信息化系统、13类政务数据以及全量办件数据互联互通。755个事项已纳入综窗受理，90.6%的事项实现"一窗受理，集成服务"。"好差评"系统覆盖市、区、街三级政务大厅，累计产生评价数据超95万条。全市政务服务电子监察系统也已上线试运行。

（三）中介服务超市：服务主体优选

西安市网上中介服务超市依托西安政务服务网建设，是为全市各类中介服务免费提供网上交易和管理的综合性平台。自2018年牵头规范中介服务以来，西安市审批局配合市编办完成《市级部门行政审批中介服务事项目录》清单，出台《西安市网上中介服务超市暂行管理办法》，不断规范网上超市中介服务，加大推介力度。截至2020年，中介服务超市提供的中介服务事项达到72项，入驻中介机构602家，可提供技术审查、检验检测、勘察设计等31类106项中介服务。

除了31类服务全程网办的上述基础功能，中介服务超市还建立了"多元化"监管机制。通过对中介服务机构进行多个维度的信用综合评价打分，形成"红黑榜"并进行公示，项目业主可根据名单对服务机构进行筛选，择优选取心仪的中介服务机构。

通过构建"统一标准，统一规范，统一平台，资源共享"的网上中介服务超市，西安市审批局不仅拓展了政务服务的主体范围，形成了以审批局为内核、以各类服务中介为补充的政务服务主体供应平台体系，而且实现了少跑腿、办事快，还有效压缩了企业成本，打破了行业垄断，有利于营造"全面开放、公平有序、规范高效"的中介服务市场环境，体现了行政审批制度改革与"互联网＋政务服务"的创新优势。

（四）"一件事一次办"：服务内容集成

2018 年，中办、国办印发的《关于深入推进审批服务便民化的指导意见》指出，要"以企业和群众办好'一件事'为标准，进一步提升审批服务效能"。随后，上海、长沙等多地开始探索开展"一件事一次办"主题服务。

2020 年，西安在省内率先启动"一件事一次办"集成改革试点，公布《"一件事一次办"主题服务指导意见》，以"一表申请、一次告知、一窗受理、一次办结"为工作原则，升级服务内容，将企业和群众需要到各个不同服务机构经过多个环节办理的事项，从政府职能部门办理的"单个政务服务事项"集成为企业群众视角的"一件事"。统筹推出"出生一件事""毕业一件事""结婚一件事"等 105 项"一件事一次办"主题服务。以开饭店为例，原来要跑 3 个窗口、提交 11 份材料，改革后只需一次性提交 9 份材料。"一件事一次办"主题服务推出后，实现减环节 81.7％、减材料 30.6％、减跑动 75.1％、减时限 50％，营造了便民务实高效的政务环境①。

在后续改革推进中，西安市审批局突出市级统筹、市区协同和标准规范，发布《西安市深化"一件事一次办"集成改革工作方案》，在 105 项主题服务中选取 10 项"一件事"作为推进内容与发力点。如在"二手房交易一件事"中，市资源规划局联合市发改委、市行政审批局、市城管局、市水务局共同印发《西安市"二手房交易一件事"工作方案（试行）》，将水电气过户与二手房过户集成为"一件事"，强化部门联动，优化办事流程。以服务内容的升级切实推动服务优化与提升，不断优化审批流程，简化审批手续，切实把改革成果转化为治理效能。

---

① 《市行政审批服务局：年底重点领域高频事项基本实现"一件事一次办"》，2021 年 2 月 3 日，第 11 版。

第三节　榆林市靖边县审批局：
刚柔并济"靖快办"

一　靖边县审批局改革的典型性

自 2001 年 9 月 24 日国务院办公厅下发《关于成立国务院行政审批制度改革工作领导小组的通知》（国办发〔2001〕71 号）以来，行政审批制度改革已经有 20 多个年头。对于当前的陕西而言，其相对集中行政许可权改革正进入攻坚克难的关键阶段。一方面，陕西省没有成立作为省级政府工作部门的行政审批改革职能部门，造成省级统筹设计与推进改革的力度受限；另一方面，这种制度安排相应地为省内基层县区及开发区的改革提供了一定的探索与创新空间。

截至 2021 年 5 月，陕西省下辖 10 个地级市、31 个市辖区、7 个县级市与 69 个县，可见县域仍然是陕西省的主体行政单元。作为我国一级行政区划，县域改革与城区、开发区有着显著不同。首先，相较于城区与开发区（以项目建设为主），县级政府拥有行政主体资格和完整的行政审批职能，这意味着县级审批局在事项划转方面面临的困难更多，范围也更广。另外，由于人员编制差异，县级审批局面临人员配置有限的困境（尽管人力不足也会倒逼改革提效）。因此，县级审批局改革范围广、难度大，是改革的深水区。

在 2017 年以来的相对集中行政许可权改革推进过程中，陕西省涌现出靖边县、泾阳县、彬州市等一批改革典型。靖边县地处榆林市西南部，自然资源丰富，以第二产业为主，是 2020 年中国西部百强县市。作为陕西省相对集中行政许可权改革首批 35 家试点单位之一，靖边县对县域审批局改革进行了具有示范性的创新探索，因此本部分以靖边县作为县域审批局改革的典型案例。

二　靖边县审批局改革的主要阶段

（一）改革启动

2017 年，靖边县被陕西省委、省政府列为在全省开展相对集中行政许可权改革试点工作的 35 个试点县之一，县委、县政府启动改革试点工作。为了化解无章可循的制度难题，打破原行业部门审批监管的思维定式，靖边县坚持"走出去"与"引进来"相结合，组织人员赴咸阳市泾阳县、彬州市，银川市贺兰县、永宁县等地进行考察调研，学习先进经验，并邀请广州市荔湾区政务办领导为全县领导干部做专题讲座，为改革凝聚思想共识。

（二）　划转过渡

靖边县行政审批服务局（以下简称靖边县审批局）于 2018 年 4 月 10 日挂牌成立，首批将 172 项审批事项划转至审批局实施集中审批。为了实现审批事项划转后业务的顺利衔接，靖边县采取设立过渡期的举措，将已划转事项集中到政务中心办理，确保审批业务的无缝衔接与改革工作的顺利进行。

（三）　全面推行

靖边县于 2019 年 10 月完成了审批事项整体划转移交，事项集中审批率达到 82.7%，并采取联席工作会议、行政许可委员会、审批首席咨询官制度等审管分离互动机制化解部门矛盾，优化审批流程，提高审批效率，解决审批难点，实现审管联动。

（四）　改革深化

经过一年多的发展，靖边县审批局的审批机制趋于完善，改革的各项初级目标任务基本完成。2021 年，靖边县的相对集中行政许可权改革进入全面深化阶段。靖边县审批局进入通过改革深化"放管服"，推动靖边县"十四五"规划落实、"三区三地一中心"建设和全面实施乡村振兴战略的新阶段。

三　靖边县审批局改革的刚性建构

在观察分析靖边县审批局改革的核心举措后，本书引入"刚柔并济"这一核心概念对其进行阐释。其中，"刚"主要是指改革的关键举措丝毫不手软、该硬就硬，否则结构性变革便难以落实到位；"柔"则是指改革的推进十分讲究策略，充分考虑人际、体察人情、关照人心，从而尽可能减少改革阻力，同时凝聚改革合力。

在靖边县审批局的案例中，"刚"的一面主要体现在审管分离、受审分离、标准化建设、工程建设项目审批改革、电子监察等关键环节。

（一）审管分离

由行政审批局集中统一行使审批权，行业部门负责监管，明晰事中事后监督是相对集中行政许可权改革工作的核心与重点。靖边县出台《靖边县"审管分离"实施办法（试行）》，按照"谁审批、谁负责，谁主管、谁监管"的原则，从审批职责、监管职责、衔接机制等六个方面，对审管分离机制做出了具体规定，实现了"审管分离"模式下"审批与监管的无缝对接"。

在审管分离模式下，靖边县审批局又创新出受审分离的新模式，即受理、审核、许可三分离，实现受理接件人员、审核人员以及批准人员不见面、不干扰、不影响。这一制度的落实对审批局优化服务、明确分工、制衡权力发挥了重要作用。

（二）标准化建设

在审批局成立、审批事项划转后，怎样实现划转事项业务办理的顺利衔接便成为改革承上启下的关键一步。为此，靖边县决定在审批局正式运行前设置8个月的过渡期，过渡期内将涉及已划转事项的部门分管领导及业务人员集中到政务中心办公，对审批局领导和工作人员进行了近百场的业务培训，最终确保了各项行政审批业务的无缝衔接，实现了相对集中行政许可权改革工作的顺利进行。

1. 审批事项标准化

靖边县先后出台制定《靖边县行政审批服务局行政许可工作规则（试行）》等30多项制度，梳理制定了100项高频事项审批责任制度、审核要点、踏勘要点，固化、细化了审批和现场核查标准。

2. 审批流程标准化

在梳理标准化事项的基础上，推行标准化审批。实现审批环节整体减少25%、审批材料整体精简40%、审批时限整体压缩50%，以及100%的事项在20个工作日内办结、85%的事项在5个工作日内办结。

3. 审批服务标准化

靖边县审批局以"服务无止境，满意是标准"为目标，出台《靖边县政务服务中心工作人员岗位绩效考核办法（试行）》，在审批提速、服务提质、作风提升三个方面狠下功夫，推行"综合窗口""帮办代办""中介超市"等服务举措。2019 年靖边县基本公共服务群众满意度高达 99%[①]。

（三）电子监察

为进一步精简审批流程、缩短审批时限、优化审批服务、提高群众满意度，靖边县审批局引入了电子监察系统，依托榆林市政务服务电子监察系统，实现了对行政审批的在线监察、预警纠错、数据分析和绩效评估。除此之外，靖边县还引入视频监控系统，在大厅的每个窗口设置监控摄像头，出台《靖边县政务服务中心工作人员岗位绩效考核办法（试行）》，结合考评激励机制的设立，规范工作人员的服务行为，激发工作人员的服务热情。通过这两套系统，靖边县实现了对事项办理时效性、流程合法性和内容规范性等事前、事中、事后各环节的电子监察以及审批窗口的公开透明，做到责任到人。同时，结合找碴儿窗口、现场问卷、电话回访以及设立局长信箱、意见箱等方式，建立多元化监督评价体系，提升了服务质量和水平。

四　靖边县审批局改革的柔性治理

柔性治理强调以人为本，通过非强制性手段达到治理目的（曹现强、张霞飞，2019）。以县域为代表的基层改革往往在时间、成本等方面具有很强的约束性，如果审批局领导干部与工作人员不能达成共识，不仅相关工作难以推进或落实下去，而且容易激发甚至酿成更大的矛盾冲突（韩志明，2018）。因此，需要采取对应的柔性治理措施缓解矛盾、提振士气。

在采取上述诸多刚性制度安排后，制度规定如何落实到实际工作中？在高强度的工作压力下如何切实保障制度的精准实施？怎样激发工作人员的积极性与服务意识？对于上述问题，靖边县采取的诸多柔性治理措施给出了很好的回应。

---

① 2019 年陕西省县域营商环境监测评价 。

（一）审管联动：同频共振

开展相对集中行政许可权改革的目的之一就是实现审管分离，但是分离是相对的，联动是绝对的。部门之间的思想认识不同、原行业部门的"固有模式"、审批与监管间的职责界限模糊等矛盾，导致行政审批与监管没有形成良性的互动，各自为政，审批与监管之间出现"真空"，甚至出现行政管理职能混乱的情况。

基于此类情况，靖边县在《靖边县"审管分离"实施办法（试行）》的基础上修订出台《靖边县"审管联动"实施办法（试行）》，针对已划转的审批事项逐项制定审管分离权责边界清单，确保审批与监管无缝衔接，并落实行政审批服务工作联席会议、审批与监管双周例会、首席咨询官、行政许可委员会等审管互动机制。

行政审批服务工作联席会议以县委常委、常务副县长为召集人，以县级部门主要负责人为成员，统筹行政审批工作，协调审批局与其他业务部门的关系。

审批与监管双周例会以人际互动带动工作互动，进一步强化审批局与业务部门的联动，双方材料共享、互提意见、共同进步。2020年，审批局与各监管部门召开双周例会30余次，对审批与监管过程中遇到的突出问题及时磋商并形成解决意见，实现了审批与监管无缝衔接。同时，针对审批专网端口、账号、规划布点、证照工本移交不彻底等改革遗留问题，点对点、面对面、事对事地逐一解决消化。

首席咨询官由涉及事项划转的业务部门中熟悉审批业务的副职领导或业务人员担任。首席咨询官根据审批工作需要，通过参与双周例会、审批工作会、现场核查等，向审批局提出咨询意见，提高审批事项办理的科学性。截至2021年6月，首席咨询官出席审批局审批工作会议10余次，参加审批评审、论证会议30余次，为具体审批事项办理、优化审批服务提出了意见和建议，特别是在工程建设、农林水牧等领域效果突出。

行政许可委员会是由审批局局长担任召集人、科级以上领导及各专业领域专家为成员的议事机构。行政许可委员会下设合法性审查、投资项目审批、城建审批等7个专项工作小组，将人员按专业划分，纳入各小组，在研究涉及专业领域审批事项时出席会议。遵循"让专业人干专业事"的原则，行政许可委员会不仅落实了重大行政决策集体讨论决定制，而且为全面做好行政审批工作增加了一道新的保险。截至 2021 年 6 月，行政许可委员会召开会议 72 次，研究讨论审批事项 15000 余项。

以上四种模式或者制度都是靖边县审批局用柔性的审管联动方式化解刚性的审管分离模式下审批与监管之间矛盾和摩擦的有效举措，不仅实现了改革各项政策的落地，而且全面提升了改革成效。

（二）党建引领：凝心聚力

审批局作为整合了原诸多行业部门审批事项的新部门，在人员编制与同级部门一致的情况下，工作量却是其他部门的数倍。虽然工作量大可以倒逼服务提升与流程优化，但在高强度工作环境下，提升组织凝聚力、加强思想引领就显得格外重要。

在"硬件"配套上，靖边县审批局抓住靖边县推进城市基层党建示范县建设的契机，在政务服务大厅现有服务窗口的基础上，整合县委组织部、总工会、团委、妇联、非公及社会组织党群资源，开辟党建服务、工青妇服务、志愿者服务等党务便民服务窗口，新组建党务政务服务中心，实现行政审批服务局办事大厅党务政务全覆盖①。

在"软件"更新上，靖边县审批局以党建为思想引领，突出"党建 +"理念，采取党建引领审批服务工作新模式，积极探索和完善"党建 + 审批服务"工作机制，推动党建与政务服务工作深度融合。以临时党支部的形式统筹人员，成立临时党支部 4 个，把支部建在最前沿，充分发挥党支部在审批服务工作中的示范引领作用，并积极开展党员亮身份、亮承诺、亮标准活动。用评奖先进的方法以点带面，创建党员示范岗、红旗服务台，开展评优树模和岗位创建活动，以及业务大培训、大考核、技能大比拼活动。利用每月活动营造党建氛围，坚持每周一固定中心组学习，实行股室、中心负责人授课制。定期"走出去""引进来"，拓宽学习提升渠道。通过党建引领、业务培训，增强了审批局党员干部的战斗力、凝聚力，缓解了审批局党员干部高强度、高工作量下的工作压力，推动改革更进一步，实现为民服务业务水平全面提升。

---

① 《靖边：打造"靖快办"服务品牌　营造一流营商环境新高地》，榆林市人民政府网站，2019 年 12 月 25 日，http://www.yl.gov.cn/xwzx/tpxw/59235.htm。

五 体现"刚柔并济"特征的"靖快办"品牌

靖边县行政审批制度改革以刚性制度安排为支撑,搭建框架;用柔性治理方式激发活力,凝聚共识。刚性建构与柔性治理交织,刚柔并济,共同铸就了靖边县"靖快办"这一独特品牌。

靖边县审批局主要领导认为,开展相对集中行政许可权改革,实质上就是让行政审批与监管相对分离,把政府的管理变为服务,上升为政务服务品牌。他的阐释表明"靖快办"品牌的创建与行政审批制度改革相契合,目前正进行的改革是将管理变为服务,那么服务转换到位的下一步是什么?"靖快办"品牌便是一个可行的答案。

"靖快办"品牌是软内涵与硬举措的结合。如表 5-2 所示,这八个"办"里的每一个"办"都有对应的举措,如"简办"对应审批标准化,"联办"对应并联审批,"掌办"对应"互联网+政务服务","近办"对应"15 分钟政务服务圈"。靖边县审批局于 2020 年实现 100 项县级党务政务下沉办理。

表 5-2　靖边县"靖快办"品牌内容

类别	内容	类别	内容
掌办	大力开发网上政务大厅 App 和各类便民应用;着力实现党务政务"掌上办""指尖办"	近办	集中办理各种党务政务服务事项,实现跨社区就近办理个人事项,着力打造"15 分钟政务服务圈"
易办	推进审批服务事项"一站式服务、一窗口受理",着力实现党务政务服务事项容易办	简办	优化再造审批流程,编制标准统一的办事指南,着力实现党务政务服务简易办
网办	推进政务服务"一张网"建设,做到办事"只进一扇门""只上一张网",着力实现审批服务事项"一网通办"	联办	完善并联审批机制,开发并联审批运行管理系统,着力实现传统的"串联审批"模式向"并联审批"模式转变
快办	创新政务服务举措,不断推进政务大厅自动化、智能化建设,着力实现党务政务服务事项高效化办理	通办	加快市级平台县级应用工作,确保"一张网"落地,实现全省通办、就近能办、异地可办

目前,"靖快办"党务政务服务品牌已经由审批局品牌上升为靖边县品牌,已被国家知识产权局商标局注册认定为政务服务国家商标。2019 年,靖边县委、县政府提出打造"靖快办"服务品牌、营造一流营

商环境新高地的目标；同年，靖边县荣获"中国优质营商环境典范县"称号。这不仅意味着"靖快办"模式趋于成熟、认可度高，而且表明这一品牌是可复制推广的。

从商业模式的定义来看，"靖快办"品牌是为了实现审批服务价值最大化，将审批局运行的内外各要素整合起来，形成一个完整高效的运行系统，并通过最优实现形式（"八办"）满足群众需求，打造审批服务价值的整体解决方案。这意味着任何一个县域只要通过改革整合各要素，完善审批服务体系，便能形成属于自己的品牌。

"靖快办"品牌的成形对我国其他县域改革具有重要的参考借鉴意义。但也要注意，在审批制度改革进程中，面对复杂的县域改革状况，如何采取多元的治理方式和措施处理好柔性治理与刚性建构之间的关系也是一个重要的问题。

第四节　省级政府的改革统领作用探析

结合对陕西省六个典型地域改革案例的调查研究，特别是对各地提出的制约当前改革进一步深化的相关问题进行汇总分析后，本书发现在以省域为基本单元开展相对集中行政许可权改革的进程中，省级政府发挥着难以替代的重要作用。本节通过对国内开展相对集中行政许可权改革的典型省份省级政府作用发挥的综合比较分析，提出省级政府在行政审批局改革中应着重发挥的六个方面的作用。

一　建立职责序构的组织保障

行政审批局作为行政审批制度改革的创新探索，其核心是将职能部门的行政许可权相对集中，从体制维度进行突破，实现审管分离，从而优化政府职能体系。而行政许可权作为职能部门的核心权力，在传统部门化审批管理模式下，一方面，"以审代管"现象突出，即将监管的条件与内容前置于审批环节；另一方面，由于边界模糊、信息公开有限，许可权常常成为职能部门实现寻租利益的主要手段。因此，实现行政许可权的相对集中，既是转变政府职能的重要内容，有其改革的重要性与必要性，也是对此类"碎片化"部门利益生效机制的破解（石亚军、卜令全，2019）。正因如此，改革才会导致职能部门拒绝协作以及不配合等现象的发生。所以，随着改革逐步进入"深水区"，在关注其必要性的同时，也要认识到其推行难度之大，尤其是涉及部门间的协调。

从改革特征来看，其发端于基层，且主要涉及市、县区等层级的事项划转与运行。但从改革现状来看，由于基层协调力度有限，尤其是涉及行政许可权这类事权以及部门专网信息系统等改革核心要素，市、区县行政审批局难以实现整合，且不同地区的改革进展与节奏差异较大，这对改革的深化和模式集成都产生了严重的阻碍作用。为避免此类部门扯皮所带来的体制内耗对改革红利的影响，省级对应主管部门的建立是实现改革顶层设计、加强改革统筹的重要载体，同时也是推动改革深化的重要组织保障，具有突出的现实需求。

区别于传统的、单一的职责同构体系，针对行政审批局的职责体系建立，其侧重点有二。首先，纵向协调机构的建立。当前审批局模式广泛扩散于区县一级，市级也逐步成立相应的主管部门，但从省级来看，则是目前体系建设的缺失板块。其次，行政审批局本质上围绕审批事项进行改革，而审批事项的特殊性又导致不同层级关注的重点不同，所以"同构型"职责体系难以适应其发展。综上，既要实现对应省级主管部门的建立，又要根据层级特征构建"序构型"的职责体系，即在保证统筹、协调、管理等同构性效应的基础上，针对改革内容的特殊性以及服务对象的多元化特征，从层级融入异构性特征，进而在省级层面为行政审批局改革建立职责序构的组织保障。

二　推动事项划转的整体规划

审批事项是行政许可权的载体。自 2001 年我国开始行政审批制度改革以来，围绕审批事项的取消、下放以及调整成为简政放权、转变政府职能的主要手段。行政审批局作为相对集中行政许可权改革的天然产物，其主要基础即实现审批事项的划转。但随着实践的快速推进与深化探索，"相对集中"的程度、范围以及形式也存在较大差异。具体来看，由于改革认知、协调程度以及区域特征等方面因素的影响，部分区域间划转事项的差距能达到百余项之多，且侧重点也有所不同。如部分区域侧重商事制度，而其他区域则关注工程建设项目审批制度、民生类公共服务事项等。

集中程度的差异在一定程度上反映了改革节奏的失衡。这种区域间的失衡与差异不仅影响办事群众的服务体验，而且让上级主管以及行业部门难以开展相关指导性工作，尤其是在推动跨区域通办等新型创新时缺乏统一的改革基础。从省级部门来看，对审批事项集中程度的考查与研究，并非要不切实际地提高集中度，而是要发现改革试点探索出的共性规律、探究异同，从而结合地区实际确定集中的范围与程度（方宁，2018）。

从基层改革实践来看，事项划转数量客观上是地区差异导致的，主观上则是由于职能部门对改革认知模糊，认为事项集中是夺权、剥权的行为，因此不配合划转工作。而行政审批局作为新单位，协调力度有限，所以工作开展难度较大，部门矛盾突出。鉴于审批事项划转是改革的底色和基础，实践中一些未承接事项的审批局本质上没有实现体制突破，也难以突破"收发室"的"碎片化"瓶颈。所以，构建实体性质的行政审批局，事项的统一、规范划转是开展改革的前提。

针对事项划转的统筹与协调，省级政府作为地方政府的最高层级，有能力也有必要在事项划转过程中发挥推动与规范作用。具体到规划工作，从规划目的来看，一方面是事项划转的推动与优化，即在破除划转障碍的基础上，提高事项划转设计的科学性与可行性；另一方面是事项划转的规范与统一，至少在其行政区域内实现事项相对一致。这两个方面不分先后顺序，可以互相结合。

从规划内容来看，主要包括事项本身的设计以及规划执行的保障机制两部分。从事项来看，省级主管部门可以通过编制指导目录或建立划转清单等方式，为市县事项划转制定统一标准，在确定必须划转的事项类型的基础上，为区域保留动态调整空间。但整体上应坚持应划尽划原则，从而在保持规范性的基础上提高划转工作的可行性与科学性。

从保障机制来看，一是必须实现统筹相应人员划转，即"编随事走、人随编走"。针对目前实践中出现的人员配置与承接事项比例严重失调、工作业务量过大等问题，对人力资源的关注与统筹是保障事项划转后科学运转的重要内容。二是必须实现原则性与灵活性的统一。其中，原则性侧重事项划转的稳定性与公开性，即作为省级单位所指定的规划方案必须具有一定的强制性，要发挥其应有的规范性作用，同时须加强对事项划转的督查督办，确保工作落实。灵活性则侧重事项划转的动态调整，即出现实践运转不畅且确需调整时，应按一定程序进行事项再论证，从而保障事项体系的科学性。

三 统筹标准体系的顶层设计

规范化作为行政审批制度改革的重要逻辑，主要针对长期以来审批业务缺少标准化建设的问题。在传统部门化审批模式下，信息公开有限，申请人对办事流程以及审批程序认知模糊，致使审批环节成为部门的寻租空间，从而出现依据经验和关系远近进行不合理审批、暗箱操作等乱象。随着近年来政务标准化建设的快速推进，基于互联网技术的政府信息公开平台逐步构建，行政审批制度日益规范。但从改革现状来看，各地标准化推进进程差异较大，且区域间标准不统一，虽在不同区域内部形成了较为完备的标准化体系，但整体统筹力度仍十分有限。

具体到行政审批局模式，事项划转是改革开展的基础，而构建统一的标准化体系则是改革深化的重要保障。这主要体现在内部的审批服务模式创新与外部的审批服务体系构建。一方面，审批局模式本质上是实现事项相对集中，区别于部门化审批在人员数量和素质方面的配置，事项标准不一、程序模糊会对审批效率产生直接影响。与此同时，从人工审批向智能化审批等范式的转变，同样需要高度规范的标准化体系作为支撑。另一方面，随着社会经济的快速发展，人员、资金等要素在区域间的流动加快，产生了大量跨区域审批业务办理的现实需求，跨区通办、跨省通办等协同治理模式逐渐成为行政审批服务体系优化的重要方向。与此相对的是，当前区域间事项标准差异较大，尤其是部分区域对事项名称的界定不统一。因此，无论是从改革现状还是从统筹力度来看，省级政府是推进标准化体系构建最重要的主体，应该加强区域内部标准化建设的顶层设计，从标准的制定、实施、服务、监管和激励等层面发挥统筹与协调的作用。

标准制定。省级主管部门应从规划、统筹及协调三个方面开展工作。首先，从规划来看，针对行政审批领域事项较多、工作较为复杂的现状，应按国家推进审批服务标准化有关要求开展相关研究，提出标准化需求，制订省域审批服务标准化体系编制的中长期规划与工作计划，作为指导标准化体系建设的整体性规划文件。其次，从统筹来看，一方面需成立从市到县区不同层级的工作组，由各级政府的行政审批局牵头，保障标准设定的适用性与可行性；另一方面要加强调研、论证，保障标准设定的科学性。在此基础上，通过试点推行等方式进行试运行，从而保障标准体系的顺利实施。最后，从协调来看，在标准制定过程中，既要涉及不同行业部门、所辖不同区域需求的综合集成，也要针对具体推进过程中遇到的问题发挥省级统筹作用，及时向国家层面标准化管理部门提出相关建议。综上，省级主管部门应基于区域特征，整合不同主体需求，构建具有较强适用性、可行性与科学性的标准体系。

标准实施。省级主管部门一方面负责具体标准的公开与发布，并对实施过程中的特定事项做出解释；另一方面应将地方运行过程中事项出现的相关问题进行再评估及复审，并及时将结果反馈，从而实现基于实践的动态优化。具体来看，实施过程主要涉及两个方面的工作。一是在实现信息公开的基础上，制定相应的配套措施，如相应的办理流程、渠道以及沟通机制，从而推进相关标准的实施。二是建立健全标准实施信息反馈和评估机制，实现实施与制定环节的有效联通，从静态规范向动态管理转变，从而保障标准实施的有效性。

标准监管。标准监管本质上贯穿于标准的制定、实施及服务等流程，是省级主管部门统筹审批服务标准化体系建设的重要机制。标准监管既涉及对政府内部横向不同部门间、纵向不同层级政府间实施环节的管理，也涉及对相关社会团体以及企业制定的标准及其实施所存在问题的整改。监管机制既包括对标准实施过程中相关问题的督促与整改，也包括对标准实施过程中出现的相关争议进行协调与解决，整体上服务于标准化工作的正常开展，从而提升行政审批服务的规范化程度。

四　构建清晰明确的法治保障

《行政许可法》第二十五条为行政审批局的成立提供了法律依据，在一定程度上回应了对改革合法性的质疑。但随着该模式的广泛扩散与创新探索，目前改革深化已面临严重的法治困境，主要体现在三个方面。一是关于行政复议时的主体模糊，行政审批局作为行政许可权的集中载体，改变了原职能部门的权力结构，而当出现具体争议或分歧时，公民、法人或其他组织提出复议的机关对象较为模糊。二是部分地方性法规、政府规章以及相关规范性文件等，对审批业务开展的要件、流程等内容规定相互交叉、互为前置，在一定程度上阻碍了行政审批局改革对事项整合工作的推进与深化。三是相对集中行政许可权改革本质上是在"放管服"改革背景下的制度探索，对法治与体制改革创新关系的处理将直接影响改革成效，尤其是对基层行政审批局服务形式与流程的创新限度。

针对上述改革深化面临的法治困境，省级政府应根据自身权限对相关条款进行明晰，对交叉、模糊等违背改革精神的条款进行整合清理，为相对集中行政许可权改革提供明确的法治保障。在开展具体建设之前，省级政府应在全省范围内强调行政审批专用章的法律效力，既要明确其与原行业部门行政公章效力相同，也要禁止其他部门重复要求加盖原部门公章，为行政审批局工作的开展提供合法性基础，从法治层面推进"一枚印章管审批"。

结合问题导向来看，首先，应按照《行政复议法》相关条款，结合行政区域内行政审批事项的划转现状，对复议主体是上级的集中许可部门还是职能部门做出明确。同时，在发生行政审批局与原职能部门关于职责边界以及具体事项的审批程序等涉及相关法律法规争议时，省级政府也应对争议解决主体进行明确。其次，在省级权限内对与改革精神不相符的地方性法规等文件进行处理，对基层实践进行调研及意见收集，必要时应当由司法行政部门启动正常修订程序，为改革深化清理障碍。最后，在法治框架内，省级政府应鼓励不同层级的行政审批局进行更多创新性、差异性的服务模式探索，为其设置相应容错空间，即对于探索中出现的失误或者偏差，符合规定条件的，予以免责或减轻责任，进而激发基层审批服务创新活力，推动全域营商环境优化。

五　加强数据集成的平台支撑

行政审批局从体制层面突破部门界限，实现了行政许可权的相对集中。但从实践运行来看，集中的内容为审批事项的执行权以及相应的人员配置，而部门间专网系统所形成的信息孤岛仍未打破。因此，行政审批局在运转过程中又被分割成不同部门，审批信息难以在部门间实现共享，进而产生两个方面的风险。一是审批信息的二次录入，即行政审批局完成审批后不仅要在统一平台上进行记录，而且需在行业部门的专网系统推送结果，极大地降低了服务效率，在一定程度上阻碍了集中审批优势的发挥。二是审批主体与监管主体没有实现在同一平台上的协同，实践中多为审批信息的单方面推送，而行业部门对监管信息的推送十分有限，存在审批与监管职能履行脱节的风险。

针对信息孤岛的加剧化现象，省级政府的介入与统筹具有强烈的现实需求和重要的实践意义。从改革现状看，一方面，随着简政放权的持续推进，基层承接的事项内容逐渐增多，且面临人力资源不足等现实困境，尽管其重点在于服务的直接提供与形式创新，但缺乏实现事项划转及系统建设所需的物力、财力与整体能力；另一方面，大多数专网由省级行业主管部门统一建设，甚至部分专网由国家部委负责，对于市、区县等层级，既无相应的整合权限，也无匹配的协调能力。所以，打破以专网为核心的信息孤岛、实现部门间数据联通这项重点工作，必须由省级政府牵头进行。

从技术层面来看，为行政审批局改革提供支撑，一方面要搭建一体化政务平台，构建不同主体协同办公的机制载体；另一方面要在行业部门进驻平台的基础上，将部门间的专网与平台联通，实现数据集成。具体而言，当前不少地区已经实现省级政务平台的统一建设以及基础数据的及时交互，这应成为后发地区的重要经验。

综上，问题的关键在于如何实现数据联通。结合数据治理理论框架，可从推进机制、政策体系、信息体系以及防控体系等环节发挥省级政府的相关作用。首先，应由省委、省政府共同牵头，由省级大数据管理部门、行政审批局主管部门分别进行管理运营与服务设计工作，构建省级数据整合的推进机制。其次，应基于现行相关法律框架，制定完善的数据治理政策体系，实现用法治保障改革、用规则赋能改革的推进效果。再次，应通过与相关技术类市场主体合作开发的方式，构建信息汇集与存储的管理系统，推动不同地区、部门按照省级数据归集的标准规范，实现所负责专网的数据对接。最后，由于行政审批涉及大量公民、法人及其他主体的隐私信息，所以必须构建相应的防护体系，尤其是涉多部门、多主体的参与时，更需加强不同环节及不同子平台的数据管理，为平台运行提供安全保障。

六 完善区域改革的管理机制

针对当前行政区域内改革进程的差异，省级作用的发挥既涉及事项划转、标准化体系建设、数据联通等具体改革基础支撑的建设，也需建立从规划、指导到监督全流程的动态管理机制，这也是在规范化基础上推动改革可持续发展的重要保障。

首先，行政审批局改革涉及主体较多，且改革对象为行政许可权这类核心事权，所以即使在制度明晰的条件下，由于地区对改革认识的差异，改革的推进难度也会存在差异。作为省级统筹主体，要加强对所辖区域内不同地区特征的把握，对改革整体进程做出阶段性划分，即明晰开展改革动员、地区改革方案设计、试点建设、全面推广及评估验收的具体时间节点，按照既定的时间周期来推动全域改革。同时，对于在不同阶段涉及的方案如何设计、试点如何确定、试运行遇到问题的备案等，省级主管部门都应做出相应规划，从而真正把控地区改革节奏，统一改革进度，进而推动改革向更高样态深化。

其次，省级行政审批局主管部门应建立相应的指导机制，发挥对改革的指导作用。一是建立举办行业会议、邀请专家学者进行专题讲座等内部培训机制。二是组织各地改革团队到国内先进地区和试点地区考察、学习、交流，建立相应的外部学习机制。三是在区域内开展案例评选、经验推广等活动，建立区域内部的竞争机制，激发地区改革的创新活力。总之，应通过建立培训、学习和竞争机制，以理论与实践相结合的方式推动改革者实现专业能力、业务水平的提升，从而保障改革的顺利实施。

最后，行政审批局作为一个权力集合体，对其监管既涉及对原职能部门在事项划转过程中出现的不规范现象的管控，也涉及对审批局自身在运转过程中出现的寻租、腐败等风险的规避。因此，省级主管部门应基于改革不同阶段设定具体的监管机制。如在试点与推行阶段，要在发挥好协调作用的同时，对改革的重要节点进行验收评估，对改革进展起到督促作用。而在改革进入全面实施阶段后，则应转变工作重心，将重点放在权力的规范行使过程上，从而实现对行政审批局改革的全流程、动态化监管，保障其在既定法律及制度框架内正常运行。

第六章 行政审批局改革：从"碎片化"困境到整体性优化

第一节 概述

行政审批局作为"放管服"改革背景下的创新实践，一方面涉及简政放权中的纵向协调与互动，另一方面体现在基于审批事项所展开的服务再设计，而事项本身的特征也导致不同层级的改革具有相应的特殊性，所以其本质上并非单层级的独立实践，而是在多级政府协调背景下审批服务的深层优化。如何结合不同层级的改革实践以及关注的侧重点，从而界定不同层级政府在改革中的角色与作用，形成对改革的系统性观察，是实现理论建构的重要基础。

在实践观察部分，基于政策文本以及实地观察，本书选取不同层级的典型案例，形成了对改革现状的基本把握。但从改革系统要素的广泛性与复杂性特征来看，要实现从实践探索到理论建构的转变，不仅需要形成对改革全貌的系统化认知，而且需要选取重要的子系统来进行整体性的机理分析，进而理解其实践的深层逻辑，推动改革的系统性理论构建与精准化路径设计。

结合改革特征以及案例选取原则来看，本章选择莲湖区作为分析样本，主要有以下三个方面的原因。其一，从改革特征来看，一方面，区级作为改革的执行与实践主体，其建设内容集中于商事制度改革和社会民生类等服务事项，对服务模式的完善以及营商环境的优化起着直接的影响作用；另一方面，作为改革的直接实践者，其所面临的改革困境和相关问题直接涉及改革的深化与推进，相比较而言更需要得到关注与统筹。

其二，从案例的代表性来看，作为陕西省首批相对集中行政许可权改革试点，莲湖区在 2017 年 12 月 1 日正式成立行政审批服务局，截至

2020 年 7 月，共办理业务 170 万余件，接待群众 193 万余人次，承接国务院办公厅、民政部、有关省市等各级考察调研 330 余批次。在陕西省营商办向全省复制推广的改革举措中，莲湖区通过推出自然人和法人生命树、"不见面审批"远程踏勘平台以及集成快办等创新措施，连续两年入选推荐名单。在短短三年时间里，莲湖区成为国内基层行政审批局改革的成功范例和地方营商环境优化工作的一张"名片"，具有较强的典型性。

其三，从案例的可复制性与可推广性来看，一方面，莲湖区位于西部地区，特别是相较于东部沿海地区来看，其实现的创新与突破更加值得关注。如果在内陆等地区可以实现审批服务创新，那么在国内其他地区实现推广也就有了更大的可能性。另一方面，尽管莲湖区的改革在一定程度上受到区域改革"碎片化"的制约，但从区级政府改革的维度看，莲湖区的改革实践仍体现出了较强的系统性特征。

本章立足整体性治理理论，结合行政审批局改革路径及"碎片化"困境，从目标层面、执行层面、方式层面构建改革的整体性分析框架，在对莲湖区改革案例进行具体分析的基础上明晰其主要创新机理，再结合整体性治理理论内涵，给出行政审批局改革的整体性优化路径。总体来看，本章不仅实现了对重要改革试点实践的深入探析，而且为系统理论的构建提供了重要的分析基础。

第二节　理论基础

一　行政审批制度改革研究：对"碎片化"问题的持续回应

组织架构是政府治理的基础所在，而目前建立在现代科层制模型基础上的政府组织体系存在信息不对称和条块分割等固有缺陷。虽然新公共管理和新公共治理等理论均试图突破传统架构，但在既有组织架构下形成的上下级政府以及横向部门间的协同困境仍然造成了治理的"碎片化"和公共服务需求的低回应性（胡重明，2020）。

行政审批制度改革是一个不断精简与整合的过程，在该过程中涉及政府不同层级及部门间的互动与协调，以克服审批部门化所带来的"碎片化"问题，从而提高审批效率，优化审批服务。在大部制改革背景下产生的行政服务中心模式，通过将审批部门实现物理集中的方式，在一定程度上缓和了审批的分散化。但其本质上并未突破体制层面的障碍，仍然存在审批权力纵横交错、审批标准重复冲突、整合能力有限等"碎片化"问题（蔡延东、王法硕，2017）。

近年来，由于不同地区在改革基础、技术条件等方面存在差异，行政审批在实践中出现了不同模式的创新与发展。目前国内学者关注的核心是以浙江省"最多跑一次"改革以及广东省"一窗式一门式"改革为代表，即基于审批流程再造的行政服务中心模式。一方面，对该模式特征进行总结，将地方改革实践作为个案，基于整体政府视角构建分析框架，对改革的动因及推进机制进行探析，并从价值、制度、操作和技术层面提出优化路径（包国宪、张蕊，2018；蔡延东、王法硕，2017）。另一方面，对以技术为支撑的"互联网＋行政审批"数字平台建设进行分析，指出其存在的理念、结构与功能等"碎片化"障碍，并提出从平台、政策资源和组织机构等层面进行整合（翟云，2019）。

总体看，相关学者从不同维度构建理论框架，对当前行政服务中心模式的整体性运作进行了较为全面的分析。相比较而言，基于技术优化的行政服务中心本质上仍为协调机构，而从体制层面进行整合的行政审批局，则是作为实体机构来推动审批服务的深层次整合。从模式特征来看，二者存在本质区别，在面临信息孤岛和数据壁垒等共性问题的同时，行政审批局模式在克服体制障碍的过程中也面临较多个性化的"碎片化"挑战（Emre et al.，2021）。如何根据行政审批局模式的实践特点构建相应理论框架并分析其面临的困境，进而推动改革实现整合与协同发展具有重要的理论意义与实践意义。

二　行政审批局及其改革的"碎片化"困境

行政审批局模式是指在相对集中行政许可权基础上形成的新的审批运作方式，其特点主要体现在不同层次的"集中"上。首先，"集中"是在一个统一部门的基础上实现更为广泛和彻底的整合，审批权限的转移是区别于之前改革的本质特征，即该模式的整体设计基于新的权力结构体系来进行，不仅要实现公民需求的高效满足，而且要保障机构的正常运转。其次，"集中"是在一个相对范围内进行的，审批权限的划转意味着审批工作的整体转移，对于权限本身有特殊性，或者其运转的技术设备及人员要求超出行政审批局承载能力范围的，需要对转移的必要性重新评估并做出相应调整，即"相对"的内涵不仅是指集中维度和范围的有限性，更强调集中内容在动态层面的双向管理。最后，"集中"的实施情况取决于信息技术的发展程度，突破部门界限的核心在于打破信息孤岛，在实现物理集中和职能集中的基础上，更重要的是实现审批信息的共享，这样才能真正实现集中的内涵，即实现审管分离后的审管联动与协同。

审批事项的"相对集中"是行政审批局模式最为核心的制度优势，但如何将其转换为实际的服务效能，目前仍面临较多的"碎片化"困境。首先，作为创新实践的行政审批局改革，既是整合目标导向下审批制度基于行政服务中心模式的渐进式优化，也是重塑政府整体审管关系的综合性举措，兼具渐进性改革与综合性改革的双重属性，因而改革所涉不同主体对改革本质与意义的认识还未形成统一的理解，这是摆在改革深化阶段的首要问题。其次，区别于行政服务中心模式的整合力度困境，作为实体机构的行政审批局所面临的实践困境是如何处理改革后政府职能运转的衔接问题，尤其是审批与监管的联动与协同。最后，依赖于技术嵌入的行政审批局改革，对信息孤岛问题的优化并没有随事项的整合而实现突破，反而对信息和数据的互动与共享提出了更高的要求，进一步加剧了数据壁垒对服务效率的影响。

（一）对改革模式的模糊化认知

行政审批局作为我国目前行政审批改革的创新实践，与传统的行政服务中心模式在改革方向、流程侧重以及事项范围层面存在本质的区别（丁辉、朱亚鹏，2017）。目前实践中存在的首要问题是对改革的认知存在偏差，没有准确把握该模式的核心特征、主要路径和改革目标，从而与行政服务中心模式进行混同建设。一方面，使行政审批局建设流于形式，造成行政资源的重复与浪费，难以发挥对审批服务的整体性优化作用；另一方面，许可权的相对集中在部分职能部门的认知中被认为是割权、削权的行为，甚至可能造成寻租利益的消失，因而采取各种形式化行为阻碍改革，使得体制内耗逐渐消解改革红利（袁雪石，2020）。

因此，体现在认知层面的"碎片化"问题，是造成改革在职能层面脱节和部门间协同有限等现象的根本原因。模糊化的认知让改革执行者和参与者都无法以整体性、系统化的视角来理解与推进改革，因而也是在当前行政审批局改革探索背景下实现广泛扩散与治理效能提升最为核心的"碎片化"困境。

（二）审管脱节的系统化风险

审管分离机制的建立是行政审批局区别于行政服务中心模式的主要特点，即将原分属于不同职能部门的行政许可权集中于行政审批局，原职能部门仅履行监管职能，从而通过体制层面的变革实现审批模式的优化，进一步提升审批效率。但审管分离在带来明显制度优势的同时，也存在较大的审管脱节风险。

一方面是审批与监管责任的划分问题。以陕西省为例，陕西省在其规范性文件中指出应以信息推送为边界来划分审管责任，但在实际操作中，关于信息推送的内容、频率和形式等都存在较大差异，而且侧重于审批部门向监管部门的单向传递，部分监管和执法部门仅将整体性、结论性信息反馈给审批部门，对流程性、专业性信息沟通不足（马长俊、胡仙芝，2020）。信息推送视角表现出来的问题，实质上体现出审批与监管职能未能形成良性互动，以支持政府职能的整体性履行。

另一方面是审批与监管的衔接问题。首先是事项划转的完整度问题。在实践中部分职能部门仅将事项本身进行划转，对其前置程序或形式流程仍有保留或者未及时进行处理与协调，或者不进行相应的设备及人力资源调配，使得事项划转在实质上流于形式，人为割裂审批流程，增加行政成本。其次是审批事项的运转问题。在审批局成立前期，对审批业务的掌握及熟练程度都较为有限，而且缺乏与监管部门间的业务交流或学习，使得在部分难度较大或复杂的事项上难以开展业务，导致效率降低。

在从审管一体走向审管分离的过程中，如何避免出现审管脱节等系统性风险，是行政审批局改革中需要关切的重要内容，要在具体的改革情境下对整合措施进行调整，从而克服在审批事项整合后又带来职能衔接层面的"碎片化"问题。

（三）信息孤岛的隐性化加剧

审批事项的集中从体制上打破了部门间界限，在一定程度上实现了审批信息的集中，从显性层面看是对信息孤岛现象的进一步破除。但在实际运转过程中，大多数部门仍在使用国家部委或者省级主管部门所开发的专网系统（郭晓光，2014），所以审批局在输入数据或发放证书时实质上又被分成多个部门，信息仍然分属于不同部门的内部系统，即在信息层面仍未打破部门化系统的"碎片化"现状。

这类"碎片化"现状的存在加剧了信息孤岛所带来的行政成本与行政负担，成为改革深化亟待突破的困境之一。具体来看，实现许可权相对集中后的行政审批局对信息共享的需求更为强烈。改革的本质在于通过事项层面的集中减少沟通的障碍与成本，而专网系统对信息采集和上报所带来的限制使得审批局需要另行进行采集与录入（方宁，2018），反而增加了行政审批局运转的工作量，同时也制约了其本身所具有的行政许可权集中优势的发挥。

三　基于整体性治理的行政审批局分析框架

（一）整体性治理理论

"整体性治理"的概念首次由安德鲁·邓西尔（Andrew Dunsire）提出，后经佩里·希克斯（Perri 6）等学者经过系统论证，提出整体性治理理论。基于对"碎片化"问题的反思，佩里·希克斯结合英国政府整体改革实践，将信息技术作为整合路径，以打破部门界限，构建以公民需求为核心导向的在层级、功能和公私部门间实现整合的三维治理结构模型（Perri 6 et al.，2002），其实质是在对现代科层制进行重组和完善基础上形成的对"碎片化"问题的系统性解决方案。

作为目前公共行政学文献中的重要解释框架，从其理论内涵来看，整体性治理是指通过横向和纵向协调的思想与行动以实现预期利益的政府治理模式，从而实现以下目标，即消除政策间的矛盾和紧张以增强政策的效力、通过减少重复以更好地利用稀缺资源、加强某一政策领域中不同利益主体的协作以及为公众提供更多的无缝隙服务（Pollitt，2003）。整体性治理的实现，有赖于整合机制、协调机制和信任机制的培养与落实（胡象明、唐波勇，2010）。

具体来看，整合机制所强调的实际上是服务的整合，而不仅仅是部门的整合（史云贵、周荃，2014），聚焦决策和执行两个具体范畴，其改革实施的对象和范围也并不仅仅局限于央地部门之间，它既可以是一级政府，也可以是某一具体部门，甚至是特定的项目小组（Pollitt，2003）。对于协调机制来说，主要针对治理结构中存在的机构间沟通与协作中的缺陷，强调通过信息技术或制度规范等方式来调配多元主体资源，从而构建网络化治理范式（Howes et al.，2015）。同时，也有学者根据跨部门间活动的动态联合性质，在对政策目标重新思考的基础上将适应性管理的理念引入整体政府构建过程之中（Carey and Harris，2016）。信任作为整体性治理所需的一种关键性要素，其核心是围绕凝聚力的提升，形成行动者与组织间合作的黏合剂（胡象明、唐波勇，2010）。

综上，结合理论内涵与机制建设，本书主要从两个维度提出整体性治理理论的基本分析框架（见图6-1）。一方面，该框架包含三个部分的主要内容。首先是目标层面，作为治理理论的前沿，整体性治理同样强调以公民需求为核心导向，这是其最为本质的特征；其次是执行层面，该维度聚焦微观层面的具体执行，主要内容包括整合机制、协调机制与信任机制的建设；最后是方式层面，信息化技术的快速发展成为整体性治理理论出现并得以发展的重要支撑，通过技术应用以打破部门界限是其工具理性的重要体现。另一方面，该框架也强调三个部分之间的互动关系。整体性治理强调目标层面与方式层面间的相互一致及相互增强，这是其区别于协同理论的主要特征，所以目标层面与方式层面实质上是相互联系的，这主要体现在目标层面决定了方式层面的设计方向，而方

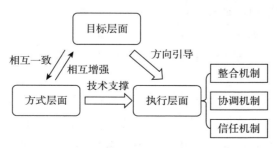

图 6-1 整体性治理理论的基本分析框架

式层面的具体应用不能偏离既有的目标设定，这样才能避免因陷于技术滥用等而增加行政成本现象的发生；执行层面作为联结点，既受到目标层面的直接影响，也依赖于方式层面的技术支撑。所以，总体形成"三位一体"格局，成为相互联结的整体性治理结构。

（二）　基于整体性治理的行政审批局分析框架

结合行政审批局模式来看，其改革进程不仅仅是体制维度的突破式创新，还是在整合导向下审批服务的渐进式改革。在设计行政审批局的分析框架时，不能仅仅停留在静态治理机制的描述与分析上，还需要结合具体改革阶段，对不同层面所蕴含的改革机理进行挖掘，从而形成对行政审批局改革的系统化认知，以推动其实现整体性优化。

首先，从目标层面来看，整体性治理坚持以公民需求为核心，并从政策、公民、组织及机构等维度来构建目标集，这为旨在改善审批服务的行政审批局模式提供了不同层次的方向指导，从内外两个系统维度来理解改革推进过程中的目标认知，促进其在整合的基础上完善不同阶段的具体建设。

其次，从执行层面来看，整体性治理的核心是构建整合及协调机制以形成治理合力，进而实现跨部门间"碎片化"问题的解决（张晓卯，2020）。这不仅是对政府内部部门界限的打破与重组，同时要求构建跨界性的合作模式，以期推动行政审批局模式中"集中"内涵的扩展与完善，使其能够在整合审批权限的基础上推动更广范围的合作，从而以多样化的方式满足公民的复杂化需求。

最后，从方式层面来看，整体性治理具有较强的工具理性，不仅主张通过信息技术打破部门界限，实现基于数据共享的跨部门整合与协同，而且强调方式层面与目标层面之间的相互一致和相互增强，启发对行政审批局模式中技术手段应用与数据驱动目标间的关系进行反思，并与目标层面的建设相互适应，挖掘改革进程中技术应用难题所体现的根本原因。

综上所述，本章旨在从目标层面、执行层面和方式层面来建构行政审批局模式的分析框架，一方面可以较为精准地界定模式特征与发展导向，对当前改革存在的"碎片化"困境做出深层次的解释与分析；另一方面可以结合理论内涵的指导，并在此基础上为该项制度创新的深化与扩散提出相应的整体性优化方案。

四　研究案例

2017 年 12 月，莲湖区行政审批服务局（以下简称莲湖区审批局）在原政务服务中心的基础上正式成立，标志着莲湖区提高审批效率、优化政务服务和转变政府职能的深化探索。从改革实践看，莲湖区审批局通过构建审管分离体制来解决原有政务服务中心模式下出现的职能运转不畅、审批流程割裂以及部门间协调难等"碎片化"问题，从而实现政府职能的整体性履行，推动服务型政府建设。

结合上述分析框架，从目标层面看，莲湖区审批局基于机构维度的体制机制创新来推动公民层面目标的实现，即通过集中审批事项对政府职能分工体系进行优化，提升审批效率，在实现跨部门整合与协同的基础上为公民提供更为全面和便捷的审批服务，是对原有政务服务中心模式下服务效能的深度提升。从执行层面看，莲湖区审批局不仅从静态层面对层级、功能和跨部门等维度实现更广范围的整合，更重要的是根据内外部环境变化从动态层面对整合内容进行相应调整，从而实现服务体系的持续完善。从方式层面看，莲湖区审批局将大数据、互联网等新兴技术应用于服务方式的转型升级中，为改革目标的实现提供基础性保障，以多样化的服务方式来满足审批服务的个性化需求，推动服务目标的进一步实现。

总体看，莲湖区审批局改革提供了对审批服务供给中"碎片化"问题的整体性解决方案，其围绕整体性治理的核心目标，坚持提升审批效率和服务质量，通过构建审管分离体制、动态调整机制以及推动技术赋能进程，从服务效能、服务体系和服务方式维度对既有审批服务模式进行全面完善与优化，从而充分发挥了行政审批制度改革在"放管服"改革中的重要作用，显著改善了地区营商环境，进一步激发了各类市场主体活力。

综上所述，本书选择莲湖区审批局作为研究案例，并通过笔者所在研究团队与莲湖区审批局共建的地方政府"放管服"改革研究基地，采用访谈、查阅文本资料和参与式观察等方式进行研究数据的收集。一方面，与参与莲湖区审批局改革的不同层次主体进行深度访谈，其中既包括正局长、副局长，政策法规科、审批科、技术科负责人，以及窗口一线工作人员，也涉及办事群众、区内相关企业，从改革设计、执行和服务反馈等多个维度进行材料收集。另一方面，收集从中央到地方各级政府关于行政审批局改革的规范性文件与指导性意见，对其展开政策文本分析，总结改革特征与本质，更为准确和规范地理解改革。与此同时，在数据收集过程中遵循三角验证原则，对访谈、文本资料、参与式观察等多种类型数据进行比较，注重不同数据之间的相互印证，使数据收集达到理论饱和，即直到新收集的数据不再增加新的观点或改变现有理论命题（Eisenhardt，1989）。

第三节　整体性治理视角下行政审批局的改革机理

一　目标层面：整体性导向下审批服务的深度优化

从整合目标看，顾客、机构层面的目标主要由地方政府来生成和实现，体现在以机构设置和职能分工优化为基础来满足公民需求，而政策、组织层面的目标需要较高层级的政府来制定和负责（竺乾威，2008）。鉴于目前行政审批局的建设主要集中在区县层面，所以对其分析主要从微观的目标维度进行，同时在机构和顾客（这里特指服务对象，后称公民）层面目标讨论的基础上，反思政策干预目标的贯彻和组织体系的优化程度。

坚持以公民需求为核心，既是整体性治理在顾客层面提出的目标要求，也是贯穿于整个治理过程的价值导向。这里的公民是指广义上的服务对象，包括公民个体以及法人与社会组织等直接接受审批服务的群体。行政审批制度改革侧重于激发市场主体活力，改善地区营商环境，在服务对象特征方面以企业为主，所以贯穿整个制度改革的逻辑就是提升审批效率，同时坚持在高效的基础上进行服务方式优化，实现群众办事体验的全方位提升。

从效率提升看，行政审批局一方面在行政服务中心改革的基础上实现了窗口的进一步整合，入驻部门的增加提供了更加全面的服务内容，从而直接减少了公民和企业的跑腿次数，如莲湖区开办企业的审批服务由原来的跑 4 次变为跑 1 次即可完成，同时户政等部门的入驻为审批材料的补办提供了相应保障；另一方面通过材料压减和流程再造实现审批效率提升，即基于整合后的部门数据共享以及对共性材料的筛选，大幅精简群众办事的申报材料，同时在线上与线下相结合的基础上推行并联审批和容缺受理，分层次缩短审批时限，实现了审批效率的大幅提升。

从服务优化看，莲湖区审批局根据办事流程实现了群众体验的全面改善。一是营造"进门体验"，主动降低办事大厅业务种类多、人流量大等不利因素的影响，在全省首家采用无声叫号系统，营造相对安静的办事环境，既提高了办事效率，也提升了办事群众的舒适度。二是创新"窗口体验"，充分考虑办事群众的心理感受，要求窗口工作人员统一面向群众而坐，同时在窗口工作台的设计和座椅的采购上充分考虑人性化因素，既保证舒适度又确保书写方便，受到了办事群众的广泛好评。三是优化"便利体验"，在大厅导办台备有轮椅，方便残障人士和腿脚不便的老年人办事，设置第三卫生间、母婴室、儿童游乐室、医务室等，面向特殊群体提供相应服务。四是推出"全时体验"，全面推行延时服务，各功能区在中午都安排人员值班，为有需要的群众提供服务。五是强化"反馈体验"，推出市民中心客服电话，既方便了群众也提高了效率，同时建立电话回访制度，每天对一定比例的办事群众进行回访，有针对性地改进服务。

整体看，莲湖区审批局以公民需求为核心，区分出改革中的多层次目标结构，即在深度整合服务事项以提升审批效率的基础上，多层次、全方位提升公民的办事体验，准确掌握改革的本质目标与其制度优势带来的优化空间，在目标层面坚持以服务为主的价值导向。

二　执行层面：静态扩展与动态调整的高度耦合

整合范围的广度和深度，会直接影响治理体系和治理结构的完善程度，如何实现更多维度内主体及资源的整合是整体性治理在内容层面的具体要求。希克斯提出的三维治理结构模型，主要从纵向维度实现层级整合、横向维度实现功能整合以及部门维度实现内外部主体整合。结合行政审批制度改革实践，行政服务中心模式实现了在物理空间以及前端受理环节的整合，同时积极开展线上服务体系的探索。而行政审批局模式则在其基础上将审批职能彻底划转到一个部门来履行，所以对其整合维度的研究不再局限于原有内容层面的分析，而是从动态和静态的视角来探索其整合内容的调整对服务体系的优化效应。

从静态维度看，行政审批局实现了层级和功能维度的整合，同时也吸引了外部组织参与服务体系建设，是在行政服务中心模式基础上进行的更为广泛和彻底的整合。行政审批局改革所侧重的审管分离体制，是其区别于行政服务中心模式的核心特征，与整体性治理强调在组织及机构层面减少重复、避免冲突以提高效率，主张构建部门间合作关系的改革理念具有较高的契合性。莲湖区将20个区级部门的139项行政审批和政务服务事项划转至审批局，同时原部门保留监管职能，实现了对政府职能体系重组和分工的优化，不仅有效提升了行政审批效率，而且倒逼事中事后监管的加强，是在机构层面的重要创新。针对审管分离后带来的审批与监管脱节现象，莲湖区审批局分别制定信息通报、结果抄告以及联席会议等八项制度规范，全方位构建审批部门与监管部门之间的联动机制，有效完善审批局模式，同时避免整合后带来的"碎片化"问题，实现部门间的有机联系，保障在新的职能分工体系下实现有效运转，推动审批局模式可持续发展。

从动态维度看，莲湖区的创新之处在于从系统视角对整合维度和整合内容进行调整，使其能够符合改革实践进展及公民需求的变化。无论是在改革自身层面以行政审批事项为核心的动态调整制度，还是在新冠疫情下根据公民需求变化进行的线上服务方式的创新发展，都是莲湖区审批局基于动态维度对服务体系做出的持续完善，从而推动该模式实现可持续发展。

（一）整合机制：审批事项的"持续性整合"

莲湖区审批局在将不同职能部门的审批事项实现静态集中的基础上，根据实际运行情况和公民具体需求，对相关事项进行动态调整与整合。从职能维度看，审批局不仅响应了整体性治理所强调的在层级和功能层面的整合要求，而且构建了相应的协调机制以保障整合机制的可持续运转。

具体而言，莲湖区审批局积极汲取以"最多跑一次"改革为代表的行政服务中心模式的优点，根据公民需求定义"一件事"的内容，构建了以发展阶段作为参照的自然人和法人生命周期树。其中，前者按照自然人的生命周期，从出生到老年分为四个阶段，将原根据表单和部门分类的200个事项整理划分为37个主题和59个事件；后者则从法人角度，将其发展历程从设立到注销分为三个阶段，并将489个事项整理划分为26个主题和68个事件。自然人和法人生命周期树中的多数事件可在审批局办理，从而实现了在重新整合事项基础上极大地提升公民的办事体验，同时也优化了审批局对自身职能的管理，提高了整体运转效率。

从审批事项看，莲湖区没有将其整合视为一个静态过程，而是在实际运行中对其进行动态管理，即按照应进必进的原则将审批事项进行集中，对于不宜纳入的事项则按照具体要求进行调整。例如，在试点之初由区残联纳入审批局实施的"残疾人证"的办理，在实际运行后发现该证件的受理环节在社区，而享受待遇需到区残联，除办证外没有业务再需审批局办理，从而该事项的划转在实质上增加了群众办事负担。所以，莲湖区审批局就以莲湖区行政审批制度改革领导小组办公室（以下简称区审改办）的名义提请区政府常务会将该事项调整回区残联，并在政务服务中心设立咨询窗口。该事例鲜明地反映了通过对事项的动态调整可以保障改革顺利推进。事实上，这也符合相对集中行政许可权改革的本意，即有限度地集中和动态集中。

（二）协调机制：组织架构的"适应性调整"

莲湖区基于机构层面的创新，从组织隶属关系方面进行调整，以促进机构整合后行政审批局职能的发挥，并实现其与政务服务中心优势的集成。一方面，莲湖区按照全省部署，结合改革工作进展，将区审改办由区委编办调整至区行政审批局，显著改善了审批制度改革的组织关系结构，加大了具体工作层面的执行力度。另一方面，莲湖区审批局建立在原政务服务中心基础之上，前者既是后者的行政上级，又是后者的入驻部门。这使政务服务中心在级别上有所降低，但工作量反而增加，导致工作积极性较低。对此，莲湖区审批局从组织内部将政务服务中心"提级"管理，即由主要局领导直接管理，而由排名第一的分管局领导负责管理审批业务，既实现了审批局与政务服务中心功能的有机融合，也使得各自的服务优势得以集成。总体看，莲湖区实现了在区审改办领导下"区审改办＋行政审批局＋政务服务中心"的"三合一"管理体制，在机构职能整合的基础上进一步实现了组织层面的整合与完善。

在"三合一"管理体制的基础上，莲湖区通过协调机制来实现不同机构间的职能分工优化，即由区审改办作为改革核心，确定改革的整体部署和中心工作；由行政审批局按照工作部署，具体推进改革和审批业务办理；由政务服务中心集成审批服务、优化服务方式，构建政务服务体系。通过对职能的明确与划分，莲湖区审批局构建了"三合一"体制下的"一核两翼"工作机制，有效避免了不同机构间的职能重复问题，实现了行政审批制度改革工作组织结构和运行模式的深度优化。

（三）信任机制：服务需求的"精准化匹配"

随着信息技术的快速发展，互联网与政务服务正在走向深度融合。但从发展现状看，"互联网＋政务服务"仍存在形式化、发展不均衡等问题，如何使线上与线下实现整合，有效发挥线上服务优势，是其面临的主要问题（杨慧等，2018）。整体性治理所强调的功能维度整合，不仅包括政府职能整合，而且包括通过增加行政资本投入以代替公民学习成本，从而减轻其所带来的行政负担（Ayesha and Muhammad，2021），其核心仍是根据公民实际需求来实现服务体系的实时调整。

2020年初新冠疫情的发生，对公民的政务服务需求以及传统的线下服务模式都产生了较大影响。莲湖区审批局在保障线下基本运行的基础上，不仅通过增加线上服务人员来满足公民的业务咨询需求，而且精准定位公民需求特征，采取多种方式开展线上服务。在构建线上服务体系的过程中，莲湖区审批局注重形式创新，选取公民日常使用频率较高的软件作为载体，以降低公民的办事成本和操作难度。例如，莲湖区审批局通过政务微店的方式进行审批服务供给，将整合后的审批事项以商品套餐形式在微店进行"交易"，并设置专业团队进行服务的免费代办。政务微店自疫情期间上线以来，浏览量已超过1万次，咨询量及办理量也快速增加，及时高效地满足了公民在突发公共卫生事件下对审批服务的相关需求。

特别地，针对审批业务中的现场踏勘环节，莲湖区审批局通过在线提交资料、远程实时摄录的方式，创新开展"远程踏勘"审批服务，实现了该审批环节的重要创新。踏勘环节一直是行政审批的重点业务内容，原有线上服务模式仅侧重对申请材料的提交和审批，踏勘仍需在线下进行，所以从流程角度看，实质上是割裂且不完整的，未能实现全链条的线上服务。莲湖区审批局在疫情期间敏锐地捕捉公民需求的变化，将原有临时性的通过社交平台工具部分开展远程踏勘的方式进行改进，研发出专业的远程踏勘平台，实现了全程审批依据留痕、自动保存等关键功能，极大地提高了疫情下的审批效率，同时显著降低了相应的人力、物力成本，有力地助推了区内企业的复工复产。

莲湖区审批局通过构建线上与线下深度结合的全方位服务体系，并根据外部环境进行服务方式的及时调整与转换，有效实现了功能维度的全面整合，基于不同服务方式来满足不同背景下公民日益复杂化和多样化的实际需求。

三　方式层面：技术赋能向数据驱动的转型与尝试

整体性治理本质上是基于技术创新来对组织架构进行优化的治理范式，其强调现代信息技术的应用，尤其是在构建整合机制和协调机制过程中，技术发挥着根本性的支撑效应。莲湖区审批局同样建立在不同层次技术应用基础之上，在不同的发展阶段，不同类型的技术与其体制改革和制度规范相结合，逐步推动审批局多维目标层次结构的实现。如何理解信息技术应用带来的增量效应成为审批局实现整体性治理的重要引擎，需要分析技术在不同发展阶段的定位及其与治理目标之间的关系。

首先，线上服务平台的搭建为审批局在实体层面进行整合提供了重要的界面基础。李文钊（2020）将界面定义为治理研究中的核心变量，同时根据领域和层次的不同又区分出不同的治理界面。具体到行政审批制度改革中，主要围绕横向领域层面和纵向层次层面来进行构造，而公民需求的复杂性以及信息技术的发展推动了具有横向和纵向等多种特征的混合治理界面的产生，行政审批局即主要表现之一。在莲湖区审批局改革的过程中，其治理界面不再是传统的横纵维度，更多的是以线上集成审批服务受理为代表的数字治理界面和以线下集中审批事项为代表的实体治理界面。无论是数字治理界面还是实体治理界面，其本质上仍是在不同层面进行的审批服务的整体性改革。从改革历程来看，莲湖区在2015年、2016年先后建成并运行莲湖区政务服务网、"莲湖区政务服务"

移动客户端，引领了西安市"互联网＋政务服务"新实践。进入 2017年，莲湖区在西安市率先启动"最多跑一次"改革，并在 3 月 4 日向社会公布全市第一张事项清单。2018 年以来，从国家到省市层面的"一网通办"改革彻底推动了线上政务服务的集成。莲湖区的自发探索与国家层面的规范动作为审批局的建设提供了良好的改革基础，为实现审批职能的相对集中提供了重要的整合平台。

其次，莲湖区审批局在实现审管分离后所构建的动态协调机制，实质上仍是建立在"制度＋技术"基础之上。其中，制度安排围绕结果通告以及联席会议等八项具体规范展开，技术层面更多地强调信息交互机制的建立。从大数据技术来看，其作为打破部门界限以及实现跨部门协同的主要治理工具，直接决定了行政审批局的发展程度。信息孤岛是目前推进数字政府面临的主要难题之一，莲湖区审批局虽然在职能、物理空间上都实现了整合，但要实现可持续运转，仍取决于部门间信息共享的程度。莲湖区审批局在积极探索中通过多样化的信息传递方式实现审管信息交互，以保障审批部门与职能部门间的有机联动。在该阶段，莲湖区通过多样化的信息传递方式实现审批与监管部门间数据的实时交互，建立在新型技术基础之上的社交平台极大地提升了信息传递的效率及丰富程度。尽管目前审批信息在审管部门间的流动仍未达到数据共享层面的高度与要求，但是基于信息交互技术所构建的协调机制仍然保障了实现审管联动的数据基础。同时，莲湖区还将审批数据进行分析以改进审批流程，一方面，根据数据特征对审批流程以及大厅的窗口设置进行动态优化；另一方面，将辖区 26 家商业综合体的详细布局图和已现场勘验的 1 万余家商铺（除综合体外）信息作为基础数据库，并持续动态更新后续审批的现场勘验信息，为莲湖区审批服务地图提供数据支持，实现了审批数据的有效利用。

总体看，多样化技术的广泛应用是整合机制和协调机制在改革进程中发挥作用的根本路径，其对审批局实现整体性治理目标起到了直接的促进作用。而大数据技术的应用实现了审批数据的有效利用，同时也构成了部门间信息共享机制的核心基础，为实现从广泛化的技术赋能向精准性的数据驱动转型起到了重要的推动作用。

第四节 行政审批局改革的整体性优化路径

一 理念：重塑以服务为导向的系统化认知

在目前行政审批局的建设过程中，不同治理主体的治理理念仍处于分散化状态，并未实现目标层面的完全整合。事实上，行政审批局并非独立存在的"个体"，而是在"放管服"改革背景下转变政府职能的具体创新模式，在整个过程中需要不同主体间的相互配合与协调。实现这一整体性目标的基础，是所有参与主体在目标层面都应坚持以公民需求即以人民为中心的核心价值理念。

在改革过程中，同级职能部门以及个别上级部门由于受到自身利益或对改革认知的局限，往往认为审批事项集中会影响自己部门的发展，所以会对审批局做出的许可事项不认可，如曾出现市级职能部门不认可区级审批公章效力的现象；或通过特定形式对审批权限做变相保留，如关于某证件的审批办理由区级审批局进行，而市级部门保留证书编号或纸质材料，导致审批流程断裂，反而降低了审批效率。出现这些现象的原因是，职能部门没有意识到审批局改革并不仅仅是部门间职能体系的简单调整，认为行政审批权的集中在一定程度上削弱了主管部门的权力，所以一些部门可能通过实施"严管"找回权力，保住自己既有的"奶酪"（潘小娟，2001），而忽略了改革的实质是促进公民参与以及满足公民需求的核心愿景。所以，上级和相关职能部门在审批事项的下放或调整过程中应该认识到审批事项的集中是为了向公民提供整体性且更为便捷的审批服务，要在事项下放的基础上完成相应人员、技术设备以及其他关联资源的同步下放，保障事项审批工作后续的正常运转。同时，审批局作为新的整合性部门，在一定时期内会在业务资源、能力等方面与此前存在一定差距，因而职能部门应该坚持为公民解决问题并满足公民需求的理念，与审批局积极协调、配合，在放权的基础上帮助审批局进行过渡，从而实现在新的职能分工体系下不同部门的正常运转，保障公民的相关需求得到满足。

二　执行：构建可持续与动态化的整体性治理模式

就审管分离后的审管联动以及审批事项的动态完善而言，莲湖区审批局的改革措施已经体现出治理动态化的趋势。整体性治理强调对不同层级资源的整合，而在整合机制快速推进的基础上，如何构建相应的协调机制、保障整合后出现的较大机构的正常运转，是目前实现整体性治理目标面临的主要问题。通过莲湖区的实践，可以看到其在动态化运行方面的积极探索，这为审批局的改革深化提供了良好参照。但是莲湖区对现有改革中审管分离后静态化模式下出现的问题仍未形成系统化的治理模式。

为改善目前整体性治理中的静态治理状况，卢守权和刘晶晶（2017）从环境发展角度构建新的治理模式，提出可将动态治理能力分解为环境洞察、自我评估、学习转化、整合协同以及组织柔性等能力，并将其作为整体性动态治理的构成维度。本章结合行政审批局改革实践，主要从环境感知、组织机制和学习转化三个方面提出优化路径，推动改革实现可持续及整体性治理模式。

首先，从环境感知看，作为实现动态化治理的核心维度，无论是组织机制的调整还是学习方向与内容的转化，都以对环境变化的感知为基础。公民的需求内容、需求方式会随着环境的变化发生相应转变，如突发公共卫生事件或者信息技术的发展普及等。作为服务供给方的行政审批局，要在环境变化的背景下快速定位公民需求的实时变化，并对未来趋势做出基本判断，从而实现服务内容和方式与公民需求相匹配。

其次，从组织机制看，在对环境做出判断的基础上，组织内部能否做出相应的转变与调整，主要取决于机制的特征。整体性治理强调打破部门界限、实现跨部门协同，这在一定程度上冲击了原有官僚化组织机制的刚性。但实现动态治理的核心是组织柔性的程度，即组织体制在内外部环境的变化中持续适应环境变化和进行自我调整的能力，体现为组织功能和组织过程的转变。所以，需要在整合之后，在不同机构间实现更高层次的合作与加强，以保持组织柔性。具体到行政审批局的改革来看，审批事项划转并非一个固定、单向的过程，审批工作的运转也并非审批局一家机构的工作任务。在社会及政策环境变化的背景下，审批标准的调整、部分技术性较强或专业化审批事项的运转等均需要审批局和职能部门间的配合与协调，从而保障政府职能的整体性履行，为其实现动态性治理提供相应的机制保障。

最后，从学习转化看，在打破内外部界限基础上所构建的跨界性合作模式，也为行政审批局解决环境变化所带来的问题提供了多样化的思路。莲湖区审批局在设立之初，就把准商业化的大厅设置、人力资源培训等引入其中，在新冠疫情期间，又通过政务微店、直播等方式创新服务提供，这些都体现出可以将外部的新理念、新方式用于特定问题的解决。这些创新性做法为改革的深化提供了良好导向，但真正实现改革的可持续运转，仍需要制度化的规范以及学习型组织的建立。可持续的发展模式是整体性治理在目标层面的要求，而实现该目标的主要方式是将其置于动态治理之中。整体性治理与动态能力的结合同样为行政审批局模式的完善提供了全新改革路径，让其能够适应社会环境的快速变化，为公民提供更加全面快捷的审批服务。

三　方式：推动信息技术的统筹协调与深化应用

信息技术的应用与规范化程度直接影响着行政审批局的发展程度。尽管不同地区的行政审批局均在打破信息孤岛方面开展了积极探索，但从本质上看，目前信息层面的"碎片化"现象仍十分严重，这也使得审批局的运作效率受到限制，审批数据难以实现社会化应用。同时，区县层面的行政审批局改革实践，由于不同地区的发展状况及电子政务系统建设进展存在差异，所以在信息交互方式、频率及数量上均不相同，甚至一个单位内不同部门间在进行信息传递时所使用的软件也不同，这些现象均反映出技术规范程度非常有限。

为此，结合敬乂嘉（2021）关于推动数字政府转型的分析框架，针对行政审批局改革进程中体现在方式层面的工具应用与规范问题，主要从制度、组织和个人三个维度进行设计与优化。

从制度维度来看，所回应的主要为问题层级的特殊性，即对于部门间的信息孤岛或数据壁垒，本质上是"利益壁垒"的外在技术形态，所要面对的是"利益壁垒"及利益博弈所衍生的部门隐形权力（许峰，2020）。其解决方案并非技术性的，而是政治性的，问题的解决需要更高层级政府进行统筹与协调。例如，贵州省通过其大数据技术优势，由省级层面推动以使用数据云的方式实现数据交互，从数据层面实现部门界限的打破，以数据形式实现不同部门的整合（宋林霖、朱光磊，2019）。上海市通过"一网通办"改革，建设网络化的治理形态，成立上海市大数据中心，建立了"一网通办"的运营中枢以及公共数据治理的推进机制（敬乂嘉，2021）。所以，对于行政审批局这类实践于区县层面的基层创新，在制度层面亟须更高层级政府的战略引导或政策支撑，同时建立相应的管理机构和协调机制，才能从根本上解决信息或数据割裂所带来的治理效率问题。

从组织维度来看，所强调的是相应的管理策略设计以及在结构、目标和文化等层面的转型，本质上是制度优化在组织管理中的向下延伸。结合行政审批局改革来看，其方式层面所存在的技术应用规范问题的核心在于组织内部对数据的处理和认识仍未统一，并未形成适应的公共数字生态系统（敬乂嘉，2021）。所以，在制度规范的前提下，如何建立相应的管理机构，从领导者、员工等组织要素，以及从管理到协调各个过程都实现数据的合理应用，是推动治理方式与治理目标协调的组织前提。

从个人维度来看，其核心即公共组织领导者数字领导力的提升，Roman等（2019）将其概括为数字沟通、数字社交、数字调适、数字团建、数字技术和数字信任六项能力，所以在该过程中同样涉及部门中其他成员对数字化采纳和适应的态度。即使有制度和组织层面的设计，但从微观维度来看，公共组织中领导者和其他成员的个人认知同样对行政审批局改革中存在的信息孤岛具有重要的影响，所以必须从个体出发来转变认知，改变对数据价值与归属的界定性认知，才能与上述层面实现良好的互动效应，实现行政审批局从技术赋能向数据驱动的整体性转型。

行政审批局改革是一场涉及不同维度、不同要素的针对政府职能体系的系统性再造，整体性治理基于组织架构维度对其进行的观察，更多的是围绕改革初始阶段以整合为核心内容的改革模式分析，以及如何实现在目标与方式相互一致、相互增强的条件下来推进执行层面的动态完善。随着改革的不断深入，行政审批局无论是在改革范围还是改革深度方面，其关注的焦点将不再仅仅是整合层面的问题，还有在技术应用的基础上如何实现治理范式转变，以及如何将改革模式稳定化，并将可行性较强的制度措施在更广范围内予以推广的问题。相比较而言，面向行政审批局改革的后续发展，整体性治理所能关注的要素较为有限，对改革的指导性相应受限，特别是对改革主体能动性的挖掘（Lin and Xu，2017），以及对改革经验的系统总结与理论解释等都较为匮乏，需要在系统论、政策创新扩散、技术治理等更多理论视角下进行探究。只有对行政审批局改革的阶段性要素进行多个维度的综合分析，才能推动改革持续深化，使这一模式日臻完善。

第七章　行政审批局改革的
系统理论构建

　　行政审批制度改革是国家治理体系和治理能力现代化的重要组成部分，是行政体制改革的重要突破口。2019 年党的十九届四中全会通过的《中共中央关于坚持和完善中国特色社会主义制度　推进国家治理体系和治理能力现代化若干重大问题的决定》提出，要"深入推进简政放权、放管结合、优化服务，深化行政审批制度改革，改善营商环境，激发各类市场主体活力"，表明存在以调节政府与市场关系为核心的"放管服"、行政审批、营商环境和市场主体"四位一体"的逻辑关联。同年，中央经济工作会议指出，"必须从系统论出发优化经济治理方式，加强全局观念，在多重目标中寻求动态平衡"。为此，应从系统论出发深化新时期行政审批制度改革，这也符合党的十九届五中全会精神，即把"坚持系统观念"作为"十四五"发展必须遵循的原则。

　　随着"放管服"改革的不断深入，行政审批制度改革在地方探索中主要形成了政务服务中心（以下简称政务中心）和行政审批局（以下简称审批局）两种实践模式。与政务中心通过"三集中三到位"改革、"受审分离"及互联网技术等提升审批效能相比，审批局侧重通过以相对集中行政许可权为核心的"审管分离"式体制变革实现效能提升。2019 年初，习近平总书记在雄安新区考察时充分肯定了"一枚印章管到底"的审批局模式。截至 2020 年 12 月底，全国范围内各级各类行政审批局共有 1025 个，包括 2 个副省级城市、13 个省会城市、92 个一般地级市、305 个市辖区、123 个县级市、381 个县和 109 个各级功能区（张定安等，2022）。

　　在显著提升审批效能的同时，审批局改革仍面临多重挑战，其中审批局与原职能部门在权限、责任、履职及信息上的关系和联动问题是焦点之一（方宁，2018；赵宏伟，2019）。改革之后，审批局要面向多个职能部门进行工作协调，沟通成本较高，特别是改革把原来基于部门审管一体的线性审管信息流变为基于政府整体审管分离的集散式信息流，造成审管信息不对称。尽管已有"审管信息双推送"等相应制度安排，但审管联动的实际效果很难达到"倒逼监管转型"的改革目标。因此，亟须创新审管联动机制，打通审与管之间数据共享和工作互补的通道，实现对市场主体的全过程监管（张定安，2020）。

大数据时代，深化审批局改革、创新审管联动机制的关键是"让审管数据说话"。通过强化和优化审与管之间的数据衔接和互动，尽快形成高水平、数据驱动的审管联动，避免出现审与管职能脱节导致审批局改革停滞的局面。依托利用审与管两方面信息积累的数据资源，探索构建由数据驱动的系统性、协同化审管联动优化路径，成为深化审批局改革的当务之急。事实上，这种理论探索也契合党的十九届四中全会和五中全会接续提出的从"推进数字政府建设"到"加强数字政府建设"的贯序要求。为此，立足系统论来全面认知并把握审批局改革，并在此基础上探讨由数据驱动的高水平审管联动优化路径，成为本书的核心关切。

第一节　概述

整体而言，国内行政审批局的研究态势大体可分为初始（2009年）、停滞（2010～2013年）、增长（2014～2015年）、热点（2016～2018年）、稳定（2019年至今）几个阶段（见图7-1），这与审批局改革实践所经历的地方单点探索（四川省成都市武侯区，2008年）、地方多点探索（天津市滨海新区、宁夏回族自治区银川市、湖北省襄阳市高新区等，2014年）、国家层面两批次试点推进（2015年、2016年）、地方全面推进（2017年至今）几个阶段高度契合。鉴于此，本节主要对近年来的研究文献择要回顾。

对行政审批局改革本质的研究。行政审批局是以"放管服"改革整体目标为职责的政府机构，具有天然的改革属性，是从审批层面促进监管的体制突破（宋林霖、何成祥，2019），为打破审管一体的管理体制、构建新型监管体制扫清了障碍，也为行政许可权回归公共目的提供了可

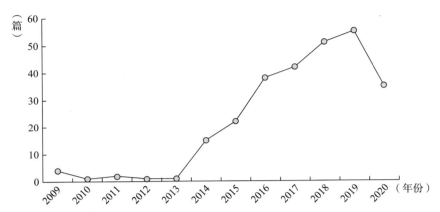

图 7 - 1　2009~2020 年基于 CNKI "篇关摘"搜索的行政审批局研究发文量

注：搜索时间为 2020 年 11 月 18 日。

能（王克稳，2017a）。尽管行政审批局成立之初就有对其改革模式、行政效能、专业能力等的质疑，但实践证明审批局改革是推动政府职能转变、提升审批效能、改善营商环境的有效路径。该模式不仅吸纳了"最多跑一次"改革中"互联网 + 政务服务"等技术支撑（郁建兴、高翔，2018），而且体现出职能重组、结构重构、过程再造、体制完善等多元价值（朱光磊等，2017）。

对行政审批局改革困境的研究。当前，除面临改革顶层设计不足、法律法规调适滞后等共性问题外，各地行政审批局改革还不同程度地存在职权划转标准不一、审管责任划分不清及"信息孤岛"等问题，制约了该模式价值的发挥。究其原因，宏观上改革存在双轨逻辑的博弈，表现为中央主导的"顶层逻辑"（理念导向、依托职能部门、清理审批内容）与地方发展的"属地逻辑"（发展导向、依托政务机构、重构审批机制）之间的张力（林雪霏，2016）；中观上改革内含制度与技术两个变量，分别影响审批内容规范和审批方式优化（刘晓洋，2016），其协同程度影响着改革成效与进程；微观上改革涉及的政府部门间信息流动线路较为繁杂（王印红、渠蒙蒙，2016），在信息生成、信息内容及信息管理上存在矛盾和冲突，亟待优化整合。

综上，已有研究对行政审批局改革的作用、价值、困境、问题等进行了探讨，认为深化改革需要创新审管联动机制。但相关内容更多关注

"审管部门分立"的应对，忽视了"审管职能耦合"的实质，从而缺少监管导向及数据思维的改革路径揭示。具体而言，尽管理论界从责权关系、信息流动、监管能力、数据利用等视角提出审管衔接的问题与建议，实务界围绕审管责任划分、审管信息双推送等做出审管联动的制度安排，为审管联动研究提供了一定基础，但两个方面的思考更多地把审与管作为分立的两个部分来看待，虽然考虑了两者的关联性，却忽视了它们作为改革整体的部分间关系的平衡性及其所支撑的改革整体功能的发挥，其实质是对由审管分离和审管联动耦合而成的审批局改革系统性的忽视。

为此，本章将从系统论视域来认知和考察行政审批局改革，以审批与监管关系作为基本参照，通过将审批局改革进程划分为审管分离与联动、审管协同共两个阶段、三个环节，来探究不同阶段及环节中权力与责任、制度与技术以及知识、信息与数据等改革核心要素的关联关系和互动逻辑，在此基础上揭示审批局改革的演进方向与图景，以期为改革的深化提供有益参考和借鉴。

第二节　行政审批局改革的生成、演进与秩序

行政审批局改革肇始于 2008 年 12 月成都市武侯区的大胆探索，但其推进改革的做法和经验在随后五年时间里没有在全国范围内得到积极响应或扩散。2014 年 5 月 20 日，天津市滨海新区成立行政审批局；9 月 28 日，湖北省襄阳市高新区成立行政审批局；10 月 28 日，宁夏回族自治区银川市成立行政审批服务局。同年 9 月 11 日，李克强总理在天津市滨海新区考察时，对审批局改革模式做出肯定性定调。随后，中央编办、国务院原法制办先后两次印发《相对集中行政许可权试点工作方案》，确定在 14 个省（自治区、直辖市）推行推广行政审批局模式。

审视这段改革的历程可以发现，武侯区审批局的成立运行，是对其原先"政务服务中心"改革路径的一次"质变"式突破，标志着我国行政审批制度改革的路径分叉。尽管此后经历了一段时期的"孤独"探索，但路径示范的意义是不言自明的。天津市滨海新区、湖北省襄阳市高新区以及宁夏回族自治区银川市的主动探索，形成了审批局改革动力的多源叠加与多元联动，共同助推这一改革路径的显性化和规范化进程，

并在得到国家领导人首肯的条件下，快速由自下而上的地方探索上升为自上而下的政策导向，初步实现了审批局改革路径的创新扩散。

伴随这一扩散进程，审批局改革所内含的问题逐步显现，特别是审与管之间在工作衔接和协调配合上的矛盾日益凸显，对此前述文献已有集中讨论，此处不再赘述。此外，以省份为单位进行改革全貌考察时还发现，尽管各省份都在推进审批局改革，但不同省份的具体推进路径存在较大差异，典型的如山西省和陕西省。前者的改革采取了自上而下整体推进的做法，从省级开始即成立实体审批局，市县予以跟随，改革步调整体一致；而后者尽管做出了自上而下的改革部署，但具体推进则是基层的区县、开发区先行成立实体审批局，市级层面的改革没有同步（如延安市成立了实体审批局，西安市尽管成立了审批局却是虚体性质的），省级层面也未成立实体审批局，由此带来基层改革的诸多制约和层级改革不同步，形成整体改革的失稳风险。

这种地方改革路径的差异，形成了审批局作为行政审批制度改革路径分叉的多个子分叉，且各分叉之间及其内部层次之间改革的同步性存在显著差异，由此影响我国审批局改革作为一个过程整体的协同性和稳定性。尽管由文化观念、行政理念、基础条件、改革策略等造成的地方改革差异性在一定程度上不可避免，并能给改革带来活力和互补性等积极因素，但从形成一个更加规范的政府职责体系的改革目标来看，当前及未来审批局改革的进程应该更加追求"存异求同"，以实现改革进程整体有序和相对可控。在此背景下，亟须从系统整体的角度和高度把握并推进审批局改革。

第三节　行政审批局改革的系统阐释与构建

狭义的系统论是指系统科学哲学（魏宏森、曾国屏，1995），广义的系统论包括系统思想、系统理论、系统方法等，侧重对具体对象或特定问题的系统分析。结合前述中央会议精神与本书的研究目的，本节对系统论采取广义理解，主要从系统分析角度对行政审批局改革进行分析界定和系统构建。

一　行政审批局改革的系统界定

结合行政审批局改革的实践背景及笔者前期调研情况，首先从改革生命周期涉及的主要活动过程角度对其进行系统界定，即行政审批局改革是一个复合化的时空活动过程系统，以"放管服"改革为系统环境，以营商环境优化为系统目标，以政务中心改革（模式）为伴生系统，具有阶段性、渐进性、地域性、层级性、综合性、动态性等复杂系统特征（见图 7 - 2）。

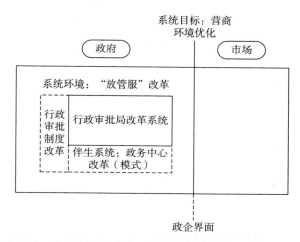

图 7 - 2　行政审批局改革系统的环境、目标及其伴生系统

二　行政审批局改革系统的构建

在此基础上，遵循系统论思维和系统分析一般框架，结合前述文献梳理以及第二节对行政审批局改革实践进程所做的系统性审视，本部分构建了行政审批局改革系统的时间 - 空间 - 动力三维框架（见图 7 - 3）。其中，时间维度包含审管分离、审管联动、审管协同三个环节，并可分为审管分离与联动、审管协同两个阶段；空间维度集中体现为改革的地域差异，具体可从省、市、区县构成的组织层级和改革力度两个子维度进行综合刻画；动力维度则由系统的结构要素和动力要素耦合形成，其中结构要素包括权力、责任、制度（机制、规范）、技术（知识、信息、数据），是刻画审批局改革的主要静态要素，动力要素包括权力、知识、信息及数据，具体体现为审批权力重置、审批知识合作与审管信息交互、审管数据驱动等渐进性的系统演化动力。

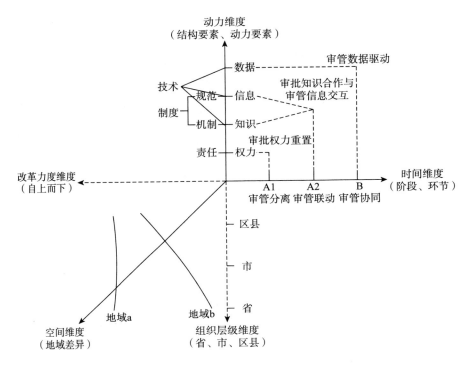

图 7 - 3　行政审批局改革系统的时间 - 空间 - 动力三维框架

图 7-2 和图 7-3 共同构成对行政审批局改革的系统性阐释与框架构建，其中前者是从外部视角来描述改革系统的一般界定，后者则从内部视角来剖析改革系统的具体构成，两者互相关联、互为支撑。在此基础上，结合 2019 年中央经济工作会议提出的"必须从系统论出发优化经济治理方式，加强全局观念，在多重目标中寻求动态平衡"这一论断，再对行政审批局改革系统做出延伸分析。所谓"全局"，是指改革旨在进一步调整政府与市场关系，使两者各得其所；所谓"多重目标"，是指改革具有提升审批效能、倒逼监管转型、激发市场活力等多重目的；所谓"动态平衡"，是指改革要兼顾审管协调、层级协作、地域联动等多维度的复杂张力关系及其平衡稳定；而所谓"优化"，则直指改革要在审批效率、监管能力与市场秩序相互适应的进程中形成整体稳定性。

下面将从行政审批局改革系统两个阶段的动力入手，对改革进程进行具体辨析。

第四节　改革系统的直接动力：从审管分离到审管联动

一　基于许可事项相对集中的审管分离

许可事项是行政许可权的直接载体，其集中或分离作为行政审批制度改革的主要表现，体现了不同阶段改革进程的相应变化，本质上是围绕权力这一行政体制内的核心要素所进行的行政许可权配置解构与重构的过程，从而带来行政方式、行政流程、资源配置等一系列变化（马长俊、胡仙芝，2020）。政务中心建设初期，尽管实现了服务窗口集中，但仍由不同部门进行各自分管业务的审批，公民办事的程序、效率没有发生实质性变化。随后进行的以"最多跑一次"为代表的行政审批制度改革仍以政务中心为基础，在服务上推行"一窗式"的无差别受理，通过关联分析将相关事项进行整合办理，具体的审批则在后台通过并联审批等方式实现效率提升，整体而言这一阶段的"集中"更多的是物理层面的优化与协调。而行政审批局改革则建立在以审批事项为核心的行政许可权的集中之上，在政府整体职能层面实现了审批与监管的分离。

具体而言，行政审批局改革的关键在于正确处理"集中"和"分离"的关系。一方面，审批事项的"集中"是改革的根本特征，蕴含多层次的内涵。首先，"集中"是在一个统一部门（审批局）的基础上实现更为广泛和彻底的事项整合，审批权限的转移是区别于之前改革的本质特征。该模式的整体设计基于新的权力结构体系，不仅要实现公民需求的高效满足，而且要保障机构的正常运转。其次，"集中"是在一个相对范围内来进行的，审批权限的划转意味着审批工作的整体转移，而对于权限本身具有特殊性或其运转的技术设备及人员要求超出审批局承载能力范围的，需要对转移的必要性进行评估并做出相应安排，即"相对"的内涵不仅是指集中维度和范围的有限性，而且强调集中内容在动态层面的双向管理。最后，"集中"的实施依赖信息技术的发展程度，打破部门界限的核心在于打破信息孤岛，在实现物理集中和职能集中的基础上，更重要的是实现审批信息的共享，这样才能真正实现集中的内涵，即审管分离后的审管联动与协同。

另一方面，审管职能的分离是改革深化所关注的关键环节，它既构成实现改革目标的基础机制，也成为影响改革绩效的主要变量。针对政务中心模式存在"收发室、传达室"等"碎片化"问题，审管分离机制的建立是从组织结构维度来破解部门间的协同困境，以实现政府职能体系的深度优化。而在带来效率提升的同时，审管分离同样存在审管脱节的隐藏风险，改革速度较快会使二者的能力难以在短时间内实现相互适应，所以作为改革"底色"的分离机制，仍需通过制度化的体系建设与规范化的技术应用来实现审管部门间的协同发展。

二　基于审批知识与审管信息的审管联动

改革在第一阶段的核心，即围绕行政许可事项集中而展开的审管分离机制构建，通过审批权力重置实现了政府职能分工体系的优化。但审管分离造成的审管脱节，又成为制约当前改革的主因。此时，建立在审批知识合作和审管信息交互基础上的审管联动机制的意义得以凸显。一方面，许可事项实际运转的专业性和复杂性，无论是在流程规范还是人力资源方面都给行政审批局的知识能力带来挑战，体现为许可事项受理及审查中的具体难题仍需监管部门给予支持与帮助，从而保障改革初期审批局的正常运转；另一方面，改革后原有线性审管信息流要转变为集散式的审管信息流，而能否形成有效"集散"，取决于审批信息、监管信息之间的及时交互，即审批局与监管部门间以何种载体、频率、幅度、方式来推送审批与监管信息，从而形成责任边界清晰、信息交互及时、有效且规范的集散式审管信息流（见图7-4）。

（一）许可受理沟通

改革初期，大量许可事项交由审批局执行，由于所涉业务种类多、范围广，专业知识与技能的缺乏会造成审批局在专业性较强的事项上存在疑虑。此时，审批局会以正式沟通、非正式沟通两种方式向监管部门征求意见。正式沟通是指由审批局向监管部门发函，请求对方给予帮助；非正式沟通则是指审批局干部和员工通过自身的私人关系向监管部门人

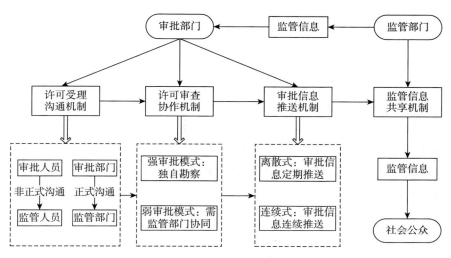

图7-4 基于知识与信息的审管联动机制

员进行业务咨询。

具体来看，在确定划转事项后，审批局要与监管部门就事项的法律法规依据、材料、程序、专业技术标准等进行联动，以确定许可权行使规范与标准，同时审批局还会就许可材料、许可编号等资源与上级监管部门进行互动。在该过程中，审批局还需要将相关标准信息进行公开，让行政相对人参与到事项标准的确定中，从用户角度进行意见反馈，推动审批模式优化。这一工作机制是相对集中行政许可权的入口机制，也是审管联动的基本层次，需要不同主体对事项标准进行沟通协调，使得事项的运转更加合理高效。

在确认事项标准后，相应职权会划转到审批局。在该过程中，监管部门应考虑审批局的实际承载能力，尤其是针对部分难度大或技术性要求高的审批事项，监管部门在划转的同时应给予相应的人力、物力、设备和技术支持，以实现事项资源的合理协调，保障审批事项划转审批局后能够正常运转。

此外，还涉及许可事项的动态调整。这是事项划转后审管联动效应的直接体现，主要是指划转后的事项在实际运行中存在较多问题时会返还至监管部门，或由审批局对事项承担一定的监管权，即在特定事项上实行"先集中、再退回"，以及在特定条件下由审批局代监管部门行使特定事项监管权。由此来看，许可事项实际上处于动态调整之中，这既是审批局与监管部门的良性互动，也是审管联动机制在事项层面的动态运行保障。

（二）许可审查协作

在许可事项的审查阶段，审批局在完成许可审查的过程中，针对特定审查环节还需征求监管部门意见，或请求监管部门开展联合踏勘、技术评审等，而监管部门则会反馈相对人的情况，在必要时请求延缓审批。在这个过程中，审批局与监管部门围绕审批专门知识的合作也得到了充分体现。进一步，根据审批行为，特别是许可审查行为独立实施的程度，可将审批局的审批行为划分为"强审批模式"和"弱审批模式"。其中，采取强审批模式的审批局工作开展较为独立，同时凭借较强的专业能力，可独立承担多数审批事项的审查工作，因而所需的知识合作有限；而采取弱审批模式的审批局一般成立时间较短，改革基础与业务能力都较弱，因而更多需要借助监管部门的业务力量，通过紧密的知识合作共同完成审批工作。虽然程度不同，但两者在本质上都是由监管部门再次介入审批行为的实施过程之中，从而破解改革初期审批知识能力不对称导致的实践困境。

（三）审管信息交互

在做出许可决定后，审批局及时通过公文流转系统推送审批信息。审批信息的推送过程伴随管理责任的转移，不同审批局会采取不同的载体、频率、幅度、方式向监管部门推送审批信息，主要方式有离散式和连续式两种。离散式是指审批局每隔一段时间将审批信息统一打包发给监管部门，连续式是指审批局每办理一项业务就将信息推送给监管部门。通过审批信息的推送，会形成责任边界清晰、信息交互及时、有效且规范的审批信息流。与此同时，监管部门一般会把监管、执法的结果信息推送到市级企业信用信息平台，实现监管结果共享。在此基础上，审批局可以使用监管信息来识别失信企业和问题行业，从源头上调控市场准入，降低监管难度；社会公众也可以使用监管信息了解企业信息、行业与市场状况等，实现监管数据的共享利用。

第五节　改革系统的深层动力：数据驱动的
审管协同

一　基于审批数据的前馈联动

在当前的改革阶段，源于审批局的审批数据整体上局限于与监管部门的初步交互，这种流动范围的限制导致其利用效率较低。具体来看，当前审批系统内的数据流主要呈线性特征，在不同监管部门间乃至一级政府整体来看，仍存在严重的"碎片化"问题，未能触及改革的深层次内容；而在信息公开方面，市场主体无法及时获取相关审批数据，难以做出面向市场竞争的有效决策，由此带来的市场秩序问题（如市场过度饱和）将直接增加监管部门的工作难度，进而影响审批与监管部门的良性互动以及改革的可持续性。事实上，基于知识和信息的审管联动仅能维持改革初期审管之间的衔接问题。要实现审管动态平衡、保证政府整体审管职能的稳定性，就改革深化的本质而言，还需要进一步激活审批部门的累积数据及其价值。

首先，从审批数据汇集来看，实现"相对范围"内的审批数据统一管理是改革的重要目标。但审批数据的汇集，横向而言需要审批局与同级监管部门交互，纵向而言需要审批局与上级相关监管部门交互，其中数据交互标准的不同将极大地增加审批局的行政成本。这也表明数据共享应该成为打破现有"数据孤岛"的主要手段，即在构建数据公开标准体系的基础上，搭建相应数据汇集平台，构建数据管理制度体系，以解决在数据层面的应用管理问题。

其次，审批数据具有数量大、范围广、与市场主体关联性强以及实时性等特征，蕴含重要的利用价值。对此，可以以审批累积所得数据为基础，对相关市场主体的行业、时空分布等情况进行专项与综合分析，再结合地域内市场容量的适度预测，将分析、预测结果及时、动态地传递给社会公众特别是潜在市场进入者，以便实现从审批端就能有效引导市场秩序，进而缓解监管压力，以此实现审管的"前馈"联动。此外，审批数据的跨监管部门流动及利用，同样可以成为相关部门的辅助决策工具。

二 基于监管数据的反馈联动

监管部门作为审批局改革系统的重要组成部分，同样可以在监管数据累积的基础上积极实现"反馈"式审管联动。具体而言，反馈联动以监管信息累积所得数据为基础，由监管部门重点对失信及受到处罚的市场主体的行业、时空分布等情况进行专项与综合分析，并基于分析结果评估相应的市场风险，再将分析、评估结果及时、动态地反馈给审批局以及社会和市场主体，以支持审批局依法、合理地调控相关行业的审批节奏乃至准入门槛等，使得审批与监管形成协同的合力。在该路径支撑下，审批局与监管部门的关系将得到进一步优化，标志着审批局改革中审管关系由低层次联动向高层次协同的迈进。

三 基于审管数据的整体联动

在前馈联动和反馈联动的基础上，针对特定区域，还可以进一步基于审与管总体数据进行市场主体的行业、时空分布分析及行为特征提取，探索构建从市场微观主体的属性——行为集合到市场宏观动态秩序演进的计算机模拟模型，并基于不同情景开展政策模拟研究，提出审批局、监管部门及市场主体间实现有效整体联动的路径策略与政策建议。图7-5给出了包含前馈联动、反馈联动和整体联动的数据驱动的审管协同路径。

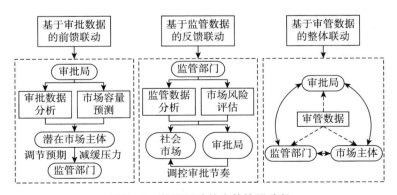

图7-5 数据驱动的审管协同路径

第六节　改革的稳定性与秩序性

一　改革稳定性"三角形"：审批效率、监管能力与市场活力

前文已提及，在审批局改革的第一阶段，经由审管分离到审管联动后，要注意形成审批效率与监管能力之间的相互适应，否则容易出现审批改革单兵突进而监管转型不能到位的审管脱序状况，导致依靠审批局改革倒逼监管转型的目的不能顺利实现。为此，在改革整体节奏的把握上，要特别关注审批效率提升与监管能力提升之间的匹配关系，保障一级政府履行审批与监管职能的协调性和同步性，实现审批改革与监管转型的高度协同。在此前提下，由审批改革形成的"宽进"效应和由监管转型带来的"严管"常态才可以相得益彰，共同为广大市场主体营造一个公平、公正的健康发展与充分竞争的环境，进而有效激发市场主体活力和动力。在这个意义上，由审批效率、监管能力与市场活力构成的审批改革稳定性"三角形"，才是认知、理解和把握改革推进的完整图景。

二　改革的三重秩序：政府内部秩序、市场秩序与改革秩序

基于改革稳定性"三角形"的基础内容可以发现，审批效率、监管能力与市场活力共同构成并影响市场秩序，而审批效率、监管能力同时构成并影响政府内部秩序。最终，政府内部秩序与市场秩序共同构成并影响改革秩序。

三　监管转型的"窗口期"

需要提及的一点是，审批局改革整体而言还未完全定型，很多基层审批局在改革实践探索中初步形成的一些经验做法和制度规范，仍然需要在后续改革中做必要的调整和完善，从而真正使经过时间检验的一批优秀制度、机制得以保留和固化，为整个改革奠定稳固和持久的制度能力基础。换句话说，当前的审批局改革在很大程度上需要一个盘整、消化期，这就给监管能力提升和监管整体转型带来一个缓冲期，也为两者的相互适应和匹配创造了一个难得的"窗口期"。地方各级政府应该主

动把握这个审批改革的"窗口期"，通过规范完善审批局的制度建设和加速推进监管部门的整体转型，为审批改革"三角形"实现更高水平的均衡和稳定创造条件。

第七节　改革的评估与升级

行政审批局改革作为深入推进"放管服"改革的有益探索、深化行政审批制度改革的创新路径，以及改善营商环境的直接载体，在较短时间内实现了相关各级政府权责职能体系的重构，显著提升了行政审批及政务服务效能，有效激发了各类市场主体的活力与动力。与此同时，行政审批局作为我国经济进入新常态、迈向高质量发展阶段的大背景下自下而上又自上而下的改革产物，其发育、发展须在我国经济治理持续优化这一系统性的动态过程中予以通盘审视。

前文在对行政审批局改革进行两阶段划分的基础上，集中分析从审管分离到审管联动这一阶段的权力重置、知识合作及信息交互机制，提出审批效率与监管能力应该相互适应，以保障改革的推进秩序，然后针对改革的深入推进，从审管数据综合利用视角提出包括前馈联动、反馈联动及整体联动在内的数据驱动的审管协同路径，作为行政审批局改革第二阶段的前瞻性框架。与此同时，以当前我国区域经济发展正在呈现的"南北"差异为背景，不难发现"北方"地域在推进行政审批制度改革时更多地采取了行政审批局路径。对此，笔者希望结合对若干地域审批局改革的综合观察，再对改革前景做出一定讨论。

一　改革的限度、成本与评估

自行政审批局改革实施以来，提高审批效率一直是改革的核心绩效指标。为此，"最短时间""最少材料""最简流程"等改革措施纷纷涌现，在很大程度上既推进了改革也达到了便企利民的目的。但是就行政许可的实质而言，其作为市场准入的前置条件和基本门槛的作用不能忽视，特别是其作为调节政府与市场关系的法定行为的严肃性不能受到损害。换句话说，特定行政许可事项总是需要特定的办理材料、流程和时间，不可能被无限压缩。从这个意义上看，审批效率的提高有其总体限度，不能持续作为评判改革成效的主要尺度，否则可能带来数字攀比，造成改革的形式化。事实上，只要坚持以人民为中心的立场，就不难发现应该把企业、群众办事的满意度作为评判改革成效的核心标准。只要绝大部分办事企业和群众对特定的审批效率满意、接受，就说明审批改革达到了预期的效果。

提出审批效率提高有其限度的观点，还涉及改革成本的因素。任何效率的提高，都需要基层审批局投入相应的人力、物力和财力，当成本投入带来的效率提升达到其临界水平（边际效应递减）时，就需要考虑暂缓或暂停投入。此外，不少基层审批局面向新开办企业推出的免费刻章等政务服务，是否符合市场经济原则也值得商榷，特别是在中央要求地方过"紧日子"的政策环境下，对于这样的非普惠式公共财政支出更要慎重对待。对此，一方面可以加快电子印章的推广和使用；另一方面应该研究如何制定更多普惠式服务项目，把有限的财政资源花在"刀刃"上。在这个过程中，就需要对前期的各类改革举措及其成效进行投入－产出评估，分析哪些措施的力度应该适当降低、加以维持或重点加大，从而真正把有限的改革资源善加利用，实现改革效益最大化。

二　由单点突破转向综合集成

首先，对于缺乏审批改革顶层设计的地域而言，需要更加注重和强化改革的顶层设计。例如，陕西省在省政府层面涉及行政审批服务改革的部门相对较多，包括职转办、审改办、营商办、政务公开办、电子政务办等，在一定程度上造成了改革整体推进的协调成本高、难度大的问题。而山西省于 2018 年 10 月正式成立省级行政审批服务管理局（加挂省政务信息管理局牌子），统一承担全省政务改革和管理、行政审批服务管理、政务信息管理、优化营商环境等职责，从而能够相对顺利、高效地推进全省审批制度改革。此外，山西省委办公厅、山西省人民政府办公厅于 2019 年 12 月联合印发《关于在全省各市县开展相对集中行政许可权改革的实施意见》，对该省审批服务改革做出全面部署安排并详细规定路线图和时间表，使改革有据可依、有路可循。在这个方面，中央如何在全国政务服务一体化平台的基础上更好地统筹推进"北方"的审批局改革以及"南方"的"最多跑一次""一网通办""数字政府"等改革，也需要尽快提上议事日程。

其次，国务院在 2020 年 9 月印发《国务院办公厅关于加快推进政务服务"跨省通办"的指导意见》（国办发〔2020〕35 号），对政务服务"跨省通办"做出全面部署，提出要打破地域阻隔和部门壁垒，促进条块联通和上下联动，并鼓励区域"跨省通办"先行探索和"省内通办"拓展深化，同时要求提升"跨省通办"数据共享支撑能力，加强政务服务机构"跨省通办"能力建设。这一方面体现了中央政府对包括行政审批改革在内的政务服务优化的通盘设计，另一方面表明审批局改革需要进入"综合集成"式的系统性改革新阶段。以陕西省西安市为例，2020 年 6 月，西安高新区审批局、西安曲江新区审批局联合推出政务服务"两区通办"，首批涉及工商注册、纳税服务、公证服务、公积金等 95 项具体业务，两区的企业和群众可以选择就近办理这些业务；8 月，莲湖区、碑林区、新城区三个主城区的审批局领导及业务科长召开首次协调会，研究按照市审批局要求推进行政审批政务服务事项"三区通办"工作。这些实践说明，无论是从深化自身改革还是从落实中央要求的角度，地方以及基层审批局改革正在自觉或不自觉地进入"条块联通、上下联动"的新阶段，确有必要更加注重改革的联动性和协同性。

最后，伴随审批局改革在多地的持续推开，相关的改革经验和创新做法也在不断涌现，如何让其中好的创新经验实现快速、有效的扩散，也是改革新阶段要着力解决的问题。例如，西安市审批局在 2019～2021 年连续评选了全市共 30 个政务服务改革创新案例，涉及审批流程优化、审批服务标准化、引进质量管理、延伸服务体系、提高服务水平、提升办事体验等，而市本级也贡献了"15 分钟政务服务圈""网上中介服务超市"等创新案例，但面临的一个突出问题是如何将这些创新经验有效统合并使其在市内外快速扩散。特别是在一些区县和开发区已经探索推出"一件事一次办"系列主题套餐、市本级也开始推行这个主题服务的条件下，由市一级做好相关创新经验的统合与复制推广工作，就显得极为重要和紧迫。此外，延安市审批局作为陕西省唯一一家市本级改革试点，在前期做好实体审批局建设的基础上，探索推出"六个一"工程建设项目审批模式（特别是建成并运行了与国家住建部、省住建厅系统相联通的工程建设项目审批管理系统），并得到国务院职转办的肯定，鉴于工程建设项目审批是当前整个审批制度改革中的重点和难点问题，所以延安市提供的这个模式及其审批管理系统有较大的必要性和可行性在陕西省内复制推广。

三　基于数据治理界面的"整体智治"

当审批局改革转入第二阶段，即进入数据驱动的审管协同后，一个必须解决的问题就是审管数据的互联互通和共享利用。参考"界面政府理论"，在审批局改革中，审批局事实上充当了一级政府的审批界面，其他监管部门则通过进入"互联网＋监管"系统形成统一的监管界面，此时，还需要一个能够归集、统筹审管数据并对其加以共享利用的功能性平台来充当所谓"数据界面"，从而形成一个集审批界面、监管界面和数据界面于一体的整体政府。这样一个整体政府，事实上已经接近北京大学课题组（2020）提出的"平台驱动的数字政府"形态，而所谓数据界面的很多功能则需要由后者中的政务中台（特别是数据子中台）和公共数据平台予以实现。因此，审批局改革将经由审批界面、监管界面和数据界面的陆续形成，对现有政府的职能体系和组织形态进行根本重塑，最终既实现整体政府的功能，也实现数字政府的形态，并在两者的有机融合过程中逐步迈向"整体智治"（郁建兴、黄飚，2020）这一中国政府公共治理的新境界。

第八章　行政审批局改革的未来前瞻

作为本书主体内容的末章，本部分力图在全面反思行政审批局改革面临问题及其形成根源的基础上，对深入推进改革的优化路径做出系统设计，同时扼要阐发改革深化所内含的理论意蕴，以期从实践和理论两个维度对行政审批局改革的发展予以总体前瞻。

第一节　改革面临的核心问题及其根源

一　进程之"散"

从第三章基于政策创新扩散对行政审批局改革的观察可以看出，改革体现出显著的"地方创新—中央吸纳—试点推广"的路径特征，主要受行政指令、学习、模仿等扩散机制的影响。同时，行政审批局模式区别于政务中心模式，主要涉及体制层面权力要素的再分配，导致审批局改革的自主性以及相应阻力都较为突出。综合而言，审批局改革的强力性、"颠覆"性及其扩散机制的多元化引致改革进程表现出明显的分散性特征，整体上未能建立统一、有序的职责体系，使得改革在广度上进展较快但在深度上差异明显，不利于改革的深入推进。

从实践特征看，首先是省级的政策注意力不一致。虽然中央编办与国务院原法制办连续两年发布试点文件，但试点省份的路径选择有明显差异，如浙江、广东等在实践中结合自身信息化与数字化建设基础，发展出"最多跑一次""数字广东"等定位于机制优化的改革模式，而选择审批局模式的省份对改革的重视，特别是规范程度也不尽相同，一些省份尽管持续推进市、县区开展审批局改革，但整体上缺乏统一、规范的顶层设计。其次是市级的改革路径不一致。据笔者统计，截至 2021 年 5 月，约有 150 个地级市挂牌成立行政审批局，其他地市则成立营商环境管理局、大数据管理局、政务服务管理局（办公室）等类似职能机构。就审批局改革"集团"来看，以延安、银川等为代表的地市，事项划转完整，改革步伐较快，目前已侧重在工程建设项目审批、商事制度改革等领域进行深化探索，而其中部分地市虽成立了行政审批局，但并未实际划转事项（如西安市），工作重心一般是审批改革与服务的管理统筹，从而在地市层面呈现实体审批局建设与虚体审批局建设两种改革路径。此外，还需指出的是，在成立类似职能机构的地市中，其中一部分（如南京市）因为所辖区县在推进审批局改革，所以市本级机构还要做相应的管理指导工作，从这个角度看，这些市本级机构也可大体视作虚体审批局。最后是县区的改革进程差距大。在推进审批局改革的省市中，相应县区都成立了行政审批局，但受到省级顶层设计、市级改革路径以及本级改革资源、能力等因素的综合影响，县区改革的突出问题是改革推进的程度、层次等差异较大且标准化建设"各自为战"，难以形成改革的整体协同。

从理论内涵看，审批局改革进程的分散或散乱，本质上体现了纵向维度政府职责体系混乱以及横向维度审批标准化建设迟滞所造成的综合影响。从纵向维度看，职责在各层次政府间的分配以及形成的运行结构构成职责体系（朱光磊、赵志远，2020）。审批局改革现有问题之一即缺乏统一、规范的纵向维度政府职责体系，体现为基层审批局往往缺乏与其直接对应的上级主管部门，而克服改革阻力所需的顶层统筹与规范也缺乏力度，因此造成实践中层级推进程度不一。从横向维度看，尽管以职责体系为基础的组织保障可以实现区域内部改革的一致性与规范性，但实现区域间的改革协同仍需构建以审批标准化建设为核心的重要基础。府际协同是公共管理的经典命题，应急管理、环境治理等府际协同重要领域的相关研究表明，实现府际协同需要数据共享与业务协同作为基础。当前的审批局改革特别是基层审批局改革，除面临数据共享难题外，更是在以审批标准化为支撑的业务协同上存在明显短板，不少区县即便同处一市，也还存在审批事项名称、办理材料与流程等不尽一致的情况，导致区域间的业务协同难以实质性推进，从而难以形成改革合力。

就长期效应而言，审批局改革的进程之"散"及其所表现出的区域差异，再叠加行政审批自身的复杂性，会导致改革蕴含较大风险。一方面，区域间、部门间的业务协同难，改革缺失集成效应，审批工作开展面临较高的协调成本；另一方面，区域间改革节奏的不同步，将成为推动改革深化的重要阻滞因素。

二 模式之"辨"

行政审批制度改革围绕精简与集中原则持续减少政府的微观管理与直接干预，有效激发了市场活力。特别是围绕"集中"这一原则，审批改革先后形成以"业务信息"（数据）和"许可事项"（权力）两种不同要素为核心的改革路径。以数据为核心的改革路径，经过"一门""一窗"等阶段形成以"最多跑一次"为代表的政务中心模式；以权力为核心的改革路径，从行政服务中心模式"突变"而来，形成以"一枚印章管审批"为特征的行政审批局模式。作为地方自主探索的改革成果，两种模式从不同维度克服了传统审批方式存在的协调成本较高、服务供给"碎片化"等问题。与此同时，由于两种模式在改革切入点与推进路径等方面存在较大差异，因此对改革所需的制度环境及物质、技术、人员等方面的要求也明显不同。而地方政府在选择具体模式时，会同时受到上级政府行政指令、主要领导认知水平、部门之间配合程度等多元因素的影响，容易忽略模式特征与地方实际以及改革基础的匹配性和一致性，难以正确理解和把握审批局与政务中心之间的关系，进而导致两种模式下的制度创新优势都难以转换为服务效能。

从实践特征看，存在于不同层级的行政审批局"虚体"建设现象成为模式之"辨"这一问题的主要表现。相较于政务中心模式，审批局模式在改革路径上具有"刚性"特征，导致其在改革过程中面临较大阻力。因此，实践当中的行政审批局建设通常难以将理论维度的制度设计完全落到实处，往往出现一些虚实混杂的改革情况。一种是"换瓶不换酒"，即在原政务中心基础上仅改变机构名称，但不触及改革实质；另一种是"半吊子"改革，尽管划转职权，但"相对"的模糊性导致划转的随意性，或者职权虽划转了，但配套的人力、设备等资源还保留在原部门，导致新机构难以正常运转。总体看，这些现象反映出审批局改革在实践层面仍未理顺其体制机制，进而导致模式建设难以完全落实。

从理论内涵看，之所以出现实践中的模式混同，本质上是在认知层面没有把握好行政审批局模式与政务服务中心模式之间的关系与异同点，从而难以准确识别行政审批局模式的组织要素特征，导致改革路径偏离。一方面，行政审批局与政务服务中心都是在现有条块体系之内破解威权体制与地方治理压力之间紧张关系的路径探索（丁辉、朱亚鹏，2017），二者并非相互排斥或替代关系，都有特定的优势与适用性。与此同时，以信息化为基础的政务服务中心模式在服务设计、流程优化等方面都能为行政审批局模式的机制建设提供重要参考借鉴。另一方面，两者之间最突出的差异是对行政审批权限的配置方式不同，体现在是否设立特定的行政部门来集中行使审批权（马长俊，2021）。因此，行政审批局"虚体"建设的本质，仍在于未能正确理解该模式的核心要义。

三　审管之"离"

审批与监管是政府干预市场的主要方式，同时也构成政府管理的核心职能。在"放管服"改革背景下，对审与管关系的科学处理成为改革深化的重要议题。应该看到，行政审批制度改革不仅是在全面深化改革背景下政府职能体系调整的重要内容，而且逐渐成为体制改革的重要撬点，即通过"以点带面"的方式推进信用体系建设、监管方式方法以及统一综合执法等重点领域的优化与探索（朱光磊，2017）。以行政审批局模式为代表的相对集中行政许可权改革，在体制层面推动审批业务整合，实现政府审批与监管职能的相对分离。而且区别于改革前的部门审管一体，审管分离机制的建立也是审批局改革突破此前效率限度的核心举措。但在带来明显制度优势的同时，审管分离也形成审批效率与监管能力脱节的问题，限制了政府职能的整体发挥，进而影响市场的健康发展。

从实践特征看，审管分离首先带来审批与监管的责任划分问题。尽管不少地方在其规范性文件中指出以信息推送为边界来划分审管责任，但在实际操作中，信息推送的内容、频率以及形式等都存在较大差异，而且侧重审批部门向监管部门的单向传递，部分监管及执法部门仅将整体性、结论性信息反馈给审批部门，对流程性、专业性信息沟通不足（马长俊、胡仙芝，2020）。信息推送问题反映出审批与监管职能没有形成良好协同，不能支持政府职能的整体有效履行。其次带来审批与监管的职能衔接问题。一方面涉及事项划转的完整度，在实践中部分职能部门仅对事项本身进行划转，但对相应的前置程序流程等不做及时的协调处理，对相应的人力、设备资源等也不做必要调配，使得事项划转在很大程度上流于形式；另一方面涉及事项运转，在成立初期，审批局对审批业务的掌握较为有限，在缺乏与原职能部门业务交流的情况下，对一些难度较大的事项难以开展业务。

从理论内涵看，审管分离导致的改革失序风险本质上是改革自身的激进路径与部门职责定位模糊相碰撞而形成的"职能空档"。既往行政审批制度改革路径表现出明显的渐进特征，一方面体现为中央对审批事项的多次调整、取消与下放，另一方面体现为地方在审批业务机制上的探索与完善。从体制维度进行突破的行政审批局改革，虽然牵扯部门较多、改革阻力明显，但极为显著地改变了既有的审管关系形态，在路径特征上表现得较为激进（朱光磊、张梦时，2021）。与此同时，由审管一体催生出的"以审代管"长期存在，导致监管体系自身的建设缓慢，无论是能力还是规范性等都有所欠缺。行政审批局改革则将这一"隐性"问题暴露出来并有所放大，从而使监管工作面临更多挑战，凸显政府职能建设重点需要尽快从以审批为主导向以监管为重心转变。

行政审批局作为行政审批制度改革的创新探索，是调节政府与市场关系、转变政府职能的重要抓手。从改革现状看，审批局十分强调审批时限降低、市场主体增加，相对忽略了行业原有生态及辖区市场容量，在增加市场失序风险的同时，也给监管工作带来突出挑战。在从审管一体走向审管分离的过程中，如何避免出现审管脱节的系统性风险，是行政审批局改革深化的重要内容。

四　效率之"迷"

改革开放40多年来，我国政府根据不同时期的社会经济发展需求，围绕如何更好地发挥自身作用，逐步形成了以转变职能为核心的改革逻辑主线。具体来看，行政体制改革本质上是行政主体自觉适应市场与社会环境的过程，在实践过程中逐步体现出适应市场、稳定社会与人民满意的阶段特征与价值取向（何艳玲，2020）。进入新时期以来，为应对经济新常态，中央政府进一步增强改革的系统性、整体性、协同性，在简政放权基础上持续深入推进"放管结合""优化服务",实现了工具理性与价值理性的统一(李彦娅,2019)。区别于单一维度的效率目标,"放管服"是一种对系统效率的追求,即经济效率与社会效益的统一,以实现效率与公民价值的平衡,体现出新时期政府改革的理论核心与实践导向。行政审批局源于以提升效率为背景的简政放权改革当中,成形于"放管服"改革进程之中,并逐步得到深化与完善。然而,改革理念、路径的调整与转换,在一定程度上导致审批局改革难以科学处理效率与价值间的关系,在实践过程中出现"数字游戏""恶性内卷"等片面追求效率的异化现象。

从实践特征看,行政审批局改革主要涉及横向层面的权力集中(部分涉及纵向层面的下放事项承接),但在改革过程中往往难以把握集中的相对程度,进而出现或追求划转事项数量、陷入"数字陷阱"的盲目竞争,或集中的事项"质量"较低、走向"数字展示"的形式主义。无论是盲目竞争还是形式主义,其实质都在于未能准确理解权力的集中既要考虑行政审批局的实际承载能力,也要关注划转事项的"质量",从而导致盲目追求以数字为表征的"显性"改革效果。此外,从审批局改革的流程设计与服务规划来看,已经体现出较为明显的整合逻辑,但过度的服务整合、打包与唯时效化的改革导向,如脱离实际需求的办事套餐整合、办事时限压缩等,都在一定程度上陷入了对效率的盲目追求,同时忽略服务优化的本质特征,导致改革创新进入"恶性内卷"之中。

从理论内涵看,"数字游戏""恶性内卷"背后所反映的仍是以效率与价值为核心的改革迷思。提高效率一直都是行政体制改革的重要目标之一,但如何界定不同时期的效率概念,如何明晰效率在何种层次构成行政的目标体系,学术界存在明显争议。具体体现在效率到底是一种基础层次目标,还是一种附属层次目标,核心仍围绕如何处理其与价值的关系。首先需要明确的是,效率并不构成一种"价值",其更多地被界定在价值系统的缝隙间发挥作用(Waldo,1948),即只有在给定的目标下有效或无效(张乾友,2018)。推行"放管服"改革以来,行政体制改革的目标体系逐步从单一目标转变为多样化的目标组合,效率作为一种技术观念本质上是在促进实现这些目标组合的有效性。而审批局改革中的效率导向严重忽略了优化服务的价值理性,集中于制度调整与模式构建的工具理性。其次从服务设计原则来看，需要对微观层面的服务异化进行理论观察，突出思考如何处理标准化与差异化的关系问题。这主要是指，审批制度的复杂性和办事主体的多元性既要求有统一规范的实践标准，又需要针对不同主体开展个性化的审批服务。因此，以标准化为核心的服务规范应从事项维度入手，并非对具体实践的服务调整，而以个性化为核心的服务行为应针对特定服务对象来实施，进而保障改革过程规范性与服务体系多元化的统一。

五　数据之"墙"

建立在官僚制基础上的政府体制架构，通过职能的专业分工实现行政效率的提升，但缺乏部门间的沟通与协同机制建设，因而导致政府权力呈现"碎片化"特征。尽管"碎片化"在一定程度上不可避免，但信息技术的出现与发展为缓解其负面影响提供了重要契机，如近年来以互联网技术为支撑的电子政务发展就为政府治理体系建设提供了重要的赋能效应。与此同时，由于体制结构的客观特征以及部门间对数据认知的主观偏误，数据逐渐被界定为权力行使过程的"附属物"（张梓妍等，2021），体现出明显的封闭性与内部性特征。因此，数据烟囱、信息孤岛等不断生成，如同竖在不同部门间的"高墙"，严重影响了信息技术作用的发挥与行政效能的提升，导致"赋能"成为"缚能"。虽然行政审批局的出现使得政府整体审管之间的数据共享格局由改革前的"多（部门）对多（部门）"转变为改革后的"一（局）对多（部门）"，但由于部门数据的不断增加，数据的丛林化现象也逐渐加剧（唐玉青，2022），导致审批局改革的推进与深化面临严重的数据障碍。

从实践特征看，审批局改革在较大程度上实现了审批信息集中，就外在而言似乎对信息孤岛现象有所打破。但在实际运行过程中，由于大多数职能部门仍在使用国家部委或省级主管部门开发的专网系统（郭晓光，2014），而审批局自身也不得不依托这些系统开展业务，所以导致审批局在录入数据时被分割成多个部门的形态，结果是审批业务信息仍然归属不同部门，这意味着改革在信息层面并未打破以部门为基础的"碎片化"现状。与此同时，审批局改革旨在通过事项集中来减少沟通协调成本，而专网系统对信息采集以及上报所带来的限制使得审批局在一些情形下需要另外进行信息采集与录入（方宁，2018），事实上增加了审批局运转的工作量，也制约了行政许可权集中优势的发挥。毫无疑问，由部门专网造成的审批数据分割、业务量增加以及审批数据难以累积等问题，是审批局改革深化亟待突破的主要困境之一。

从理论内涵看，信息孤岛、数据烟囱等阻碍改革的现象本质上反映了两个方面的问题：一是改革的模式特征与技术发展阶段的交互影响；二是部门利益机制及部门中心主义的内在影响。首先，行政审批局改革的切入点与路径偏好使其在改革初期的关注点并非数据资源的归集与共享，而是围绕权力集中来整合服务，这也是较多内陆地区选择审批局模式的重要原因之一。与此同时，组织环境导致的政府数字化进程缓慢，也使多数选择审批局模式改革的地区在技术支撑、数字化理念及氛围等方面较为欠缺。因此，两者的相互作用会导致落后的信息化建设加剧部门割裂的现象（高翔，2021），进而对改革形成明显的阻滞效应。其次，信息孤岛的本质是部门利益壁垒的外在形态（许峰，2020），在部门中心主义运行惯性下，部门通常将数据界定为其衍生的隐形权力，从该维度出发在主观上必然产生不愿共享的抵触情绪，导致部门间数据共享成为一种利益层面的博弈行为。换句话说，对于部门而言，"数据即权力"。审批局改革在前期已经集中了事项权力，在后续改革深化过程中，对于部门而言更为重要的数据权力议题是必须面对的一道"坎"。

第二节　改革深入的优化路径

在厘清审批局改革深入推进所面临的五个方面问题及其产生原因的基础上，进一步梳理这些原因可以发现，除审批局改革自身所内含的组织权力要素变革、审管分离推进路径等关键特征以及处于宏观层次的政府职责体系这一外部环境外，其他原因大体上可归入三个维度，即审批的标准化建设、部门职责的关系定位以及部门本位的利益机制。换句话说，如果要深化审批局改革，就必须深入推进解决审批标准化、审管协同关系建立以及整体政府建设等问题，其中的关键点分别是"硬"的审批标准、围绕"事"与"数"的审管合作以及面向"人民"的政府建设。由此可以结合 WSR 方法论，对改革的深入推进进行系统性设计，进而得到本节的三个论述主题，依次为物理（W）层面标准化驱动的透明审批、事理（S）层面数据驱动的审管协同以及人理（R）层面服务驱动的整体政府。

一　标准化驱动的透明审批

自国家推进行政审批制度改革以来，尽管改革在削减事项、精简材料等方面取得了显著成果，但审批事项繁杂、审批时间过长、审批自由裁量权大等问题普遍存在，规范行政许可的呼声越来越大（宋林霖、陈志超，2020）。2015 年 9 月，全国行政审批标准化工作组成立大会暨第一次工作会议在北京召开，工作组的成立标志着我国行政审批工作进入了标准化、规范化、精细化的新阶段①。2016 年 7 月，全国推进行政许可标准化现场会在成都市武侯区召开，其间由中央编办（国务院审改办）与国家标准委共同编制的全国首个《行政许可标准化指引（2016版）》正式发布②。在此基础上，地方各级政府的行政审批标准化工作陆续深入。例如，2018 年 1 月，经国家标准委考核评估后，安徽成为全国首个政务服务标准化试点省。

行政审批标准化的目的，在于引导行政审批机关在依法依规的前提下，通过运用标准化的技术方法，约束自身行政权力并规范自由裁量权，实现行政审批可操作、可预期、可监督，保障行政审批权力运用的规范、公开与透明。一方面，各地在推进行政审批标准化方面都有较快进展，特别是在以省为单位的"三级四同"政务服务事项目录清单编制等方面；另一方面，行政审批事项涉及要素过于庞杂，地方政务服务内容及基础各有差异，导致各地特别是基层的审批标准化进程不一，尤其是在事项标准、服务规范、过程监管等方面表现突出。为深入推进行政审批标准化建设，真正打造标准化驱动的透明审批，本部分主要结合基层政府行政审批标准化工作现状以及审批标准化的内在逻辑链条，从审批事项标准化、审批服务规范化和审批管理合规化三个层次提出实现透明审

---

① 《全国行政审批标准化工作组成立》，中央人民政府网站，2015 年 10 月 8 日，http://www. gov. cn/xinwen/2015 – 10/08/content_2943470. htm。

② 《全国首个〈行政许可标准化指引（2016 版）〉正式发布》，搜狐网，2016 年 7 月 29日，https://www. sohu. com/a/108242895_119665。

批的推进路径。

审批事项标准化。"事项"是行政审批（许可）的基础载体及对象，《行政许可法》第十二条对审批事项领域及范围做出了明确界定。《行政许可标准化指引（2016版）》则进一步针对行政许可事项管理提出了清单管理、动态管理和编码管理的规范要求。围绕清单管理的具体实施，在实践中先后出现了行政许可权力清单和行政许可事项改革清单两种模式路径（余珊珊，2021），而国务院办公厅2022年1月颁布的《关于全面实行行政许可事项清单管理的通知》（国办发〔2022〕2号）则在一定程度上强化了行政许可事项改革清单模式。在此背景下，审批事项的标准化主要涉及两个方面的内容。一是实现"事项"尺度的最小颗粒度，即以法律为依据，将部门的审批权责事项细化到最小子项，使得多数情况下一个最小子项对应唯一的申请人、唯一的业务办理流程和唯一的申请材料（顾平安，2015）。在此基础上，还应结合许可事项的实施，明确其许可条件、申请材料、中介服务、审批程序、审批时限、办理费用、许可证件、数量限制、年检年报等规范性内容，并向社会公布。二是针对前期推进行政审批权力清单改革时经"改头换面"进入部门其他行政权力清单的大量非行政许可审批事项（王克稳，2017b），要进一步加大清理与规范力度，最大限度地实现"清单之外无审批"。

需要指出的是，目前很多地方在推进的"一件事一次办"审批服务集成改革，事实上又形成了一种新的审批事项单元，即从办事人角度出发设计形成的"一件事"。但这类"一件事"的事项标准仍然以前述最小颗粒度"事项"为基础，两者之间是一种包含与从属的关系，并无矛盾或冲突。在省、市、县三级行政许可事项清单编制过程中，如何吸收利用已有的"三级四同"行政许可事项通用目录，如何更好地发挥省级审改部门的统筹规划和顶层设计作用，如何让标准化工作基础较好的市、县在编制清单时做最低程度的调整改动，以及如何让各个市、县在编制本轮事项清单时真正做到"四同"，都是需要尽早解决的现实问题。唯有如此，才可能为"十四五"时期基本实现同一事项在不同地区和层级"同要素管理、同标准办理"打下可靠基础。

审批服务规范化。毫无疑问，审批事项标准化是审批标准化的核心与"基底"。但当审批事项进入实质性办理阶段时，因为此时有了办事人与审批机关窗口人员（或政务服务网）的人际互动（或人机交互），审批事项就会从"物化"的标准转变为含有"人因"的具体事件活动。在此过程中，审批各主要流程和环节均存在丰富的以人际交流（或人机交流）为载体的审批服务互动，而这一人际互动（或人机互动）的事项审批过程显然会由于办事人自身原因而难以完全实现所谓的标准化。正是在这个意义上，笔者认为在审批事项标准化之后，应该用审批服务规范化进行衔接。换言之，在审批标准化语境下，审批事项建设实质上包含了一种效率导向的制度原则，旨在规范并公开审批权力运行，而审批服务建设除了需要建立相应的服务制度外，还必须识别并尽可能满足办事人的各种需求，因此它更多地内含了一种人本导向的制度原则。在实践层面推进审批服务规范化，应着力完善涉及审批事项的信息公开、服务指南、一次性告知、首问负责、顶岗补位、服务承诺、责任追究、文明服务以及满意度评价等制度规范，持续强化办事大厅现场咨询和其他非现场咨询等服务方式，同时大力推进网上审批服务。

例如，在现场咨询服务方面，西安市灞桥区审批局针对此前办事人面临的申请事项理解难、材料填写难、要求知悉难等突出问题，在省内率先推出"审前服务工作机制"，通过建立审前服务中心、配备审前服务专员，实行"一个标准、一套流程、一次说清、一责到底"的服务模式，实现审批事项"标准办、快速办、透明办"，近期又通过"审前电子化"方式，为企业和群众提供远程指导服务，确保服务更精准、体验更优化①。又如，在网上审批服务方面，深圳市福田区从2020年起探索推出"秒报＋秒批"的审批服务新模式（刘民安等，2021）。其中，"秒报"即无感申办，是指申请人在填报表单和上传材料过程中，基于刷脸方式授权读取个人或企业电子证照，由系统调取数据自动填充表单信息、自动推送电子材料，实现办事信息免填、申请材料免交；"秒批"即无人工干预，系统自动审批，是指相关业务系统通过信息共享、自动核验、智能比对，实现全程无人工干预自动审批，推动审批服务由"基于材料"向"基于数据"转变。综上，在审批事项标准化和审批服务规范化

---

① 《即来即办　立等可取　灞桥区政务服务提速提效助力复工复产》，西安新闻网，2022年2月17日，https://www.xiancn.com/content/2022－02/17/content_6488436.htm。

的基础上，通过延伸现场与非现场相关服务，结合利用先进智能信息技术，就可以打造出融合线上与线下审批的"透明审批"总体框架。

审批管理合规化。包含事项标准化与服务规范化的"透明审批"，主要针对行政审批局审批服务业务的具体开展，能够大体满足审批标准化的一般需要。与此同时，应该看到，一方面，审批标准化不是万能的，否则很多地方就不用开设"办不成事"窗口；另一方面，即便所有事项都可以做到标准化，地方政府特别是基层区县政府往往出于地方行政便利考虑，也会在一些事项上留有余地（即自由裁量的空间），以避免"自缚手脚"。在这样的背景下，我们既可以观察到各地推进审批服务标准化的积极进展，也不难从中发现仍然存在审批的自由裁量权限及模糊条款等现实问题。为此，需要从行政审批局对自身审批服务业务开展的整体管理角度出发，思考行政审批合规管理的问题，因为行政审批本质上是依法行政行为，同时也被归入政务服务的范畴，需要贯通考虑其与法治政府建设及政务服务标准化之间的内在关联。针对"审批管理合规化"这一前瞻性议题，西安市莲湖区审批局已经在开展初步探索，在该局负责人看来，现阶段要做的审批标准化已经不是单纯技术文本层面的标准化，而是更加全面、系统的标准化，可以将银行和大型企业围绕合规管理的理念引入行政审批工作中，以期有效预防并及时处理审批工作中的违法违规行为，从而为审批局改革的深入推进提供全方位保障。

按照合规管理的理念，莲湖区审批局梳理总结了行政审批领域存在的四个方面的合规风险，包括改革措施贯彻落实不到位、业务操作层面的工作失误、行政审批廉政风险和法律政策调整滞后。在此基础上，该局拟从三个层次推行行政审批合规管理，以确保审批科室及人员的行政审批行为符合法律法规、改革举措、行为准则、规章制度和各项政务服务标准化要求。一是建立组织架构，成立由局领导班子及法规科（执法监督科）、综合科负责人组成的合规管理委员会，委员会下设办公室，办公室设在法规科（执法监督科）；二是明确工作内容，各审批科室每月总结业务办理情况，办公室多方面收集投诉反馈，每月汇总、独立评估，对发现的违规行为精准识别，督促审批科室整改并持续监测，从而达到提前化解风险的目的；三是完善运行机制，合规管理委员会每季度、每年通过分析研判形成合规管理评估报告，依据报告做好结果运用（表彰奖励、取消评优资格、撤职、移交纪检组等），将合规管理工作落实落细，进一步规范审批服务行为[①]。整体而言，围绕审批管理合规化的创新探索，将进一步丰富审批标准化的内涵及外延，并从审批局改革整体推进的角度，实现更高水平的标准化审批及其风险管理。

二　数据驱动的审管协同

随着社会经济与信息技术的快速发展，以互联网、大数据、云计算等为代表的成熟技术成为政府治理方式创新以及治理结构调整的重要支撑。党的十八大以来，以数字政府为指向的政府治理变革成为推进国家治理体系与治理能力现代化建设的重要内容。数字政府建设的不断深入进一步推动了"放管服"改革及政府职能转变，一方面极大地丰富了线上服务体系，另一方面在地方层面涌现出多样化的改革创新实践（江小涓，2021）。

数字政府建设本身具有复杂性、系统性与长期性等特征，现有政府职责体系建设的进展难以与数字治理要求相匹配，进而导致数据存量难以赋能于改革实践。以审管分离为特征的行政审批局模式虽然在权力事项层面实现了相对集中，但在执行层面仍因信息孤岛等问题面临严重的审管脱节风险。已有研究提出了政府数字化转型的核心要素：一是面向数据的治理，即在认识数据本质的基础上围绕其展开的模式建设，如对数据的整合、归集、开放及应用等；二是运用数字技术进行治理，即结合当前最新的大数据、区块链和人工智能等技术对政府治理进行改善与优化（孟天广，2021）。据此，针对行政审批局改革中审管分离的风险规避问题，从数据积累、数据共享、数据赋能三个维度提出审管协同的优化路径。

首先，以数据积累建立"前馈联动"。数据作为数字时代治理的关键资源（孟天广，2021），对其所有权、使用权、安全程度等内容的界定成为数据规范与应用的重要前提和理论支撑。而从实践特征来看，职能部门对数据的认识偏误导致实际数据归集规模有限。某省级政府对本级政府部门所包含的1700余个业务处室进行统计发现，只有1/3的处室

---

① 《莲湖区行政审批服务局2022年重点工作》（内部资料）。

留有其所对应职责的数据积累（江小涓，2021）。与此同时，数据本身的形式、标准、口径都存在较大差异，难以构建数据驱动的要素保障。尽管行政审批局是开展审批业务的主体单位，但其数据行为基本上还处在使用其他职能部门系统录入数据，而自身很难留下相关业务数据的阶段。另外，职能部门的监管信息通常较难得到反馈，进一步造成审批局自身业务数据的匮乏。实际上，审批数据涉及领域广泛，与市场关系紧密且时效性强，往往蕴含重要的利用价值。因此，处于业务前端的行政审批局应及时对审批数据进行归集，一方面可以对服务时效等运行数据进行跟踪比对，以推进改革深化与模式建设；另一方面可以对数据所内含的市场信息等进行综合分析，为市场主体提供投资参考，达到引导市场秩序、缓解监管压力的双重效果。

其次，以数据共享构建协同基础。以共享为核心的数据平台建设可以发挥重要的桥接功能，有效缓解审批与监管间的信息不对称以及责任界定不清等协调困境。从政府部门原有行政管理的活动流程看，规划、审批与监管等共同构成一个完整"链条"。而审批局改革从实质上切断了这一"链条"，将相关部门的审批职能从原有一体化结构中分离出来。这一结构调整也导致原有管理活动的信息流向发生变化，使审批数据的归集和流动从部门内循环转变为部门间循环。所以，审批局与职能部门间能否实现多维度的数据共享，不仅影响双方的职能协同，也将影响改革成果的固化和改革进程的深化。推进数据共享涉及两个关键问题。一是数据共享的平台与制度建设。平台建设方面，贵州、上海、浙江等地的数据云平台建设已走在前列，其在本质上是通过大数据、云计算、物联网等技术，打造集审批、监管、服务、监督于一体的大数据云平台（宋林霖、朱光磊，2019），形成数据存储、交换、共享、使用、开放的核心枢纽，进而消除信息壁垒，实现审管信息的自动推送与留痕管理，规避了此前审管责任模糊及扯皮等问题。制度建设方面，制度建设是平台搭建的重要配套，不仅涉及宏观层面的顶层设计与统筹协调，即明确牵头单位和相关部门职责，确保部门的充分参与和任务落实，而且包括建立微观层面的数据标准与考评机制，从而推进平台建设的有序化和制度化，以技术理性来规避审管脱节风险，对改革实践起到了重要保障作用。二是共享数据的质量保障。尤其是在职能部门一侧，不仅要对来自审批局的事项信息及时予以回应，而且要对专业性及流程性的监管数据信息加强交互，以数据质量保障共享质量，实现双向高效互动。

最后，以数据赋能提升治理能力。长期以来，审管一体的运行机制导致职能部门"以审代管"现象突出，严重忽略了监管能力建设。审批局改革进一步暴露了职能部门监管能力建设缓慢的问题，而随着市场经济建设的深化，政府管理职能的重心也正由事前审批转向事中事后监管。面对日益增长的监管压力，职能部门如何应对体系钝化与功能梗阻的现实困境，成为实现审批与监管协同的重要命题之一。近年来，大数据等技术的发展为审批制度改革提供了新动力与新路径，尤其体现在流程再造以及审批监督体系等维度的创新（宋林霖、何成祥，2018）。与此同时，大数据技术的兴起同样可以为监管体系创新提供重要支撑，而且也已在国内多地的监管实践中得到广泛应用。但整体而言，从技术嵌入到能力建设仍需整体性的规划与设计，故下面从工具、路径、结构三个维度来探讨数据赋能对监管体系建设的驱动作用。从工具维度看，数据采集、交互、分析等层面的基础设备更新为动态化、智能化的监管体系建设提供了物质基础，物联网、云计算等技术应用则推动监管行为从粗放式、分散化逐步转向精准化与协同化。从路径维度看，得益于基础设施与底层技术的完善，监管能够对更广范围的市场主体进行管控，尤其是在风险预警与智慧监管方面，能够实现让数据"多跑路"，从而降低监管成本、提升监管效率。从结构维度看，数据技术的应用进一步增强了公民、社会组织等主体对信息的获取能力，这也要求职能部门必须改变传统监管理念，提高监管过程的公开性与透明度，推动监管体系从封闭走向开放，构建多元参与的监管模式。

三　服务驱动的整体政府

改革开放以来，行政体制改革为回应由市场化所塑造的社会差异性，在功能、结构等层面广泛探索，实施了简政放权、大部制以及相对集中行政执法权等改革，在转变政府职能、调节政府与市场关系方面取得了显著成效。从不同时期改革的特征来看，虽然目标不同、侧重点有别，但改革已呈现打破界限、实现结构与功能重构以及行政系统一体化的整体政府发展趋势（王敬波，2020）。从宏观层面看，"放管服"改革旨在进一步推进政府职能整合，强调"放管结合"的重要性以及以服务为主的逻辑主线，增强了顶层设计的系统性、整体性与协同性。从中观层面看，一方面从体制层面开展要素整合，如在原有大部制改革的基础上，以相对集中行政执法权、许可权为代表的改革逐步以业务类型为依据，将其所涉的权力、人员、设备等要素进行整合，以最大限度地降低部门间的协调成本；另一方面从机制层面构建整合平台与载体，如基于信息技术建设一体化办公平台，通过数据共享来促进部门协调与整合。从微观层面看，审批制度改革的核心是围绕审批事项进行的服务整合。而现有改革更多围绕体制、机制进行设计规划，往往忽略了审批服务这一落脚点，导致在实践中出现效率迷思、数字游戏等路径偏离。因此，结合审批服务涉及的开展流程与主体特征，基于公共服务动机、共同生产、行政负担等理论视角，可从理念、需求、要素、体系四个维度进行服务设计，构建服务驱动的整体政府架构，推动改革实现从以解决问题为导向转变为以为人民服务为中心的运作逻辑。

整合服务理念。作为价值层面的探讨，服务理念从本质上决定了服务设计的导向以及服务开展的最终成效。为实现服务理念的升级，首先要正确认识审批局改革的本质并树立科学的价值取向。其次是构建相应的整合与吸纳机制。树立正确的改革理念及认知，必须处理好两对关系：一是行政权力与部门利益的关系；二是价值理性与技术理性的关系。从权力、利益角度看，长期以来的部门审批惯性导致部门将审批权力视为部门利益的重要组成，将审批权力"据为己有"。当前所强调的行政许可权的相对集中并非狭隘的部门主义眼中的"削权"，而是以政府整体职能优化为出发点，高效实现集中审批的过程。关于价值理性与技术理性，更多涉及改革的执行与落实。实践中出现的改革举措形式化与组织权力异化等现象，本质上都是过度追求技术理性所导致的（李彦娅，2019）。因此，在开展要素整合、技术嵌入等服务设计时，必须明确其出发点是什么，处理好效率与公平的关系，实现价值理性与技术理性的统一。在此基础上，再来开展价值整合与吸纳机制的建设，实现政府内部相关主体的价值观统一，构建制度运作的核心引擎（周尚君，2021）。在审批局改革过程中，由于改革对原有审批体制结构、运行模式以及行政生态都产生了较大影响，为规避改革"激进式"路径带来的阻力，无论是改革政策设计者、审批服务执行者还是与之配合的职能部门，都应秉持共同的价值理念，从而为后续的业务协同与服务供给奠定认知基础。

整合服务需求。随着市场经济的快速发展，公民与企业等主体的服务需求逐渐呈现多元性、复杂性、差异性等特征。与此同时，政府从服务设计、生产、改进等环节对需求的回应性也不断增强。实现对服务需求的精准识别与动态整合，不仅是服务优化的基本要求，而且是推动其实现持续创新的动力机制。传统审批服务的设计呈现明显的一元结构，即以政府为主导的供给模式，进而出现"门难进、脸难看、事难办"等服务异化现象，同时导致政府与公民间的信任机制难以维系，使"服务"变为公民的负担。随着服务型政府建设的不断深化，政府开始考量公民需求，发动各类资源创造公共价值，体现出多元互动下的服务协同供给。但该模式的问题在于将公民视为服务的"消费者"，未能正确处理需求在服务流程中的应用。对服务需求的整合，本质上是要实现以需求驱动的服务合作供给（Co-production），它有两层内涵：一是让服务对象切实参与到服务生产过程中，需求的体现与表达并非由政府界定，而是由公民来明确和表达自身需求，实现常规生产者与消费生产者的共同努力（李华芳，2020）；二是服务对象的参与不仅仅限于服务的设计与生产阶段，还应包括服务的评估与反馈阶段。如近年来很多地方开展的政务服务"好差评"实践，通过直观、全面的评价设计来强化公民反馈对服务创新与改革深化的作用，进而让审批局改革落在实处，实现让人民满意的最终目的。

整合服务要素。职能重组与业务流程再造是目前行政审批制度改革的主要路径，其中职能重组是指部门层面的结构性整合，如整建制合并或职能的抽取式整合，而业务流程再造侧重执行层面的业务流程优化（张楠迪扬等，2022）。在"放管服"改革背景下，仅依靠职能重组或业务流程再造的传统单一思维已不再适用，实现二者相结合的"组合拳"是推动改革深化的根本路径。相较于政务服务中心模式，审批局改革在实现审批职能的抽取式整合后，极大地降低了部门间的协调沟通成本。在此基础上，审批局改革应继续围绕审批服务涉及的核心要素，从事项、数据以及流程维度进一步加强整合。针对许可事项，可借鉴"最多跑一次"改革的核心理念，按照事项间的逻辑关系，对相近事项进行逐层整合，提供套餐式的服务供给。针对业务数据，核心是推动不同部门间的数据共享，为事项整合与流程优化提供信息基础，降低数据多次录入和公民办事成本。针对服务流程，应基于事项与数据的整合调整，尽可能压缩原有的层级、顺序等，实现效率提升的耦合效应。

整合服务体系。推进基本公共服务可及性是近年来完善公共服务体系建设的重要方向，不仅涉及服务的覆盖广度与均等化程度，而且强调与不同类型主体需求的匹配程度。政务服务与公共服务密不可分，一方面，政务服务是指政府为公民和企业等主体提供的公共服务（黄建伟、叶琳，2022），属于公共服务的一类；另一方面，政务服务平台和数据体系建设也为其他类型的公共服务供给提供重要载体。在此背景下，通过增强审批服务"可及性"来降低公民办事成本和减轻行政负担的核心，就在于推进多维度和多层级的服务体系建设。一是纵向维度的顶层设计，涉及标准化和服务下沉，其中标准化为整体的体系建设、职责划分提供基本制度保障；服务下沉主要是指审批服务经纵向层级传递到公民手中的传输过程（李利文、王磊，2021），是指从国家贯通地方的省、市、区、街、社的多层级服务体系。二是横向层面的区域协调，涉及审批事项跨域（省、市、县区）通办体系构建，尤其是面临当前资本、人才等发展要素的跨区域流动，实现审批跨域协同办理成为服务体系拓展的重要维度。三是涉及功能与执行层面的线上与线下体系联通以及政企合作的服务网络建设。如江苏等地开展的"不见面审批"，在新冠疫情期间，更能反映出技术赋能的线上体系建设成为增强服务整体韧性的重要维度。同时，目前在银行、商场等场所出现的政务服务驿站等形式，也表明政企主体正基于需求探索服务体系拓展的新维度，以进一步提升公民与企业办事的便利程度。

第三节　改革深化的理论意涵

一　清单制与法治政府

回顾 20 余年来的行政审批制度改革，从把审批事项作为重心的简政放权开始，到把"放管服"作为整体性的改革导向，其在本质上还是围绕审批权力这一主线所展开的持续探索。从改革路径特征看，行政审批制度改革呈现明显的动态性、复杂性特征。党的十八大以来，国务院分16批取消和下放了1094项行政许可事项①，成为转变政府职能、调节政府与市场关系的核心路径，与之相伴的机构改革则经历了由行政服务中心（政务服务中心）到行政审批局等形式的调整与整合，审批权力的执行方式、流程等也不断发生变化。从改革实践进程看，由于各级政府间分工模糊，遂出现审批事项下放中的"数字游戏"和"明放暗收"以及事项执行中的"以审代管"等现象，并导致审批权力边界模糊、审批事项标准混乱，难以形成清晰的政府职责体系。而行政审批局的成立，进一步将一级政府部门内部的问题放大至部门间的权责划分问题（朱光磊、张梦时，2021）。因此，如何在持续提升审批效能的同时增强改革的规范性与稳定性，缓解刚性法治与动态治理之间的张力，不仅是实现行政审批局模式优化的核心要义，而且是深化"放管服"改革与推进法治政府建设的重点与难点。

　　行政审批清单制通过汇集相对分散、模糊的审批事项，在清理与审查的基础上对保留事项以清单形式进行公布，成为约束审批权力、明晰权力边界、规范审批运行的创新性制度安排。总体来看，建立行政审批清单制度不仅是一项行政活动，更是一项法律活动（王克稳，2017b）。事实上，该项制度在"法治"与"效能"之间发挥着重要的调节作用。一方面，行政审批清单制将法治思维与法治方式应用于审批改革实践当中，以标准化、精细化和动态化的优势来巩固改革成果；另一方面，行政审批清单制以体系化方式推动审批领域内的隐性权力显性化、显性权力规范化（胡娟，2015），从而进一步理顺部门职责关系，健全政府机构职能体系，推动法治政府建设进程。与此同时，行政审批的清单构建应区别于传统的权力清单、负面清单等形式，不仅要结合"证照分离"等新近改革所涉及的事项特征进行分类设置，而且要从设定、公开、调整等环节明确各主体责任，加强统筹与规范，避免行政审批事项清单建设流于形式，保障改革在法治框架内对复杂和动态的市场环境做出最佳

---

① 《十八大以来，国务院已分16批取消下放1094项行政许可事项》，中央人民政府网站，2020年9月29日，http://www.gov.cn/xinwen/2020－09/29/content_5548218.htm。

反应，发挥对营商环境建设的重要作用，最终实现以多样化规制工具和多元主体合作共治的方式完善政府治理体系（余珊珊，2021）。

二　大部制与界面政府

始于2008年的大部制改革，对职能相近的部门、业务范围趋同的事项进行相对集中，进而实现由一个部门统一管理，最大限度地避免职能交叉以及政出多门等问题（周志忍，2018），既强化了政府职能转变在行政体制改革中的导向作用，也体现出以整合为核心的改革路径特征。但从改革的实践进展与理论探讨来看，相关舆论普遍存在"雷声大、雨点小"的看法，表明改革实效与其社会期望之间存在较大差距（徐艳晴、周志忍，2017）。从体制层面进行权力变革与集中的行政审批局改革，基于职能整合导向，通过实现审管分离推动审批制度走向新的发展阶段，成为提升审批效率、优化审批服务的重要支撑。那么，作为大部制背景下审批制度改革的创新探索，行政审批局与大部制之间的关系如何？又为改革的深化与路径调整提供了何种启示？下面主要结合界面治理理论，侧重从政府组织内部结构维度做出相应辨析。

首先需要明晰的是，如何界定职能这一关键主题在政府机构改革中的位置与作用。大部制改革旨在通过职能集中来优化组织结构，再进一步作用于职能调整。但其在实践中更多止步于机构整合，虽然形成一些"大部门"，但并未实现从"物理集中"向"化学反应"的转变，没有摆脱机构改革"精简—膨胀—再精简"的循环怪圈。行政审批局的出现则为大部制所要求的机构改革提供了新思路，再次明确职能履行是机构改革的主线与要义，而作为改革方式的结构变动所涉及的机制、要素调整都要服务于职能目标。因此，以审批局为代表的"第二类"大部制改革路径，事实上更为有效地应对了改革目标与方式间的关系问题，也较好地实现了职能与机构的有机统一。

其次从界面治理理论来看审批局改革。就"界面"概念本身而言，它主要是指两个物体的交互面，而审批制度改革则主要涉及公民与政府的交互问题。区别于传统大部制侧重于对政府组织内部的调整及整合，行政审批局改革着眼于从公民维度进行改革设计，所要求的相对集中许可权不是要构建庞大的权力集合体，而是旨在回应长期存在的审批服务

"碎片化"问题，进而对外实现审批服务界面重构，对内则实现审批与监管职能界面再造。进一步，从界面政府理论的观点来观察，可以发现行政审批局的本质是在"放管服"背景下从政府内部结构维度出发，通过对权力要素进行集中来构建审批界面，进而调整优化审批服务职能。换言之，界面政府的建设同样是结构与环境互动的结果，随着市场经济的深入推进，政府机构改革也应不断破除深层次的体制障碍与矛盾，从而更加有力地推进新时代行政体制改革。

三　智能化与数字政府

作为体制层面的"激进"探索，行政审批局改变了原有审批制度改革的渐进性路径特征，无论是改革力度还是改革的彻底程度都明显提升，从而实现了政府组织内部结构的极大调整以及权力要素的大幅整合。在此背景下，政府审批的准入门槛不断降低、协调成本明显下降、服务效率显著提升，由此推动政府规制的重心从审批转向监管，并对政府监管体系建设提出重要挑战。从深化审批局改革的角度来看，未来不仅要面临在相对稳定的组织结构前提下进一步提升审批效率的难题，而且会面临监管压力应对与监管能力提升的双重困境，以及如何从根本上实现审管联动与协同以推动政府职能整体履行的核心问题。值得关注的是，深圳"秒批"系统、贵州"一朵云"数据应用平台、贵安新区大数据"六朵云"等改革创新所呈现的审批服务数字化、智能化趋势，为破解以上难题、困境提供了重要的方向和参考。

智能化是指在信息化基础上将人工智能技术应用于产品及服务改进的发展方向，从其概念本身来看，蕴含必要的应用前提与基础。一是技术特征与应用场景的契合性。人工智能作为技术创新前沿领域，适用于在相对机械、固定的场景中完成基础性、重复性工作。在行政审批领域，随着审批事项标准化的不断推进，审批局提供审批服务的相对集中，以及审批业务中存在的大量图文识别、材料比对、有限结果等行为特征，可以由智能系统来实现自主或辅助性质的自动化审批与智能化审批。二是智能化的实现需要稳固的信息化基础。对于机器识别而言，审批标准化只是强化了审批行为的技术特征，而要实现智能审批服务，相关数据的"聚通用"和政务平台的互联互通才是必要条件，其中的核心仍在于数据打通与共享。

进一步，从智能化的发展趋势来看，其关键仍在于准确理解并把握数字政府背景下人员的角色、职能转换及履职方式调整，即技术应用给行政体系所带来的重塑效应。一是正确认识由智能变革所形塑的新的人机审批关系。智能技术与系统的引入，本质上是将审批服务人员放置到更为重要的环节和位置，使其脱离简单、重复的事务性工作，而非形成一种替代关系。在智能审批大幅提升服务效能的基础上，审批服务人员可以在审前咨询、指导以及审后反馈、纠偏等环节更好地发挥作用，同时实现行政成本降低与审批服务兜底。二是紧紧把握由智能变革所带来的监管提升与审管协同机遇。在新的人机审批关系以及"互联网＋监管"充分发展的条件下，面对监管行为的个性化特征以及日益增长的监管压力，由智能审批释放出的大量人力可以及时充实到监管当中，实现政府人力资源的高效配置，而考虑到智能审批和智能监管的充分互动与衔接，更高水平的审管协同无疑也是可以预期的。在这个意义上，由全新政府数据应用平台所支撑的"智能审批＋智能监管"，也将成为未来数字政府建设的关键功能与核心界面。

四　人本化与满意政府

价值导向对行政体制改革的走向具有决定性影响。从建设"服务型政府"到建设"人民满意的服务型政府"，反映了"以人民为中心"仍然是新时代行政体制改革的核心价值导向。面向行政审批制度改革特别是行政审批局改革的进一步深化，坚持人民主体地位，不仅要体现在继续站稳改革立场与坚持改革导向上，而且要体现在不断增强改革的开放性和参与性上。

就改革立场而言，审批局改革虽然在功能上侧重于调节政府与市场关系，但其根本目的还是进一步解放生产力，推动物质财富创造，因此改革应充分回应新时代我国主要社会矛盾的调节和化解，即通过更好地发挥政府作用，促进市场经济健康发展，进而满足人民日益增长的美好生活需要。就改革导向而言，审批局改革要紧紧围绕人民需求展开，大力推动从"官本位"到"人民本位"的根本转变。一方面，在人民需求日益复杂化、多元化的背景下，改革需要继续增强对不同主体服务需求的回应性，既要持续降低企业的制度性交易成本，也要不断提升公民的办事效率与服务体验。另一方面，在面临部门利益、政绩导向等多目标冲突的条件下，改革应继续坚持以人民需求为先，充分认识到人民需求在改革目标体系中的核心指向效应。应打破环境与结构的双重约束，努力为人民提供多样化的服务形式，在改革过程中维护好公民需求的优先性。就改革的开放性和参与性而言，必须真正将人民置于改革的决策与执行过程之中，发挥好人民作为改革参与者、建设者的重要作用。只有这样，才能确保改革始终坚守"以人民为中心"的初心，才能确保改革沿着建设"人民满意的服务型政府"的康庄大道持续前进。

结语 行政审批局改革的核心要点、历史走向与实践价值

第一节 行政审批局改革的核心要点

本节试图归纳总结行政审批局改革从启动、起步，到推进、拓展，再到完善、深化等关键阶段所涉及的核心要点和要素，同时也把对改革稳定性及秩序的探讨纳入其中。

（1）改革启动的"三角形"与三要素。前者包括地方"一把手"敢不敢改革、"审批局"能不能推进改革，以及"原部门"愿不愿配合改革；后者包括支撑改革的场地、事项与人员。

（2）改革起步的"三定向"与三类审批业务。前者包括审批局作为"窗口"单位，原部门作为合作伙伴，办事群众作为服务对象；后者分为市场准入、工程建设项目及居民事务。

（3）改革推进的"三角形"与三要素。前者包括审批局、同级职能部门、上级归口及对口部门，围绕这三个（类）主体，衍生出第四章第一节所阐述的"五对"关系；后者包括制度、技术与价值，具体可以展开为第四章第一节所呈现的莲湖创新体系涉及的九个方面，以及靖边县审批局改革所展现的品牌因素，从而构成十个细分要素。

（4）改革拓展的三维度与三原则。前者包括从审批到服务、从线下到线上、从合作到合供，分别对应审批权力透明化、审批事项标准化、审批服务网络化，同时体现出审批的服务导向、服务韧性、服务创新；对应形成的三个原则，即审批服务的公开性、可靠性和丰富性。

（5）改革完善的三维度与三要素。前者包括推进"无科层"审批、形成审批服务管理闭环、健全审批服务体系；后者包括时间维度的即得性、交互维度的响应性、空间维度的遍在性。

（6）改革稳定的"三角形"与秩序三重性。前者包括审批效率、监

管能力与市场活力；后者中审批效率、监管能力与市场活力共同构成市场秩序，而审批效率、监管能力共同构成政府内部秩序，政府内部秩序与市场秩序则共同构成改革秩序。

（7）改革深化的"三角形"。包括标准化驱动的透明审批、数据驱动的审管协同，以及服务驱动的整体政府。

第二节　行政审批局改革的历史走向

从当前国内行政审批制度改革实践来看，政务中心模式与行政审批局模式已经成为改革的两大路径。不同地区间发展状况以及制度环境的差异、地方竞争机制以及模式本身的特征，成为地方政府选择审批制度改革路径的主要影响因素（丁辉、朱亚鹏，2017）。本书基于系统论视角对审批局改革进行的审视，以及对改革核心要素与生命周期的分析，进一步揭示了行政审批制度改革的本质。

区别于强调服务界面构建及维护的政务中心模式，行政审批局是基于政府权力重置对其组织职能进行优化而形成的新的审批系统，知识、信息和数据是系统演进与改革深化的阶段性核心要素。从行政审批制度改革的整体特征看，政务中心关注政府服务界面的直接优化，而行政审批局在关注政府服务界面的同时，更强调审批界面和监管界面的改革与分离，在一定程度上是对前者的继承和超越。尽管两者都有各自的独特优势和适用性，但从改革的生命周期看，它们在未来都要面临审管数据的处理与应用问题，而这也是影响行政审批制度改革深化的核心要素。

此外，本书第四章第一节第三部分提及的西安市莲湖区"集成快办"审批服务模式中的审批层级压缩以及审批服务专员这一制度性岗位的设置，代表了基层审批局改革的最新动向与趋势，即审批的扁平化以及审批权力运行的去中心化。该模式进一步释放了行政审批局的体制优势和治理效能，同时也为审批局条件下数字化审批模式的构建提供了制度基础与流程规范，因此成为连接线下高效审批与线上智能"秒批"的关键一步。

综上，本书认为，一方面，行政审批局会凭借其体制优势得到持续发展，并在国内统一大市场构建，特别是行政许可实行清单管理等制度背景下向"行政审批执行局"（顾平安等，2016）方向演变；另一方面，行政审批局会在数字政府建设大潮中逐步走向数字化的审批界面，并因此与政务中心模式起到"异曲同工"的作用，即就企业和群众办事的数字化体验而言，只有审批服务界面，而无审批局与政务中心之分。

第三节 行政审批局改革的实践价值

行政审批制度改革的路径分异代表了地区差异背景下地方政府改革路径的不同，从公民维度看，以"一网通办"为代表的线上服务体系以及以"政务中心"为核心的线下服务机构，在目前乃至未来一个时期内仍然是行政审批服务的主要载体。在此过程中，行政审批局实践更多地指向政府内部职能体系的调整与优化，并非改革的终点。换言之，政府职能和组织界面的重组与政府服务界面的完善升级相结合，才是实现行政审批制度改革系统性再造的完整路径。

与此同时，仍需充分认识到行政审批局作为基层政府的创新实践对我国行政审批制度改革具有重要的探索意义和积极贡献，对地方政府发挥"大胆试、勇敢闯"的改革精神自主性和实现改革路径的丰富性也具有重要的历史价值与实践价值。另外，还应该看到，全国范围的行政审批局改革已经显著改变了我国各层级政府纵向间"职责同构"的总体特征，并为其在审批这一关键职能领域走向"职责序构"奠定了扎实的实践基础。这也是行政审批局改革在发挥深化审批制度改革的作用之外所撬动的另一重大实践价值。

尽管当前各地行政审批局的运行还存在不足，其改革深化也面临来自政府内部和社会外界的共同挑战，但毋庸置疑，作为一种具有理想型改革目标和理性化改革路径的当代重要行政体制改革与政府组织结构变革模式，行政审批局在推动行政审批制度改革、加快政府职能转变以及建设人民满意的服务型政府等诸多领域留下了浓墨重彩的一笔，并且还将在日益深入的"放管服"改革进程中继续发挥审批改革先锋与政务服务示范的重要作用。

附录　我国行政审批制度改革政策大事记（2001～2022）

第一节　中央层面政策梳理①

一　总体部署

（一）党的全国代表大会

1. **江泽民总书记在中国共产党第十六次全国代表大会上的报告《全面建设小康社会，开创中国特色社会主义事业新局面》（2002年11月8日）**

完善政府的经济调节、市场监管、社会管理和公共服务的职能，减少和规范行政审批。

2. **胡锦涛总书记在中国共产党第十七次全国代表大会上的报告《高举中国特色社会主义伟大旗帜　为夺取全面建设小康社会新胜利而奋斗》(2007年10月15日)**

加快推进政企分开、政资分开、政事分开、政府与市场中介组织分开，规范行政行为，加强行政执法部门建设，减少和规范行政审批，减少政府对微观经济运行的干预。

3. **胡锦涛总书记在中国共产党第十八次全国代表大会上的报告《坚定不移沿着中国特色社会主义道路前进　为全面建成小康社会而奋斗》(2012年11月8日)**

深化行政审批制度改革，继续简政放权，推动政府职能向创造良好发展环境、提供优质公共服务、维护社会公平正义转变。稳步推进大部门制改革，健全部门职责体系。

---

① 限于篇幅，本节仅展示与行政审批制度改革政策相关的内容。

4. 习近平总书记在中国共产党第十九次全国代表大会上的报告《决胜全面建成小康社会　夺取新时代中国特色社会主义伟大胜利》（2017年10月18日）

深化机构和行政体制改革。统筹考虑各类机构设置，科学配置党政部门及内设机构权力、明确职责。统筹使用各类编制资源，形成科学合理的管理体制，完善国家机构组织法。转变政府职能，深化简政放权，创新监管方式，增强政府公信力和执行力，建设人民满意的服务型政府。

5. 习近平总书记在中国共产党第二十次全国代表大会上的报告《高举中国特色社会主义伟大旗帜　为全面建设社会主义现代化国家而团结奋斗》（2022年10月16日）

深化简政放权、放管结合、优化服务改革。构建全国统一大市场，深化要素市场化改革，建设高标准市场体系。完善产权保护、市场准入、公平竞争、社会信用等市场经济基础制度，优化营商环境。

（二）党的中央全会

1.《中共中央关于完善社会主义市场经济体制若干问题的决定》（2003年10月14日中国共产党第十六届中央委员会第三次全体会议通过）

深化行政审批制度改革，切实把政府经济管理职能转到主要为市场主体服务和创造良好发展环境上来。

2.《中共中央关于加强和改进新形势下党的建设若干重大问题的决定》（2009年9月18日中国共产党第十七届中央委员会第四次全体会议通过）

深化行政管理体制改革，加快推进政企分开、政资分开、政事分开、政府与市场中介组织分开，进一步减少和规范行政审批。

3.《中共中央关于全面深化改革若干重大问题的决定》（2013年11月12日中国共产党第十八届中央委员会第三次全体会议通过）

全面正确履行政府职能。进一步简政放权，深化行政审批制度改革，最大限度减少中央政府对微观事务的管理，市场机制能有效调节的经济活动，一律取消审批，对保留的行政审批事项要规范管理、提高效率；直接面向基层、量大面广、由地方管理更方便有效的经济社会事项，一律下放地方和基层管理。

4.《中共中央关于坚持和完善中国特色社会主义制度　推进国家治理体系和治理能力现代化若干重大问题的决定》（2019年10月31日中

国共产党第十九届中央委员会第四次全体会议通过）

深入推进简政放权、放管结合、优化服务，深化行政审批制度改革，改善营商环境，激发各类市场主体活力。

（三）　五年规划

1.《**中共中央关于制定国民经济和社会发展第十个五年计划的建议**》（2000 年 10 月 11 日中国共产党第十五届中央委员会第五次全体会议通过）

继续推进行政管理体制改革和机构改革，按照发展社会主义市场经济的要求，进一步转变政府职能，实现政企分开。政府要集中精力搞好宏观经济调控和创造良好的市场环境，不直接干预企业经营活动，减少对经济事务的行政性审批。

2.《**中华人民共和国国民经济和社会发展第十个五年计划纲要**》（2001 年 3 月 15 日第九届全国人民代表大会第四次会议批准）

按照发展社会主义市场经济的要求，进一步转变政府职能，集中精力搞好宏观调控和创造良好的市场环境，不直接干预企业正常的生产经营活动。加快政府审批制度改革，大幅度减少行政性审批，规范审批行为，强化监督机制。

3.《**中共中央关于制定国民经济和社会发展第十一个五年规划的建议**》（2005 年 10 月 11 日中国共产党第十六届中央委员会第五次全体会议通过）

着力推进行政管理体制改革。……继续推进政企分开、政资分开、政事分开、政府与市场中介组织分开，减少和规范行政审批。

4.《**中华人民共和国国民经济和社会发展第十一个五年规划纲要**》（2006 年 3 月 14 日第十届全国人民代表大会第四次会议批准）

进一步推进行政审批制度改革，减少和规范行政审批。深化政府机构改革，优化组织结构，减少行政层级，理顺职责分工，提高行政效率，降低行政成本，实现政府职责、机构和编制的科学化、规范化、法定化。

5.《**中共中央关于制定国民经济和社会发展第十二个五年规划的建议**》（2010 年 10 月 18 日中国共产党第十七届中央委员会第五次全体会议通过）

推进行政体制改革。进一步转变政府职能，深化行政审批制度改革，加快推进政企分开，减少政府对微观经济活动的干预，加快建设法治政府和服务型政府。

6.《中华人民共和国国民经济和社会发展第十二个五年规划纲要》（2011年3月14日第十一届全国人民代表大会第四次会议批准）

加快推进政企分开、政资分开、政事分开、政府与市场中介组织分开，调整和规范政府管理的事项，深化行政审批制度改革，减少政府对微观经济活动的干预。

7.《中共中央关于制定国民经济和社会发展第十三个五年规划的建议》（2015年10月29日中国共产党第十八届中央委员会第五次全体会议通过）

深化行政管理体制改革，进一步转变政府职能，持续推进简政放权、放管结合、优化服务，提高政府效能，激发市场活力和社会创造力。

限制政府对企业经营决策的干预，减少行政审批事项。

8.《中华人民共和国国民经济和社会发展第十三个五年规划纲要》（2016年3月16日第十二届全国人民代表大会第四次会议批准）

深化行政审批制度改革，最大限度减少政府对企业经营的干预，最大限度缩减政府审批范围。增强简政放权的针对性、协同性。

9.《中共中央关于制定国民经济和社会发展第十四个五年规划和二〇三五年远景目标的建议》（2020年10月29日中国共产党第十九届中央委员会第五次全体会议通过）

深化简政放权、放管结合、优化服务改革，全面实行政府权责清单制度。持续优化市场化法治化国际化营商环境。实施涉企经营许可事项清单管理，加强事中事后监管，对新产业新业态实行包容审慎监管。……推进政务服务标准化、规范化、便利化，深化政务公开。

10.《中华人民共和国国民经济和社会发展第十四个五年规划和2035年远景目标纲要》（2021年3月11日第十三届全国人民代表大会第四次会议批准）

深化简政放权、放管结合、优化服务改革，全面实行政府权责清单制度，持续优化市场化法治化国际化营商环境。……精简行政许可事项，减少归并资质资格许可，取消不必要的备案登记和年检认定，规范涉企检查。全面推行"证照分离"、"照后减证"改革，全面开展工程建设项目审批制度改革。

（四）国务院政府工作报告

1.《2001 年政府工作报告》（2001 年 3 月 5 日在第九届全国人民代表大会第四次会议上，国务院总理朱镕基）

继续放开搞活国有中小企业。进一步实行政企分开，切实转变政府职能，减少行政性审批。发挥商会、行业协会等中介组织的作用。

2.《2002 年政府工作报告》（2002 年 3 月 5 日在第九届全国人民代表大会第五次会议上，国务院总理朱镕基）

加快政府职能转变。……继续理顺政府部门职能分工，防止有些事情互相推诿和无人负责。……进一步改革和减少行政审批，必须审批的也要规范操作，简化程序，公开透明，明确责任。

3.《2003 年政府工作报告》（2003 年 3 月 5 日在第十届全国人民代表大会第一次会议上，国务院总理朱镕基）

转变政府职能，必须改革行政审批制度。我们对原有审批项目进行了清理，国务院已取消 1195 个行政审批事项，各级地方政府也取消了一批行政审批事项。

减少行政审批，提高政府管理水平，努力形成行为规范、运转协调、公正透明、廉洁高效的行政管理体制。国务院根据党的十六届二中全会审议通过的《关于深化行政管理体制和机构改革的意见》形成的《国务院机构改革方案》，将提交本次大会审议。

4.《2004 年政府工作报告》（2004 年 3 月 5 日在第十届全国人民代表大会第二次会议上，国务院总理温家宝）

按照十届全国人大一次会议批准的方案，国务院机构改革顺利完成，调整和新组建的机构运转正常。……省级政府机构改革基本完成。行政审批制度改革进一步深化。

5.《2005 年政府工作报告》（2005 年 3 月 5 日在第十届全国人民代表大会第三次会议上，国务院总理温家宝）

各级政府认真实施《行政许可法》，取消和调整了一大批行政审批项目。

认真贯彻行政许可法，继续深化行政审批制度改革，进一步清理、减少和规范行政审批事项。

6.《2006 年政府工作报告》（2006 年 3 月 5 日在第十届全国人民代表大会第四次会议上，国务院总理温家宝）

我们要加快推进行政管理体制改革，进一步转变政府职能。继续推进政企分开，减少和规范行政许可和行政审批。

7.《2007 年政府工作报告》（2007 年 3 月 5 日在第十届全国人民代表大会第五次会议上，国务院总理温家宝）

几年来，我们把实行科学民主决策、推进依法行政、加强行政监督作为政府工作的三项基本准则，注重全面履行政府职能，着力加强社会管理和公共服务，建立健全应对突发公共事件管理体制机制，推进行政审批制度改革，制定和贯彻全面推进依法行政实施纲要，加强监察和审计工作，加大反腐倡廉力度。

今年要集中力量抓好三项工作：一是完善宏观调控体制，坚持政企分开，深入推进行政审批制度改革，减少审批事项，提高办事效率。……

8.《2008 年政府工作报告》（2008 年 3 月 5 日在第十一届全国人民代表大会第一次会议上，国务院总理温家宝）

制定全面推进依法行政实施纲要，推动政府职能转变和管理创新，强化社会管理和公共服务。认真贯彻实施行政许可法，推进行政审批制度改革，国务院各部门取消和调整行政审批项目 692 项。推进政务公开，完善新闻发布制度，加强电子政务建设。

9.《2009 年政府工作报告》（2009 年 3 月 5 日在第十一届全国人民代表大会第二次会议上，国务院总理温家宝）

深入贯彻行政许可法，继续推进行政审批制度改革，减少行政许可和审批事项，特别要减少投资审批、项目核准，落实企业的投资主体地位。

10.《2010 年政府工作报告》（2010 年 3 月 5 日在第十一届全国人民代表大会第三次会议上，国务院总理温家宝）

抓紧修订中小企业划分标准，加快中小企业公共服务平台、信息服务网络和小企业创业基地建设，进一步减少、简化行政审批，坚决清理和取消不合理收费。

11.《2011 年政府工作报告》（2011 年 3 月 5 日在第十一届全国人民代表大会第四次会议上，国务院总理温家宝）

加快实施"走出去"战略，完善相关支持政策，简化审批手续，为符合条件的企业和个人到境外投资提供便利。鼓励企业积极有序开展跨国经营。

12.《2012 年政府工作报告》（2012 年 3 月 5 日在第十一届全国人民代表大会第五次会议上，国务院总理温家宝）

严格依法设定、实施、清理、规范行政审批事项。严禁领导干部插手政府采购、工程招标、土地矿业权拍卖等经济活动。

13.《2013 年政府工作报告》（2013 年 3 月 5 日在第十二届全国人民代表大会第一次会议上，国务院总理温家宝）

深化行政审批制度改革，五年中分两轮取消和调整行政审批事项498 项，国务院各部门取消和调整的审批项目总数达到 2497 项，占原有审批项目的 69.3%。

14.《2014 年政府工作报告》（2014 年 3 月 5 日在第十二届全国人民代表大会第二次会议上，国务院总理李克强）

国务院机构改革有序实施，分批取消和下放了 416 项行政审批等事项，修订政府核准的投资项目目录，推动工商登记制度改革。各地积极推进政府职能转变和机构改革，大幅减少行政审批事项。扩大"营改增"试点，取消和免征行政事业性收费 348 项，减轻企业负担 1500 多亿元。

深入推进行政体制改革。进一步简政放权，这是政府的自我革命。今年要再取消和下放行政审批事项 200 项以上。深化投资审批制度改革，取消或简化前置性审批，充分落实企业投资自主权，推进投资创业便利化。确需设置的行政审批事项，要建立权力清单制度，一律向社会公开。清单之外的，一律不得实施审批。全面清理非行政审批事项。

加强事中事后监管。坚持放管并重，建立纵横联动协同管理机制，实现责任和权力同步下放、放活和监管同步到位。推广一站式审批、一个窗口办事，探索实施统一市场监管。

在走出去中提升竞争力。推进对外投资管理方式改革，实行以备案制为主，大幅下放审批权限。

15.《2015 年政府工作报告》（2015 年 3 月 5 日在第十二届全国人民代表大会第三次会议上，国务院总理李克强）

继续把简政放权、放管结合作为改革的重头戏。国务院各部门全年取消和下放 246 项行政审批事项，取消评比达标表彰项目 29 项、职业资格许可和认定事项 149 项，再次修订投资项目核准目录，大幅缩减核准范围。

加大简政放权、放管结合改革力度。今年再取消和下放一批行政审批事项，全部取消非行政许可审批，建立规范行政审批的管理制度。深化商事制度改革，进一步简化注册资本登记，逐步实现"三证合一"，清理规范中介服务。制定市场准入负面清单，公布省级政府权力清单、责任清单，切实做到法无授权不可为、法定职责必须为。地方政府对应当放给市场和社会的权力，要彻底放、不截留，对上级下放的审批事项，要接得住、管得好。加强事中事后监管，……各级政府都要建立简政放权、转变职能的有力推进机制，给企业松绑，为创业提供便利，营造公平竞争环境。所有行政审批事项都要简化程序，明确时限，用政府权力的"减法"，换取市场活力的"乘法"。

多管齐下改革投融资体制。大幅缩减政府核准投资项目范围，下放核准权限。大幅减少投资项目前置审批，实行项目核准网上并联办理。

16.《2016 年政府工作报告》（2016 年 3 月 5 日在第十二届全国人民代表大会第四次会议上，国务院总理李克强）

深入推进简政放权、放管结合、优化服务改革。取消和下放 311 项行政审批事项，取消 123 项职业资格许可和认定事项，彻底终结了非行政许可审批。工商登记前置审批精简 85%，全面实施三证合一、一照一码。加强事中事后监管，优化公共服务流程。群众和企业办事更加方便，全社会创业创新热情日益高涨。

推动简政放权、放管结合、优化服务改革向纵深发展。以敬民之心，行简政之道，切实转变政府职能、提高效能。继续大力削减行政审批事项，注重解决放权不同步、不协调、不到位问题，对下放的审批事项，要让地方能接得住、管得好。

17.《2017 年政府工作报告》（2017 年 3 月 5 日在第十二届全国人民代表大会第五次会议上，国务院总理李克强）

围绕处理好政府和市场关系这一经济体制改革的核心问题，持续推

进简政放权、放管结合、优化服务改革。在提前完成本届政府减少行政
审批事项三分之一目标的基础上，去年又取消 165 项国务院部门及其指
定地方实施的审批事项，清理规范 192 项审批中介服务事项、220 项职业
资格许可认定事项。

**18.《2018 年政府工作报告》（2018 年 3 月 5 日在第十三届全国人民
代表大会第一次会议上，国务院总理李克强）**

针对长期存在的重审批、轻监管、弱服务问题，我们持续深化"放
管服"改革，加快转变政府职能，减少微观管理、直接干预，注重加强
宏观调控、市场监管和公共服务。五年来，国务院部门行政审批事项削
减 44%，非行政许可审批彻底终结，中央政府层面核准的企业投资项目
减少 90%，行政审批中介服务事项压减 74%，职业资格许可和认定大幅
减少。

深化"放管服"改革。全面实施全国统一的市场准入负面清单制
度。在全国推开"证照分离"改革，重点是照后减证，各类证能减尽
减、能合则合，进一步压缩企业开办时间。大幅缩短商标注册周期。
工程建设项目审批时间再压减一半。推进企业投资项目承诺制改革试
点。全面实施"双随机、一公开"监管，决不允许假冒伪劣滋生蔓延，
决不允许执法者吃拿卡要。深入推进"互联网＋政务服务"，使更多事
项在网上办理，必须到现场办的也要力争做到"只进一扇门"、"最多跑
一次"。

**19.《2019 年政府工作报告》（2019 年 3 月 5 日在第十三届全国人民
代表大会第二次会议上，国务院总理李克强）**

以简审批优服务便利投资兴业。……政府要坚决把不该管的事项交
给市场，最大限度减少对资源的直接配置，审批事项应减尽减，确需审
批的要简化流程和环节，让企业多用时间跑市场、少费功夫跑审批。今
年，要对所有涉企经营许可事项实行"证照分离"改革，使企业更便捷
拿到营业执照并尽快正常运营，坚决克服"准入不准营"的现象；在全
国推开工程建设项目审批制度改革，使全流程审批时间大幅缩短。继续
压缩专利审查和商标注册时间。推行网上审批和服务，抓紧建成全国一
体化在线政务服务平台，加快实现一网通办、异地可办，使更多事项不
见面办理，确需到现场办的要"一窗受理、限时办结""最多跑一次"。

20.《2020年政府工作报告》（2020年5月22日在第十三届全国人民代表大会第三次会议上，国务院总理李克强）

深化"放管服"改革。在常态化疫情防控下，要调整措施、简化手续，促进全面复工复产、复市复业。推动更多服务事项一网通办，做到企业开办全程网上办理。

21.《2021年政府工作报告》（2021年3月5日在第十三届全国人民代表大会第四次会议上，国务院总理李克强）

纵深推进"放管服"改革，加快营造市场化、法治化、国际化营商环境。将行政许可事项全部纳入清单管理。深化"证照分离"改革，大力推进涉企审批减环节、减材料、减时限、减费用。……把有效监管作为简政放权的必要保障，全面落实监管责任，加强对取消或下放审批事项的事中事后监管，完善分级分类监管政策，健全跨部门综合监管制度，大力推行"互联网＋监管"，提升监管能力，加大失信惩处力度，以公正监管促进优胜劣汰。

22.《2022年政府工作报告》（2022年3月5日在第十三届全国人民代表大会第五次会议上，国务院总理李克强）

围绕打造市场化法治化国际化营商环境，持续推进"放管服"改革，对取消和下放审批事项要同步落实监管责任和措施。继续扩大市场准入。全面实行行政许可事项清单管理。加强数字政府建设，推动政务数据共享，进一步压减各类证明事项，扩大"跨省通办"范围，基本实现电子证照互通互认，便利企业跨区域经营，加快解决群众关切事项的异地办理问题。推进政务服务事项集成化办理，推出优化不动产登记、车辆检测等便民举措。

（五）"放管服"改革

1.《国务院关于印发2015年推进简政放权放管结合转变政府职能工作方案的通知》（国发〔2015〕29号），2015年5月15日

2015年，推进简政放权、放管结合和转变政府职能工作，要适应改革发展新形势、新任务，从重数量向提高含金量转变，从"给群众端菜"向"让群众点菜"转变，从分头分层级推进向纵横联动、协同并进转变，从减少审批向放权、监管、服务并重转变，统筹推进行政审批、投资审批、职业资格、收费管理、商事制度、教科文卫体等领域改革，

着力解决跨领域、跨部门、跨层级的重大问题。继续取消含金量高的行政审批事项，彻底取消非行政许可审批类别，大力简化投资审批，实现"三证合一"、"一照一码"，全面清理并取消一批收费项目和资质资格认定，出台一批规范行政权力运行、提高行政审批效率的制度和措施，推出一批创新监管、改进服务的举措，为企业松绑减负，为创业创新清障搭台，为稳增长、促改革、调结构、惠民生提供有力支撑，培育经济社会发展新动力。

深入推进行政审批改革。全面清理中央指定地方实施的行政审批事项，公布清单、锁定底数，今年取消 200 项以上。全面清理和取消国务院部门非行政许可审批事项，不再保留"非行政许可审批"这一审批类别。继续取消和下放国务院部门行政审批事项，进一步提高简政放权的含金量。基本完成省级政府工作部门、依法承担行政职能事业单位权力清单的公布工作。研究建立国务院部门权力清单和责任清单制度，开展编制权力清单和责任清单的试点工作。严格落实规范行政审批行为的有关法规、文件要求，国务院部门所有行政审批事项都要逐项公开审批流程，压缩并明确审批时限，约束自由裁量权，以标准化促进规范化。研究提出指导规范国务院部门证照管理的工作方案，对增加企业负担的证照进行清理规范。清理规范国务院部门行政审批中介服务，公布保留的国务院部门行政审批中介服务事项清单，破除垄断，规范收费，加强监管。对国务院已取消下放的行政审批事项，要严肃纪律、严格执行，彻底放、放到位，及时纠正明放暗留、变相审批、弄虚作假等行为。

2. 《国务院关于印发 2016 年推进简政放权放管结合优化服务改革工作要点的通知》（国发〔2016〕30 号），2016 年 5 月 24 日

继续深化行政审批改革。继续加大放权力度，把该放的权力放出去，能取消的要尽量取消，直接放给市场和社会。今年要再取消 50 项以上国务院部门行政审批事项和中央指定地方实施的行政审批事项，再取消一批国务院部门行政审批中介服务事项，削减一批生产许可证、经营许可证。对确需下放给基层的审批事项，要在人才、经费、技术、装备等方面予以保障，确保基层接得住、管得好。对相同、相近或相关联的审批事项，要一并取消或下放，提高放权的协同性、联动性。对确需保留的行政审批事项，要统一审批标准，简化审批手续，规范审批流程。所有行政审批事项都要严格按法定时限做到"零超时"。继续开展相对集中行政许可权改革试点,推广地方实施综合审批的经验。

3. 《国务院办公厅关于进一步做好"放管服"改革涉及的规章、规范性文件清理工作的通知》(国办发〔2017〕40号),2017年4月24日

2013年以来,为保障简政放权、放管结合、优化服务改革措施落实,许多地方和部门对涉及的规章、规范性文件进行清理,陆续废止和修改了相关规定,但也存在清理不全面、不及时、不到位等问题。为深入推进"放管服"改革,确保各项改革措施有效落实,经国务院同意,现就进一步做好"放管服"改革涉及的规章、规范性文件清理工作有关事项通知如下:一、明确清理范围。二、强化清理责任。三、准确把握处理原则。四、及时报送清理结果。

4. 《国务院办公厅关于印发全国深化简政放权放管结合优化服务改革电视电话会议重点任务分工方案的通知》(国办发〔2017〕57号),2017年6月30日

建立完善企业和群众评判"放管服"改革成效的机制,主动对标先进评价标准,把企业申请开办时间压缩了多少、投资项目审批提速了多少、产品质量提升了多少、群众办事方便了多少作为重要衡量标准。

5. 《国务院办公厅关于成立国务院推进政府职能转变和"放管服"改革协调小组的通知》(国办发〔2018〕65号),2018年7月25日

加快推进政府职能深刻转变,在各地区各部门深化"放管服"改革的基础上,统筹研究推进政府职能转变和"放管服"改革重要领域、关键环节的重大政策措施,研究拟提请国务院常务会议审议的有关重要事项,协调推动解决重点难点问题,指导督促各地区各部门落实改革措施,更大限度激发市场活力、调动人的积极性和社会创造力。

协调小组下设精简行政审批组、优化营商环境组、激励创业创新组、深化商事制度改革组、改善社会服务组5个专题组和综合组、法治组、督查组、专家组4个保障组。协调小组办公室设在国务院办公厅。

6. 《国务院办公厅关于印发全国深化"放管服"改革转变政府职能电视电话会议重点任务分工方案的通知》(国办发〔2018〕79号),2018年8月14日

对现有审批和许可事项要逐一深入论证,除关系国家安全和重大公

共利益等的项目外，能取消的坚决取消，能下放的尽快下放，市场机制能有效调节的经济活动不再保留审批和许可。对一些以备案、登记、行政确认、征求意见等为名的变相审批和许可事项，要尽快加以整改。

优化项目报建审批流程。五年内工程建设项目从立项到竣工验收全流程审批时间压减一半。推行联合审批、多图联审等方式。解决审批前评估耗时长问题，及时动态修订评估技术导则，合理简化报告编制要求。积极推广"区域评估"。

7.《国务院办公厅关于印发全国深化"放管服"改革优化营商环境电视电话会议重点任务分工方案的通知》（国办发〔2019〕39号），2019年8月12日

2019年底前研究提出50项以上拟取消下放和改变管理方式的行政许可事项，清理简并多部门、多层级实施的重复审批。编制公布中央层面设定的行政许可事项清单，逐项简化并明确许可范围、许可条件、许可有效期限等，细化审批标准、办理程序和时限等要求。

整治各类变相审批，摸清备案、登记、年检、认定等部门管理措施的底数，并持续清理压减。对确需保留的实行清单管理，并向社会公开。

全面开展工程建设项目审批制度改革，压减审批时间和环节，在确保实现将审批时间压减到120个工作日以内的基础上，有条件的地方要进一步压减审批时间。

8.《国务院办公厅关于印发全国深化"放管服"改革优化营商环境电视电话会议重点任务分工方案的通知》（国办发〔2020〕43号），2020年11月10日

系统梳理现有各层级审批和各种具有审批性质的管理措施并形成清单，分类推进行政审批制度改革。

进一步压减中央层面、地方层面设立的工程建设项目审批事项和条件，精简规范工程建设项目全流程涉及的技术审查、中介服务事项，压缩审批时间。

大力推行"一件事一次办"，从企业和群众"办成一件事"角度出发，将涉及的相关审批服务事项打包，提供"开办餐馆"、"开办旅馆"等套餐式、主题式集成服务，公布标准化的办事指南和流程图，由一家牵头部门统一受理、配合部门分头办理，实行一表申请、一套材料、一次提交、限时办结，避免企业和群众来回跑。

9.《国务院办公厅关于服务"六稳""六保"进一步做好"放管服"改革有关工作的意见》（国办发〔2021〕10 号），2021 年 4 月 15 日

优化工程建设项目审批。持续深化工程建设项目审批制度改革，完善全国统一的工程建设项目审批和管理体系。进一步精简整合工程建设项目全流程涉及的行政许可、技术审查、中介服务、市政公用服务等事项。支持各地区结合实际提高工程建设项目建筑工程施工许可证办理限额，对简易低风险工程建设项目实行"清单制＋告知承诺制"审批。研究制定工程建设项目全过程审批管理制度性文件，建立健全工程建设项目审批监督管理机制，加强全过程审批行为和时间管理，规范预先审查、施工图审查等环节，防止体外循环。

10.《国务院办公厅关于印发全国深化"放管服"改革着力培育和激发市场主体活力电视电话会议重点任务分工方案的通知》（国办发〔2021〕25 号），2021 年 7 月 20 日

持续深化行政审批制度改革，着力推进涉企审批减环节、减材料、减时限、减费用，抓紧编制公布行政许可事项清单。深化"证照分离"改革，着力推进照后减证并证，让市场主体尤其是制造业、一般服务业市场主体准入更便捷。

深化投资建设领域审批制度改革，精简整合审批流程，推行多规合一、多图联审、联合验收等做法，在确保安全的前提下推行告知承诺制，让项目早落地、早投产。

11.《中共中央　国务院印发〈法治政府建设实施纲要（2021—2025 年）〉》，2021 年 8 月 11 日

深入推进"放管服"改革。分级分类推进行政审批制度改革。依托全国一体化政务服务平台等渠道，全面推行审批服务"马上办、网上办、就近办、一次办、自助办"。坚决防止以备案、登记、行政确认、征求意见等方式变相设置行政许可事项。推行行政审批告知承诺制。大力归并减少各类资质资格许可事项，降低准入门槛。有序推进"证照分离"改革全覆盖，将更多涉企经营许可事项纳入改革。积极推进"一业一证"改革，探索实现"一证准营"、跨地互认通用。深化投资审批制度改革，推进投资领域行政执法监督，全面改善投资环境。

全面落实证明事项告知承诺制，新设证明事项必须有法律法规或者国务院决定依据。

推动政府管理依法进行，把更多行政资源从事前审批转到事中事后监管上来。

在行政许可权、行政处罚权改革中，健全审批、监管、处罚衔接机制，防止相互脱节。

12.《中共中央　国务院关于加快建设全国统一大市场的意见》，2022 年 3 月 25 日

清理规范行政审批、许可、备案等政务服务事项的前置条件和审批标准，不得将政务服务事项转为中介服务事项，没有法律法规依据不得在政务服务前要求企业自行检测、检验、认证、鉴定、公证以及提供证明等，不得搞变相审批、有偿服务。

13.《中共中央办公厅　国务院办公厅印发〈关于推进社会信用体系建设高质量发展促进形成新发展格局的意见〉》，2022 年 3 月 29 日

推广涉企审批告知承诺制。

建立资本市场行政许可信用承诺制度，提高办理效率。

14.《国务院办公厅关于印发第十次全国深化"放管服"改革电视电话会议重点任务分工方案的通知》（国办发〔2022〕37 号），2022 年 10 月 26 日

继续行简政之道，放出活力、放出创造力。落实和完善行政许可事项清单制度，坚决防止清单之外违法实施行政许可，2022 年底前省、市、县级要编制完成本级行政许可事项清单和办事指南，加快实现同一事项在不同地区和不同层级同标准、无差别办理。

二　具体部署

（一）行政审批制度改革

1.《国务院办公厅关于成立国务院行政审批制度改革工作领导小组的通知》（国办发〔2001〕71 号），2001 年 9 月 24 日

为加强对行政审批制度改革工作的领导，国务院决定，成立国务院行政审批制度改革工作领导小组（以下简称领导小组）。现将有关事项通知如下：

一、领导小组的主要职责

（一）指导和协调全国行政审批制度改革工作。

（二）研究提出国务院各部门需要取消和保留的行政审批项目并拟定有关规定。

（三）督促国务院各部门做好行政审批项目的清理和处理工作。

（四）研究处理与行政审批制度改革有关的其他重要问题。

……

2.《国务院批转关于行政审批制度改革工作实施意见的通知》（国发〔2001〕33号），2001年10月18日

行政审批制度改革的总体要求是：不符合政企分开和政事分开原则、妨碍市场开放和公平竞争以及实际上难以发挥有效作用的行政审批，坚决予以取消；可以用市场机制代替的行政审批，通过市场机制运作。对于确需保留的行政审批，要建立健全监督制约机制，做到审批程序严密、审批环节减少、审批效率明显提高，行政审批责任追究制得到严格执行。

2001年，以经济事务的行政审批为重点，兼顾其他方面，突出抓好国务院各部门及各省、自治区、直辖市人民政府的工作落实。省级以下各级人民政府及其部门也要积极推行行政审批制度改革。

3.《关于印发〈关于贯彻行政审批制度改革的五项原则需要把握的几个问题〉的通知》（国审改发〔2001〕1号），2001年12月11日

本级政府应当创造条件，打破部门界限，将分散在政府各职能部门的审批事项相对集中。

4.《国务院关于贯彻实施〈中华人民共和国行政许可法〉的通知》（国发〔2003〕23号），2003年9月28日

行政许可法的公布施行，对于保护公民、法人和其他组织的合法权益，深化行政审批制度改革，推进行政管理体制改革，从源头上预防和治理腐败，保障和监督行政机关有效实施行政管理，都有重要意义。

其所确立的行政许可设定制度、相对集中行政许可权制度、行政许可的统一办理制度、行政许可实施程序制度、行政机关对被许可人的监督检查制度、实施行政许可的责任制度等等，都是对现行行政许可制度的规范和重大改革，对进一步转变政府职能、改革行政管理方式和推进依法行政，都将产生深远影响。

各省、自治区、直辖市人民政府可以结合本地区实际提出相对集中行政许可权的意见，报国务院批准后施行。对由地方人民政府两个以上部门依法分别实施行政许可的，本级人民政府应当结合实际、积极探索，尽量实行统一办理、联合办理、集中办理。国务院有关部门要积极支持地方人民政府相对集中行政许可权，支持统一办理、联合办理、集中办理行政许可。

5. 《国务院办公厅转发国务院行政审批制度改革工作领导小组办公室关于进一步推进省级政府行政审批制度改革意见的通知》（国办发〔2003〕84 号），2003 年 9 月 29 日

近年来，各地区、各部门按照国务院的部署，相继开展了行政审批制度改革，取得了明显成效。省级政府是实施行政审批的重要机关，搞好省级政府行政审批制度改革，有利于国务院部门的改革与地方的改革相衔接，巩固和深化改革成果，增强改革的整体效应，促进政府职能转变，推动形成行为规范、运转协调、公正透明、廉洁高效的行政管理体制。为推动行政审批制度改革不断取得新的成效，现就进一步推进省级政府行政审批制度改革提出以下意见。

一、正确把握有关政策和要求，进一步对现行行政审批项目作出处理。二、搞好工作衔接，确保国务院取消和调整行政审批项目决定的落实。三、加强已取消和改变管理方式的行政审批事项的后续监管。四、认真清理并依法妥善处理拟取消和改变管理方式的行政审批项目的设定依据。五、严格规范行政审批行为，促进依法行政。六、深入推动行政审批制度创新。七、加强组织领导和督促检查。

6. 《国务院办公厅转发监察部等部门关于深入推进行政审批制度改革意见的通知》（国办发〔2008〕115 号），2008 年 10 月 22 日

深入推进行政审批制度改革的总体目标是：行政审批事项进一步减少，审批行为实现公开透明、规范运作，行政审批相关制度和制约监督机制较为健全，利用审批权谋取私利、乱收费等现象得到有效遏制，人民群众的满意度有新的提高。

7. 《国务院关于规范国务院部门行政审批行为改进行政审批有关工作的通知》（国发〔2015〕6 号），2015 年 2 月 4 日

为深化行政审批制度改革，规范行政审批行为，改进行政审批工作，

解决审批环节多、时间长、随意性大、公开透明度不够等问题，进一步提高政府工作效率和为人民群众服务水平，现就有关工作通知如下。

加快转变政府职能，坚持依法行政，推进简政放权、放管结合，规范行政审批行为、提高审批效率，激发市场社会活力、营造公平竞争环境，减少权力寻租空间、消除滋生腐败土壤，确保行政审批在法治轨道运行，进一步提升政府公信力和执行力，建设创新政府、廉洁政府和法治政府。

8.《中共中央办公厅　国务院办公厅印发〈关于深入推进审批服务便民化的指导意见〉》，2018 年 5 月 23 日

加大转变政府职能和简政放权力度，以更快更好方便企业和群众办事创业为导向，围绕直接面向企业和群众、依申请办理的行政审批和公共服务事项，推动审批服务理念、制度、作风全方位深层次变革，着力打造"宽进、快办、严管、便民、公开"的审批服务模式，最大限度减少企业和群众跑政府的次数，不断优化办事创业和营商环境，切实增强政府公信力和执行力，推动政府治理体系和治理能力现代化，建设人民满意的服务型政府。

坚持以人民为中心。把党的群众路线贯彻到审批服务便民化全过程，聚焦影响企业和群众办事创业的堵点痛点，用最短的时间、最快的速度，把服务企业和群众的事项办理好，让群众成为改革的监督者、推动者、受益者。

坚持改革与法治辩证统一。在法治下推进改革、在改革中完善法治，着力破除审批服务中的体制机制障碍，加快推进相关政策法规立改废释工作，构建更加系统完善、科学规范、运行有效的审批服务制度体系。

坚持放管并重、放管结合。协同推进审批服务便民和监管方式创新，积极探索新型监管模式，落实监管责任，以更高效的监管促进更好地简政放权和政府职能转变，推动政府管理真正转向宽进严管。

坚持体制创新与"互联网＋"融合促进。强化互联网思维，推动政府管理创新与互联网、物联网、大数据、云计算、人工智能等信息技术深度融合，推进审批服务扁平化、便捷化、智能化，让数据多跑路、群众少跑腿。

大力推行审批服务集中办理。……深化和扩大相对集中行政许可权

改革试点，整合优化审批服务机构和职责，有条件的市县和开发区可设立行政审批局，实行"一枚印章管审批"。依法设立的行政审批局办理的行政许可等事项具有法律效力，原主管部门不得要求企业和群众再加盖本部门印章，杜绝重复盖章。

9.《国务院办公厅关于进一步精简审批优化服务精准稳妥推进企业复工复产的通知》（国办发明电〔2020〕6号），2020年3月4日

简化复工复产审批和条件。

优化复工复产办理流程。

加快实现复工复产等重点事项网上办。

提升企业投资生产经营事项审批效率。

10.《国务院办公厅关于进一步优化营商环境更好服务市场主体的实施意见》（国办发〔2020〕24号），2020年7月21日

优化再造投资项目前期审批流程。

进一步提升工程建设项目审批效率。

进一步简化企业生产经营审批和条件。

11.《国务院办公厅关于全面推行证明事项和涉企经营许可事项告知承诺制的指导意见》（国办发〔2020〕42号），2020年11月9日

在各级行政机关或者法律法规授权的具有管理公共事务职能的组织（以下统称行政机关）办理行政许可、行政确认、行政给付等依申请的行政事项（以下简称行政事项）要求提供证明材料时实行证明事项告知承诺制，在行政机关办理涉企经营许可事项时实行告知承诺制，以行政机关清楚告知、企业和群众诚信守诺为重点，推动形成标准公开、规则公平、预期明确、各负其责、信用监管的治理模式，从制度层面进一步解决企业和群众办证多、办事难等问题。

12.《国务院办公厅关于全面实行行政许可事项清单管理的通知》（国办发〔2022〕2号），2022年1月30日

各省、自治区、直辖市人民政府，国务院各部委、各直属机构：

行政许可是政府依法管理经济社会事务的重要手段。全面实行行政许可事项清单管理，是深化"放管服"改革优化营商环境的重要举措，有利于明晰行政许可权力边界、规范行政许可运行，为企业和群众打造更加公平高效的审批环境，对于推进政府治理体系和治理能力现代化意

义重大。为做好全面实行行政许可事项清单管理工作，经国务院同意，现通知如下：

一、总体要求

（一）指导思想。以习近平新时代中国特色社会主义思想为指导，全面贯彻党的十九大和十九届历次全会精神，认真落实党中央、国务院关于深化"放管服"改革优化营商环境的决策部署，正确处理政府和市场、政府和社会的关系，依法编制、严格实施行政许可事项清单，持续推进行政许可标准化、规范化、便利化，加强事前事中事后全链条全领域监管，不断提高审批效率和监管效能，更大激发市场活力和社会创造力，促进经济社会高质量发展。

（二）工作目标。2022年底前，构建形成全国统筹、分级负责、事项统一、权责清晰的行政许可事项清单体系，编制并公布国家、省、市、县四级行政许可事项清单，将依法设定的行政许可事项全部纳入清单管理，清单之外一律不得违法实施行政许可。对清单内事项逐项编制完成行政许可实施规范，大幅提升行政许可标准化水平，"十四五"时期基本实现同一事项在不同地区和层级同要素管理、同标准办理。

二、依法编制行政许可事项清单

（三）明确清单编制责任。国务院审改办负责组织国务院有关部门编制《法律、行政法规、国务院决定设定的行政许可事项清单》，报国务院审定后向社会公布。县级以上地方人民政府牵头推进行政审批制度改革工作的机构（以下称审改牵头机构）负责组织梳理上级设定、本地区实施的行政许可事项和本地区地方性法规、省级政府规章设定的行政许可事项，编制本地区行政许可事项清单，报同级人民政府审定后向社会公布，并抄送上一级审改牵头机构。

（四）统一清单编制要求。各级行政许可事项清单应当逐项明确事项名称、主管部门、实施机关、设定和实施依据等基本要素。各地区行政许可事项清单中上级设定、本地区实施的事项及其基本要素，不得超出上级清单的范围，确保事项同源、统一规范。省、市、县三级清单应当于2022年底前编制完成。依托全国一体化政务服务平台，建设全国行政许可管理系统，将国家、省、市、县级行政许可事项清单全部纳入系统管理。

（五）及时动态调整清单。法律、法规、规章草案拟新设或者调整行政许可的，起草部门应当充分研究论证，并在起草说明中专门作出说明；司法行政部门在草案审查阶段，应当征求同级审改牵头机构意见。行政许可正式实施前，有关部门应当提出调整行政许可事项清单的申请，审改牵头机构应当及时进行调整，行政许可实施机关做好实施前准备。因深化行政审批制度改革需要动态调整行政许可事项清单的，参照上述程序办理。上级清单作出动态调整的，下级清单要及时相应调整。

（六）做好有关清单衔接。市场准入负面清单、政务服务事项基本目录、"互联网＋监管"事项清单、投资项目审批事项清单、工程建设项目审批事项清单等中涉及的行政许可事项，应当严格与行政许可事项清单保持一致并做好衔接。行政许可事项清单调整的，有关清单要适时作出相应调整。健全审改牵头机构与其他清单主管部门的沟通协调机制，协同做好清单内容对接匹配。

三、严格依照清单实施行政许可

（七）科学制定行政许可实施规范。对清单内的行政许可事项要逐项制定实施规范，结合实施情况确定子项、办理项，明确许可条件、申请材料、中介服务、审批程序、审批时限、收费、许可证件、数量限制、年检年报等内容，并向社会公布。法律、行政法规、国务院决定设定的行政许可事项原则上由国务院有关部门制定实施规范。对各地区实施规范存在差异、影响跨区域通办的事项，国务院有关部门要研究提出解决方案，制定衔接办法。地方性法规、省级政府规章设定的行政许可事项，由省级、设区的市级人民政府有关部门制定实施规范。

（八）依法依规实施行政许可。行政许可实施机关要依照行政许可实施规范制定办事指南，并向社会公布。办事指南一经公布，必须严格遵照执行，不得随意增加许可条件、申请材料、中介服务、审批环节、收费、数量限制等，不得超时限办理行政许可，但可以作出有利于行政相对人的合理优化调整。在严格执行办事指南的同时，各地区、各部门要按照政务服务标准化、规范化、便利化要求，通过推行告知承诺、集成服务、一网通办、跨省通办等改革措施，更好满足企业和群众办事需求。

（九）严肃清查整治变相许可。各地区、各部门要严格落实清单之外一律不得违法实施行政许可的要求，大力清理整治变相许可。在行政许可事项清单之外，有关行政机关和其他具有管理公共事务职能的组织以备案、证明、目录、计划、规划、指定、认证、年检等名义，要求行政相对人经申请获批后方可从事特定活动的，应当认定为变相许可，要通过停止实施、调整实施方式、完善设定依据等予以纠正。

四、加强事前事中事后全链条全领域监管

（十）依托清单明确监管重点。行政许可事项清单是完善事前事中事后全链条全领域监管的重要基础。对列入清单的事项，各地区、各部门要充分评估实际情况和风险隐患，科学划分风险等级，明确监管重点环节，实施有针对性、差异化的监管政策，提升监管的精准性和有效性。其中，对直接涉及公共安全、公众健康，以及潜在风险大、社会风险高的重点领域，要依法依规重点监管，守牢质量和安全底线。与行政许可事项对应的监管事项，要纳入"互联网＋监管"平台监管事项动态管理系统。

（十一）对清单内事项逐项明确监管主体。严格依照法律法规和"三定"规定，确定监管主体；法律法规和"三定"规定未明确监管职责的，按照"谁审批、谁监管，谁主管、谁监管"的原则，确定监管主体。实行相对集中行政许可权改革的地区，按照改革方案确定监管职责。对多部门共同承担监管职责的事项，行业主管部门应当会同相关部门实施综合监管。有关部门之间就监管主体存在争议的，报同级人民政府决定。

（十二）结合清单完善监管规则标准。对于法律、行政法规、国务院决定设定的行政许可事项，国务院有关部门要逐事项或者分领域制定并公布全国统一、简明易行、科学合理的监管规则和标准。地方性法规、省级政府规章设定的行政许可事项，由省级、设区的市级人民政府有关部门制定并公布监管规则和标准。实行相对集中行政许可权改革的地区，要明晰审管边界，强化审管互动，确保无缝衔接。对取消和下放的行政许可事项，要明确监管层级、监管部门、监管规则和标准，对用不好授权、履职不到位的要问责，坚决杜绝一放了之、只批不管等问题。

五、做好清单实施保障（略）

（二）提升政务服务水平

1.《中共中央办公厅 国务院办公厅印发〈关于深化政务公开加强政务服务的意见〉的通知》（中办发〔2011〕22 号），2011 年 6 月 8 日

加大行政审批公开力度。公布本地区本部门不涉及国家秘密、商业秘密和个人隐私的行政审批项目目录，继续清理、调整和减少行政审批事项。没有法律法规依据，行政机关不得设置或变相设置行政许可事项和非行政许可审批事项。进一步减少审批事项，优化工作流程，公开办理程序，强化过程监控，建立行政审批事项的动态管理制度。逐步依法将审批职能和审批事项集中到服务中心公开办理，建立健全决策、执行、监督相互协调又相互制约的运行机制。

规范服务中心运行。……进驻服务中心的政府部门要对其服务窗口办理事项充分授权，使不需要现场勘察、集体讨论、专家论证、听证的一般性审批事项能在窗口受理后直接办结。逐步实行"一个窗口受理、一站式审批、一条龙服务、一个窗口收费"的运行模式。对同一个行政审批事项涉及两个以上部门的，逐步实行联合办理或并联审批。

2.《国务院办公厅关于转发全国政务公开领导小组 2012 年全国政务公开和政务服务工作要点的通知》（国办发〔2012〕29 号），2012 年 4 月 29 日

改革行政权力运行机制，深入推进行政审批制度改革，以制约和监督权力为核心，将公开透明原则融入各项行政程序，促进行政权力规范行使。

与企业、社会和人民群众密切相关的行政许可事项，具备条件的要全部纳入政务（行政）服务中心办理；非许可行政审批事项，要尽可能纳入服务中心办理，并做到授权充分、运行规范、服务到位，切实发挥服务中心的功能和作用。

3.《国务院关于积极推进"互联网 +"行动的指导意见》（国发〔2015〕40 号），2015 年 7 月 4 日

坚持变革转型。充分发挥互联网在促进产业升级以及信息化和工业化深度融合中的平台作用，引导要素资源向实体经济集聚，推动生产方式和发展模式变革。创新网络化公共服务模式，大幅提升公共服务能力。

4. 《国务院办公厅关于转发国家发展改革委等部门推进"互联网 + 政务服务"开展信息惠民试点实施方案的通知》（国办发〔2016〕23号），2016 年 4 月 26 日

2016 年，……建成统一的综合政务服务窗口、数据共享交换平台和政务服务信息系统，完成自有政务服务流程的梳理、简化和标准化，形成政务服务事项目录；建成统一身份认证体系，实现政务服务多渠道的统一认证。在试点城市内部基本实现政务服务事项"一号申请、一窗受理、一网通办"。

2017 年，跨省电子证照流转交换与网上身份认证体系全面投入应用，各省（区、市）人民政府基本建成数据共享交换平台、政务服务信息系统和线上线下一体化服务体系。基于信息资源互通共享，初步实现各试点城市间政务服务跨区域、跨层级、跨部门"一号申请、一窗受理、一网通办"，基本公共服务事项 80% 以上可在网上办理。

5. 《国务院关于加快推进"互联网 + 政务服务"工作的指导意见》（国发〔2016〕55 号），2016 年 9 月 29 日

推进"互联网 + 政务服务"，是贯彻落实党中央、国务院决策部署，把简政放权、放管结合、优化服务改革推向纵深的关键环节，对加快转变政府职能，提高政府服务效率和透明度，便利群众办事创业，进一步激发市场活力和社会创造力具有重要意义。

2017 年底前，各省（区、市）人民政府、国务院有关部门建成一体化网上政务服务平台，全面公开政务服务事项，政务服务标准化、网络化水平显著提升。2020 年底前，实现互联网与政务服务深度融合，建成覆盖全国的整体联动、部门协同、省级统筹、一网办理的"互联网 + 政务服务"体系，大幅提升政务服务智慧化水平，让政府服务更聪明，让企业和群众办事更方便、更快捷、更有效率。

6. 《国务院办公厅关于印发进一步深化"互联网 + 政务服务"推进政务服务"一网、一门、一次"改革实施方案的通知》（国办发〔2018〕45 号），2018 年 6 月 22 日

坚持联网通办是原则、孤网是例外，政务服务上网是原则、不上网是例外，加强政务信息资源跨层级、跨地域、跨系统、跨部门、跨业务互联互通和协同共享。运用互联网、大数据、人工智能等信息技术，通

过技术创新和流程再造，增强综合服务能力，进一步提升政务服务效能。

按照政务服务"一网通办"的要求，加快建设国家、省、市三级互联的网上政务服务平台体系，推动政务服务"一次登录、全网通办"，大幅提高政务服务便捷性。

以企业和群众办事"只进一扇门"为目标，大力推行政务服务集中办理，实现"多门"变"一门"，促进政务服务线上线下集成融合，不断提升政府服务效能。

以企业和群众办事"少跑腿"为目标，梳理必须到现场办理事项的"最多跑一次"目录，精简办事环节和材料，推动政务服务入口全面向基层延伸，力争实现企业和群众办事"最多跑一次"。

7.《国务院关于加快推进全国一体化在线政务服务平台建设的指导意见》（国发〔2018〕27号），2018年7月31日

推动"放管服"改革向纵深发展，深入推进"互联网＋政务服务"，加快建设全国一体化在线政务服务平台，整合资源，优化流程，强化协同，着力解决企业和群众关心的热点难点问题，推动政务服务从政府供给导向向群众需求导向转变，从"线下跑"向"网上办"、"分头办"向"协同办"转变，全面推进"一网通办"，为优化营商环境、便利企业和群众办事、激发市场活力和社会创造力、建设人民满意的服务型政府提供有力支撑。

加快建设全国一体化在线政务服务平台，推进各地区各部门政务服务平台规范化、标准化、集约化建设和互联互通，形成全国政务服务"一张网"。政务服务流程不断优化，全过程留痕、全流程监管，政务服务数据资源有效汇聚、充分共享，大数据服务能力显著增强。政务服务线上线下融合互通，跨地区、跨部门、跨层级协同办理，全城通办、就近能办、异地可办，服务效能大幅提升，全面实现全国"一网通办"，为持续推进"放管服"改革、推动政府治理现代化提供强有力支撑。

8.《国务院办公厅关于建立政务服务"好差评"制度提高政务服务水平的意见》（国办发〔2019〕51号），2019年12月17日

2020年底前，全面建成政务服务"好差评"制度体系，建成全国一体化在线政务服务平台"好差评"管理体系，各级政务服务机构（含大厅、中心、站点、窗口等，下同）、各类政务服务平台（含业务系统、热线电话平台、移动服务端、自助服务端等，下同）全部开展"好差评"，线上线下全面融合，实现政务服务事项全覆盖、评价对象全覆盖、服务渠道全覆盖。确保每个政务服务事项均可评价，每个政务服务机构、政务服务平台和人员都接受评价，每个办事企业和群众都能自愿自主真实评价，每个差评都得到整改，形成评价、反馈、整改、监督全流程衔接，企业和群众积极参与、社会各界广泛评价、政府部门及时改进的良性互动局面，促进政务服务质量持续提升。

9. 《国务院办公厅关于加快推进政务服务"跨省通办"的指导意见》（国办发〔2020〕35 号），2020 年 9 月 29 日

纵深推进"放管服"改革，优化政务服务，完善事中事后监管，加快推动政务服务从政府部门供给导向向企业和群众需求导向转变，依托全国一体化政务服务平台和各级政务服务机构，着力打通业务链条和数据共享堵点，推动更多政务服务事项"跨省通办"，为建设人民满意的服务型政府提供有力保障。

从高频政务服务事项入手，2020 年底前实现第一批事项"跨省通办"，2021 年底前基本实现高频政务服务事项"跨省通办"，同步建立清单化管理制度和更新机制，逐步纳入其他办事事项，有效满足各类市场主体和广大人民群众异地办事需求。

10. 《国务院办公厅关于印发全国一体化政务服务平台移动端建设指南的通知》（国办函〔2021〕105 号），2021 年 11 月 12 日

2022 年底前，各省（自治区、直辖市）和国务院部门移动政务服务应用与国家政务服务平台移动端"应接尽接"、"应上尽上"，移动政务服务能力显著提升，形成以国家政务服务平台移动端为总枢纽的全国一体化平台移动端服务体系。编制全国一体化平台移动端高频政务服务事项清单，将企业和群众经常办理的事项全面纳入清单管理，并建立动态更新机制，推动实现清单内的事项"掌上可办"。……不断健全全国一体化平台移动端服务体系，实现各级移动政务服务应用标准统一、整体联动、业务协同。持续推进更多政务服务事项纳入全国一体化平台移动端高频政务服务事项清单管理，实现清单内事项在全国一体化平台移动端无差别受理、同标准办理。进一步推动各地区高频服务事项在移动端实现"跨省通办"、"无感漫游"，企业和群众办事更加便捷、服务满意度大幅提升。

11. 《国务院关于加快推进政务服务标准化规范化便利化的指导意见》（国发〔2022〕5 号），2022 年 3 月 1 日

规范审批服务行为。推进政务服务事项依法依规办理，严格按照政务服务事项实施清单提供办事服务，不得额外增加或变相增加办理环节和申请材料。严格执行首问负责、一次性告知和限时办结等制度。优化前置服务，加强政务服务事项申报辅导。对现场勘验、技术审查、听证论证等程序实施清单化管理，建立限时办结机制并向社会公布。

规范审批监管协同。按照"谁审批、谁监管，谁主管、谁监管"原则，健全审管衔接机制，实现审批和监管信息实时共享。实行相对集中行政许可权改革的地区，要明确政务服务审批部门、行业主管部门的监管职责和边界，加强协同配合，政务服务审批部门应将有关政务服务事项办理信息和结果同步推送至行业主管部门，行业主管部门应将相关的行政检查、行政处罚等监管信息与政务服务审批部门同步共享。

12. 《国务院办公厅关于加快推进"一件事一次办"打造政务服务升级版的指导意见》（国办发〔2022〕32 号），2022 年 10 月 3 日

推进企业全生命周期相关政务服务事项"一件事一次办"。围绕企业从开办到注销全生命周期的重要阶段，梳理集成同一阶段内需要到政府部门、公用企事业单位和服务机构办理的多个单一政务服务事项，为企业提供开办、工程建设、生产经营、惠企政策兑现、员工录用、不动产登记、注销等集成化办理服务，提高办事效率，降低办事成本。

推进个人全生命周期相关政务服务事项"一件事一次办"。围绕个人从出生到身后全生命周期的重要阶段，梳理集成同一阶段内需要办理的多个单一政务服务事项，为群众提供新生儿出生、入园入学、大中专学生毕业、就业、就医、婚育、扶残助困、军人退役、二手房交易及水电气联动过户、退休、身后等集成化办理服务，切实提升群众办事便捷度，减少跑动次数。

（三）相对集中行政许可权试点

1. 《中央编办　国务院法制办关于印发〈相对集中行政许可权试点工作方案〉的通知》（中央编办发〔2015〕16 号），2015 年 3 月 27 日

一、总体要求

以党的十八大，十八届二中、三中、四中全会精神为指导，认真贯

彻落实党中央、国务院推进行政审批制度改革的有关要求。以清理减少行政审批事项、优化审批流程、公开审批标准、规范审批行为和加强监督管理为重点，探索推进相对集中行政许可权，创新行政审批方式，提高行政审批效率，便利企业和群众办事，进一步激发市场和社会活力。通过试点探索总结经验、理清思路，为研究制定面上改革政策提供决策参考。

二、试点内容

（一）根据《行政许可法》第 25 条规定，由国务院批准有关省级人民政府，根据精简、统一、效能的原则，组织试点市、县（市、区）或开发区就相对集中行政许可权实现形式进行探索。将政府各部门的行政许可权交由一个部门行使，或者将一个部门的行政许可权交由另一个部门行使。

（二）探索相对集中行政许可权的内容、范围和实现形式。重点研究集中哪些行政审批权，集中到什么程度，如何更好地实现相对集中行政审批等问题。

（三）探索相对集中行政许可权后，行政审批部门与承担管理职能部门的职责定位、工作机制，完善行政审批部门与同级其他部门及上下级政府部门间的工作衔接办法和协调配合机制。

（四）探索相对集中行政许可权后，进一步优化审批流程、规范审批行为，逐步实现行政审批程序化、标准化、科学化。探索建立统一的行政审批网络平台，实现网上受理、审批、公示、查询、设诉等。

（五）探索相对集中行政许可权后，健全审批、管理、监督运行机制，加强事中事后监管，建立健全内外部监督制约机制，明确行政复议机关和行政复议被申请人，加强廉政制度建设。

三、试点范围

天津市所有区县，河北、山西、江苏、浙江、广东、四川、贵州各选择 2～3 个市、县（市、区）或所属国家级开发区开展改革试点。

四、组织实施

试点工作由省级政府负总责，试点所在地政府具体组织实施。各试点地区要结合自身实际，确定试点单位，制定试点方案。试点方案经省级党委、政府批准，报中央编办、国务院法制办备案。中央编办会同国务院法制办做好对试点的指导和相关政策的协调。

2.《中央编办　国务院法制办关于进一步做好相对集中行政许可权改革试点工作的通知》（中央编办发〔2016〕20 号），2016 年 6 月 21 日

为深化行政审批制度改革，提高行政审批效率，进一步激发市场和社会活力，经报国务院同意，现就进一步做好相对集中行政许可权改革试点有关事项通知如下：

一、同意辽宁、安徽、湖北、湖南、广西、宁夏等 6 省（区）选择部分市、县或开发区纳入相对集中行政许可权改革试点；同意先期开展试点的河北、江苏省在巩固深化前期试点成果基础上，积极稳妥扩大试点范围。

二、省（自治区、直辖市）政府开展相对集中行政许可权试点，由省（自治区、直辖市）政府报国务院批准。市、县及各类开发区开展试点，由省（自治区、直辖市）党委、政府批准，并报中央编办、国务院法制办备案。市、县进行试点同时，在各类开发区积极推广行政审批局等模式，实行"一颗印章管审批"。其他省份如需开展试点或适当扩大试点范围，可参照执行。

三、试点城区要加大探索力度，积极与上级有关部门对接、及时反馈情况，着力破解试点中的困难和共性问题，推动行政审批制度改革向纵深发展。要加强地区之间的政策配套和工作衔接，以服务企业群众相关的数据为切入点，探索基层行政审批和公共服务事项信息共享的措施办法，努力破解"信息孤岛"问题。因调整行政审批事项需要修改法律、行政法规、国务院决定命令的，可由省（自治区、直辖市）人民政府按程序向国务院提出建议。

四、请按照《中央编办　国务院法制办关于印发〈相对集中行政许可权试点工作方案〉的通知》（中央编办发〔2015〕16 号）要求，结合实际做好组织实施。试点方案批准后，30 日内报中央编办、国务院法制办备案。

（四）工程建设项目审批制度改革

1.《国务院办公厅关于开展工程建设项目审批制度改革试点的通知》（国办发〔2018〕33 号），2018 年 5 月 18 日

为贯彻落实党中央、国务院关于深化"放管服"改革和优化营商环境的部署要求，推动政府职能转向减审批、强监管、优服务，促进市场公平竞争，国务院决定开展工程建设项目审批制度改革试点。经国务院同意，现就试点工作有关事项通知如下：

（一）指导思想。……按照党中央、国务院关于深化"放管服"改革和优化营商环境的部署要求，以推进政府治理体系和治理能力现代化为目标，对工程建设项目审批制度进行全流程、全覆盖改革，努力构建科学、便捷、高效的工程建设项目审批和管理体系。

（二）试点地区。北京市、天津市、上海市、重庆市、沈阳市、大连市、南京市、厦门市、武汉市、广州市、深圳市、成都市、贵阳市、渭南市、延安市和浙江省。

（三）改革内容。改革覆盖工程建设项目审批全过程（包括从立项到竣工验收和公共设施接入服务）；主要是房屋建筑和城市基础设施等工程，不包括特殊工程和交通、水利、能源等领域的重大工程；覆盖行政许可等审批事项和技术审查、中介服务、市政公用服务以及备案等其他类型事项，推动流程优化和标准化。

（四）工作目标。2018年，试点地区建成工程建设项目审批制度框架和管理系统，按照规定的流程，审批时间压减一半以上，由目前平均200多个工作日压减至120个工作日。2019年，总结推广试点经验，在全国范围开展工程建设项目审批制度改革，上半年将审批时间压减至120个工作日，试点地区审批事项和时间进一步减少；地级及以上城市建成工程建设项目审批制度框架和管理系统。2020年，基本建成全国统一的工程建设项目审批和管理体系。

2.《国务院办公厅关于全面开展工程建设项目审批制度改革的实施意见》（国办发〔2019〕11号），2019年3月26日

工程建设项目审批制度改革是党中央、国务院在新形势下作出的重大决策，是推进政府职能转变和深化"放管服"改革、优化营商环境的重要内容。2018年5月工程建设项目审批制度改革试点开展以来，试点地区按照国务院部署，对工程建设项目审批制度实施了全流程、全覆盖改革，基本形成统一的审批流程、统一的信息数据平台、统一的审批管理体系和统一的监管方式。

（一）指导思想。……坚持以人民为中心，牢固树立新发展理念，以推进政府治理体系和治理能力现代化为目标，以更好更快方便企业和群众办事为导向，加大转变政府职能和简政放权力度，全面开展工程建设项目审批制度改革，统一审批流程，统一信息数据平台，统一审批管理体系，统一监管方式，实现工程建设项目审批"四统一"。

（二）改革内容。对工程建设项目审批制度实施全流程、全覆盖改革。改革覆盖工程建设项目审批全过程（包括从立项到竣工验收和公共设施接入服务）；主要是房屋建筑和城市基础设施等工程，不包括特殊工程和交通、水利、能源等领域的重大工程；覆盖行政许可等审批事项和技术审查、中介服务、市政公用服务以及备案等其他类型事项，推动流程优化和标准化。

（三）主要目标。2019 年上半年，全国工程建设项目审批时间压缩至 120 个工作日以内，省（自治区）和地级及以上城市初步建成工程建设项目审批制度框架和信息数据平台；到 2019 年底，工程建设项目审批管理系统与相关系统平台互联互通；试点地区继续深化改革，加大改革创新力度，进一步精简审批环节和事项，减少审批阶段，压减审批时间，加强辅导服务，提高审批效能。到 2020 年底，基本建成全国统一的工程建设项目审批和管理体系。

（五）"证照分离"改革

1. 《国务院关于上海市开展"证照分离"改革试点总体方案的批复》（国函〔2015〕222 号），2015 年 12 月 29 日

要按照党中央、国务院决策部署，紧紧围绕推进简政放权、放管结合、优化服务，通过开展"证照分离"改革试点，进一步清理和取消一批行政许可事项，推动一批行政许可事项由审批改为备案，推动一批行政许可事项实行告知承诺制，提高办理行政许可事项的透明度和可预期性，释放企业创新创业活力，增强经济发展动力，营造法治化、国际化、便利化的营商环境，为全国进一步推进行政管理体制改革积累可复制推广的经验。

2. 《国务院关于在上海市浦东新区暂时调整有关行政法规和国务院文件规定的行政审批等事项的决定》（国发〔2016〕24 号），2016 年 5 月 5 日

根据《国务院关于上海市开展"证照分离"改革试点总体方案的批

复》（国函〔2015〕222 号），国务院决定，即日起至 2018 年 12 月 21日，在上海市浦东新区暂时调整《中华人民共和国药品管理法实施条例》、《放射性药品管理办法》、《化妆品卫生监督条例》、《国务院对确需保留的行政审批项目设定行政许可的决定》、《国务院关于第三批取消和调整行政审批项目的决定》（国发〔2004〕16 号）、《国务院关于加强出入境中介活动管理的通知》（国发〔2000〕25 号）、《国务院关于第六批取消和调整行政审批项目的决定》（国发〔2012〕52 号）、《国务院关于取消和调整一批行政审批项目等事项的决定》（国发〔2015〕11 号）、《国务院关于对加工贸易进口料件试行银行保证金台账制度的批复》（国函〔1995〕109 号）、《国务院关于取消和下放 50 项行政审批项目等事项的决定》（国发〔2013〕27 号）、《国务院办公厅转发国家经贸委等部门关于进一步完善加工贸易银行保证金台账制度意见的通知》（国办发〔1999〕35 号）等 11 部行政法规和国务院文件规定的行政审批等事项。

国务院有关部门、上海市人民政府要根据上述调整，及时对本部门、本市制定的规章和规范性文件作相应调整，建立与试点工作相适应的管理制度。

国务院将根据"证照分离"改革试点工作的实施情况，适时对本决定的内容进行调整。

3.《国务院关于在更大范围推进"证照分离"改革试点工作的意见》（国发〔2017〕45 号），2017 年 9 月 28 日

在深入总结上海市浦东新区"证照分离"改革试点经验基础上，在天津、辽宁、浙江、福建、河南、湖北、广东、重庆、四川、陕西 10 个自贸试验区，复制推广上海市改革试点成熟做法。试点期为本意见印发之日起至 2018 年 12 月 21 日。

《国务院关于上海市开展"证照分离"改革试点总体方案的批复》（国函〔2015〕222 号）和《国务院关于在上海市浦东新区暂时调整有关行政法规和国务院文件规定的行政审批等事项的决定》（国发〔2016〕24 号）已经批复上海市改革试点的 116 项行政许可等事项（国务院或部门已取消的事项除外），在上述 10 个自贸试验区内适用，不再另行发文。116 项以外不涉及修改法律和行政法规、国务院文件的行政审批等事项，地方可自行确定是否纳入改革范畴。超出 116 项的范围或改变相应改革措施，且涉及修改法律和行政法规、国务院文件的，应按程序报批。

4.《国务院关于上海市进一步推进"证照分离"改革试点工作方案的批复》（国函〔2018〕12 号），2018 年 2 月 11 日

要认真贯彻党的十九大精神和中央经济工作会议部署，以习近平新时代中国特色社会主义思想为指导，按照党中央、国务院决策部署，紧紧围绕深化简政放权、放管结合、优化服务改革，破解"准入不准营"问题，营造公平公正的市场环境，统筹推进"证照分离"改革与"多证合一"等其他商事制度改革、行政审批制度改革，通过加大制度创新和政府职能转变力度，有效区分"证"与"照"的各自功能，大力推进"照后减证"，尽可能减少审批发证。对试行告知承诺的事项，有关改革举措应在法律框架内实施。对新技术、新产业、新模式、新产品、新业态要探索和推行包容审慎的监管制度，打破"信息孤岛"，加快推进信息共享，进一步扩大市场主体生产经营自主权，进一步对标国际先进水平，降低制度性交易成本，鼓励更多社会主体投身创新创业，助力新动能成长，促进经济社会持续健康发展，为全国进一步推进行政体制改革积累可复制推广的经验。

5.《国务院关于在全国推开"证照分离"改革的通知》（国发〔2018〕35 号），2018 年 10 月 10 日

突出照后减证，能减尽减，能合则合。除涉及国家安全、公共安全、金融安全、生态安全和公众健康等重大公共利益外，分别采用适当管理方式将许可类的"证"分离出来，尽可能减少审批发证，有效区分"证"、"照"功能，着力破解"准入不准营"难题。

做到放管结合，放管并重，宽进严管。该放给市场和社会的权一定要放足、放到位，该政府管的事一定要管好、管到位。始终把放管结合置于突出位置，做好审批和监管的有效衔接，从事前审批向强化事中事后监管转变，加强综合监管。

坚持依法改革，于法有据，稳妥推进。做好顶层设计，依法推动对涉企行政审批事项采取直接取消审批、审批改为备案、实行告知承诺、优化准入服务等改革方式，涉及修改法律、行政法规、国务院决定及相关规章的，要按法定程序修改后实施。

6.《国务院关于在自由贸易试验区开展"证照分离"改革全覆盖试点的通知》（国发〔2019〕25号），2019年11月15日

在深入总结近年来对部分涉企经营许可事项实施"证照分离"改革经验基础上，自2019年12月1日起，在上海、广东、天津、福建、辽宁、浙江、河南、湖北、重庆、四川、陕西、海南、山东、江苏、广西、河北、云南、黑龙江等自由贸易试验区，对所有涉企经营许可事项实行全覆盖清单管理，按照直接取消审批、审批改为备案、实行告知承诺、优化审批服务等四种方式分类推进改革，为在全国实现"证照分离"改革全覆盖形成可复制可推广的制度创新成果。

在法律、行政法规和国务院决定允许范围内，各省、自治区、直辖市人民政府可以决定在其他有条件的地区开展"证照分离"改革全覆盖试点，可以决定对涉企经营许可事项采取更大力度的改革举措，国务院有关部门要积极支持。

7.《国务院关于深化"证照分离"改革进一步激发市场主体发展活力的通知》（国发〔2021〕7号），2021年6月3日

持续深化"放管服"改革，统筹推进行政审批制度改革和商事制度改革，在更大范围和更多行业推动照后减证和简化审批，创新和加强事中事后监管，进一步优化营商环境、激发市场主体发展活力，加快构建以国内大循环为主体、国内国际双循环相互促进的新发展格局。

自2021年7月1日起，在全国范围内实施涉企经营许可事项全覆盖清单管理，按照直接取消审批、审批改为备案、实行告知承诺、优化审批服务等四种方式分类推进审批制度改革，同时在自由贸易试验区进一步加大改革试点力度，力争2022年底前建立简约高效、公正透明、宽进严管的行业准营规则，大幅提高市场主体办事的便利度和可预期性。

三　事项层面

1.《国务院关于取消第一批行政审批项目的决定》（国发〔2002〕24号），2002年11月1日

经过广泛深入地审核论证，国务院决定取消第一批行政审批项目。各部门、各地区要研究并及时处理行政审批项目取消后可能出现的情况和问题，认真做好有关工作的后续监管和衔接，防止出现管理脱节。要

按照完善社会主义市场经济体制的目标和建立"廉洁、勤政、务实、高效"政府的要求，进一步转变政府职能，继续深入推进行政审批制度改革。要将行政审批制度改革与政府机构改革、实行政务公开和"收支两条线"管理以及其他有关工作紧密结合起来，努力建立适应社会主义市场经济体制要求的行政管理体制。

2.《国务院关于取消第二批行政审批项目和改变一批行政审批项目管理方式的决定》（国发〔2003〕5号），2003年2月27日

经研究，国务院决定第二批取消406项行政审批项目，另将82项行政审批项目作改变管理方式处理，移交行业组织或社会中介机构管理。各地区、各部门要认真做好行政审批项目取消和调整后有关后续监管和衔接等工作，防止出现管理脱节。要按照社会主义市场经济体制的要求，将行政审批制度改革与政府机构改革、财政管理体制改革、电子政务建设、相对集中行政处罚权和综合行政执法试点等工作紧密结合起来，进一步转变政府职能，深化行政管理体制改革，促进依法行政，加强行政管理，提高行政效能。

3.《国务院关于第三批取消和调整行政审批项目的决定》（国发〔2004〕16号），2004年5月19日

经严格审核论证，国务院决定再次取消和调整495项行政审批项目。其中，取消的行政审批项目409项；改变管理方式，不再作为行政审批，由行业组织或中介机构自律管理的39项；下放管理层级的47项。在取消和调整的行政审批项目中有25项属于涉密事项，按规定另行通知。

4.《国务院关于第四批取消和调整行政审批项目的决定》（国发〔2007〕33号），2007年10月9日

经严格审核和论证，国务院决定第四批取消和调整186项行政审批项目。其中，取消的行政审批项目128项，调整的行政审批项目58项（下放管理层级29项、改变实施部门8项、合并同类事项21项）。另有7项拟取消或者调整的行政审批项目是由有关法律设立的，国务院将依照法定程序提请全国人大常委会审议修订相关法律规定。

5.《国务院关于第五批取消和下放管理层级行政审批项目的决定》（国发〔2010〕21号），2010年7月12日

经严格审核论证，国务院决定第五批取消和下放管理层级行政审批项目184项。其中，取消的行政审批项目113项，下放管理层级的行政审批项目71项。

6.《国务院关于第六批取消和调整行政审批项目的决定》（国发〔2012〕52号），2012年10月10日

经严格审核论证，国务院决定第六批取消和调整314项行政审批项目。各地区、各部门要加强组织领导，明确工作分工，抓好监督检查，完善规章制度，确保行政审批项目的取消和调整及时落实到位。同时，要强化后续监管，明确监管责任，制定监管措施，做好工作衔接，避免出现监管真空。

7.《国务院关于取消和下放一批行政审批项目等事项的决定》（国发〔2013〕19号），2013年5月17日

经研究论证，国务院决定，取消和下放一批行政审批项目等事项，共计117项。其中，取消行政审批项目71项，下放管理层级行政审批项目20项，取消评比达标表彰项目10项，取消行政事业性收费项目3项；取消或下放管理层级的机关内部事项和涉密事项13项（按规定另行通知）。另有16项拟取消或下放的行政审批项目是依据有关法律设立的，国务院将依照法定程序提请全国人民代表大会常务委员会修订相关法律规定。

8.《国务院关于取消和下放50项行政审批项目等事项的决定》（国发〔2013〕27号），2013年7月22日

经研究论证，国务院决定，再取消和下放一批行政审批项目等事项，共计50项。其中，取消和下放29项、部分取消和下放13项、取消和下放评比达标项目3项；取消涉密事项1项（按规定另行通知）；有4项拟取消和下放的行政审批项目是依据有关法律设立的，国务院将依照法定程序提请全国人民代表大会常务委员会修订相关法律规定。

9.《国务院关于取消和下放一批行政审批项目的决定》（国发〔2014〕5号），2014年2月15日

经研究论证，国务院决定，再取消和下放64项行政审批项目和18个子项。另建议取消和下放6项依据有关法律设立的行政审批项目，国

务院将依照法定程序提请全国人民代表大会常务委员会修订相关法律规定。

10.《国务院关于取消和调整一批行政审批项目等事项的决定》（国发〔2014〕27号），2014年8月12日

经研究论证，国务院决定，取消和下放45项行政审批项目，取消11项职业资格许可和认定事项，将31项工商登记前置审批事项改为后置审批。另建议取消和下放7项依据有关法律设立的行政审批事项，将5项依据有关法律设立的工商登记前置审批事项改为后置审批，国务院将依照法定程序提请全国人民代表大会常务委员会修订相关法律规定。《国务院关于取消和下放50项行政审批项目等事项的决定》（国发〔2013〕27号）和《国务院关于取消和下放一批行政审批项目的决定》（国发〔2013〕44号）中提出的涉及修改法律的行政审批项目，有8项国务院已按照法定程序提请全国人民代表大会常务委员会修改了相关法律，现一并予以公布。

11.《国务院关于取消和调整一批行政审批项目等事项的决定》（国发〔2014〕50号），2014年11月24日

经研究论证，国务院决定，取消和下放58项行政审批项目，取消67项职业资格许可和认定事项，取消19项评比达标表彰项目，将82项工商登记前置审批事项调整或明确为后置审批。另建议取消和下放32项依据有关法律设立的行政审批和职业资格许可认定事项，将7项依据有关法律设立的工商登记前置审批事项改为后置审批，国务院将依照法定程序提请全国人民代表大会常务委员会修订相关法律规定。

12.《国务院关于取消和调整一批行政审批项目等事项的决定》（国发〔2015〕11号），2015年3月13日

经研究论证，国务院决定，取消和下放90项行政审批项目，取消67项职业资格许可和认定事项，取消10项评比达标表彰项目，将21项工商登记前置审批事项改为后置审批，保留34项工商登记前置审批事项。同时，建议取消和下放18项依据有关法律设立的行政审批和职业资格许可认定事项，将5项依据有关法律设立的工商登记前置审批事项改为后置审批，国务院将依照法定程序提请全国人民代表大会常务委员会修订相关法律规定。《国务院关于取消和下放一批行政审批项目的决定》（国

发〔2014〕5 号）中提出的涉及修改法律的行政审批事项，有 4 项国务院已按照法定程序提请全国人民代表大会常务委员会修改了相关法律，现一并予以公布。

13.《国务院关于取消 13 项国务院部门行政许可事项的决定》（国发〔2016〕10 号），2016 年 2 月 23 日

经研究论证，国务院决定取消 13 项行政许可事项，现予公布。

14.《国务院关于取消一批行政许可事项的决定》（国发〔2017〕46 号），2017 年 9 月 29 日

经研究论证，国务院决定取消 40 项国务院部门实施的行政许可事项和 12 项中央指定地方实施的行政许可事项。另有 23 项依据有关法律设定的行政许可事项，国务院将依照法定程序提请全国人民代表大会常务委员会修订相关法律规定。

15.《国务院关于取消一批行政许可等事项的决定》（国发〔2018〕28 号），2018 年 8 月 3 日

经研究论证，国务院决定取消 11 项行政许可等事项，现予公布。另有 6 项依据有关法律设定的行政许可事项，国务院将依照法定程序提请全国人民代表大会常务委员会修订相关法律规定。对取消的行政许可等事项，相关部门要制定完善事中事后监管细则，自本决定发布之日起 20 个工作日内按规定向社会公布，并加强宣传解读、确保落实到位。

16.《国务院关于取消和下放一批行政许可事项的决定》（国发〔2019〕6 号），2019 年 3 月 6 日

经研究论证，国务院决定取消 25 项行政许可事项，下放 6 项行政许可事项的管理层级，现予公布。另有 5 项依据有关法律设定的行政许可事项，国务院将依照法定程序提请全国人民代表大会常务委员会修订相关法律规定。

17.《国务院关于取消和下放一批行政许可事项的决定》（国发〔2020〕13 号），2020 年 9 月 21 日

经研究论证，国务院决定取消 29 项行政许可事项，下放 4 项行政许可事项的审批层级，现予公布。另有 20 项有关法律设定的行政许可事项，国务院将依照法定程序提请全国人民代表大会常务委员会修订相关法律规定。

第二节　相关省、市政策梳理①

一　相关省份

（一）山东省

1. 《山东省人民政府办公厅关于深化相对集中行政许可权改革规范市县级行政审批服务工作的意见》（鲁政办字〔2020〕85 号），2020 年 6 月 29 日

2. 《山东省人民政府关于向中国（山东）自由贸易试验区和中国—上海合作组织地方经贸合作示范区下放部分省级行政权力事项的通知》（鲁政发〔2020〕11 号），2020 年 7 月 5 日

（二）山西省

1. 《中共山西省委办公厅　山西省人民政府办公厅印发〈关于在全省各市县开展相对集中行政许可权改革的实施意见〉的通知》，2019 年 12 月 17 日

2. 《山西省相对集中行政许可权办法》（山西省人民政府令第 269 号），2020 年 1 月 3 日

（三）江苏省

1. 《省政府关于印发 2015 年推进简政放权放管结合转变政府职能工作方案的通知》（苏政发〔2015〕97 号），2015 年 8 月 24 日

2. 《省政府关于印发 2016 年推进简政放权放管结合优化服务改革工作要点的通知》（苏政发〔2016〕118 号），2016 年 8 月 22 日

3. 《省政府办公厅关于印发深化"放管服"改革转变政府职能重点任务分工方案的通知》（苏政办发〔2018〕76 号），2018 年 10 月 1 日

4. 《省政府办公厅关于印发进一步推进"互联网＋政务服务"深化"不见面审批（服务）"改革工作方案的通知》（苏政办发〔2018〕96 号），2018 年 11 月 18 日

5. 《省政府关于加快推进一体化在线政务服务平台建设的实施意

---

① 限于篇幅，本节仅展示相关政策文件的标题等基本信息。

见》（苏政发〔2019〕20号），2019年3月24日

6.《省政府办公厅关于印发2019年江苏省深化"放管服"改革工作要点的通知》（苏政办发〔2019〕38号），2019年4月11日

7.《省政府办公厅关于印发江苏省深化"放管服"改革优化营商环境重点任务分工方案的通知》（苏政办发〔2019〕75号），2019年9月29日

8.《关于印发〈关于深入推进"一件事"改革优化政务服务的实施方案〉的通知》（苏协调办〔2019〕15号），2019年10月30日

9.《省政府关于加强和规范事中事后监管的实施意见》（苏政发〔2020〕59号），2020年7月3日

10.《省政府办公厅印发关于加快推进政务服务"省内通办""跨省通办"实施方案的通知》（苏政办发〔2020〕83号），2020年12月22日

11.《省政府办公厅关于印发2021年江苏省深化"放管服"改革优化营商环境工作要点的通知》（苏政办发〔2021〕11号），2021年2月28日

（四）陕西省

1.《中共陕西省委办公厅　陕西省人民政府办公厅印发〈关于开展相对集中行政许可权改革试点工作的方案〉的通知》（陕办字〔2017〕89号），2017年10月9日

2.《中共陕西省委办公厅　陕西省人民政府办公厅关于印发〈陕西省全面推行相对集中行政许可权改革工作方案〉的通知》（陕办字〔2018〕97号），2018年12月10日

3.《陕西省人民政府办公厅关于深入推进市县两级相对集中行政许可权改革的通知》（陕政办函〔2019〕160号），2019年10月20日

4.《陕西省人民政府办公厅关于印发2020年深化"放管服"改革优化营商环境工作要点的通知》（陕政办函〔2020〕21号），2020年3月16日

5.《关于做好优化营商环境改革举措复制推广借鉴工作的函》（陕发改营商函〔2020〕542号），2020年4月20日

6.《陕西省人民政府办公厅关于落实全国深化"放管服"改革优化

营商环境电视电话会议重点任务分工方案的通知》（陕政办发〔2020〕26号），2020年11月26日

7.《陕西省人民政府办公厅关于印发2021年深化"放管服"改革优化营商环境工作要点的通知》（陕政办发〔2021〕7号），2021年3月2日

8.《关于贯彻落实全省相对集中行政许可权改革工作电视电话会议有关事宜的通知》（陕审改办函〔2021〕21号），2021年5月31日

二　相关城市

（一）天津市

1.《天津滨海新区条例》（2002年10月24日通过，2015年5月21日修订）

2.《天津市行政审批管理规定》（津政令第103号），2006年6月22日

3.《天津市人民政府关于印发天津市行政许可管理办法的通知》（津政发〔2014〕10号），2014年5月5日

4.《市审批办关于公布中国（天津）自由贸易试验区行政许可事项和行政服务事项目录（第一版）的通知》（津审〔2015〕5号），2015年3月16日

5.《市审批办关于印发〈天津市人民政府推进职能转变协调小组行政审批改革组工作方案〉的通知》（津审〔2015〕17号），2015年7月31日

6.《天津市人民政府办公厅转发市审批办关于深化区县行政审批制度改革若干意见的通知》（津政办发〔2016〕25号），2016年3月3日

7.《天津市人民政府办公厅关于印发天津市建设项目联合审批流程再造工作实施方案的通知》（津政办发〔2016〕61号），2016年7月11日

8.《天津市人民政府关于取消和下放一批行政许可事项的通知》（津政发〔2017〕11号），2017年3月29日

9.《天津市人民政府关于深化简政放权放管结合优化服务改革工作的实施意见》（津政发〔2017〕24号），2017年7月18日

10.《天津市人民政府关于印发天津市政务一网通改革方案的通知》（津政发〔2018〕14 号），2018 年 4 月 13 日

11.《关于印发〈天津市政务服务事项办理综合考评办法〉的通知》（津政务发〔2019〕10 号），2019 年 3 月 30 日

12.《天津市人民政府关于加强和规范事中事后监管的实施意见》（津政发〔2020〕17 号），2020 年 8 月 5 日

13.《关于印发〈关于天津市进一步深化"一制三化"改革打造一流政务服务体系的实施方案〉的通知》（津职转办发〔2020〕4 号），2020 年 12 月 29 日

14.《关于印发〈天津市政务服务事项承诺制清单（2021 版）〉的通知》（津职转办发〔2021〕4 号），2021 年 4 月 30 日

（二）银川市

1.《银川市发改委关于深化行政审批制度改革优化办事流程工作实施情况报告》（银发改发〔2014〕700 号），2014 年 8 月 27 日

2.《银川市人民政府办公厅关于印发进一步深化行政审批制度改革优化审批流程实施办法的通知》（银政办发〔2015〕187 号），2015 年 10 月 30 日

3.《银川市人民政府关于印发深化行政审批制度改革加强事中事后监管实施方案的通知》（银政发〔2016〕116 号），2016 年 6 月 20 日

4.《关于行政审批制度改革阶段性"回头看"的自查报告》（银审服发〔2016〕99 号），2016 年 8 月 15 日

5.《银川市规划管理局印发〈关于进一步深化规划管理行政审批制度改革的实施方案〉的通知》（银规发〔2017〕167 号），2017 年 7 月 31 日

6.《银川市人民政府办公室关于印发银川市工程建设项目审批制度改革实施方案的通知》（银政办发〔2019〕98 号），2019 年 8 月 27 日

7.《关于印发〈深化工程建设项目审批制度改革加强事中事后监管指导意见（试行）〉的通知》（银工改办〔2020〕27 号），2020 年 4 月 23 日

（三）延安市

1.《延安市人民政府办公室关于印发 2017 年政务公开和政务服务工

作要点的通知》（延政办函〔2017〕71号），2017年5月22日

2.《延安市人民政府关于印发〈延安市工程建设项目审批制度改革试点方案〉的通知》（延政发〔2018〕14号），2018年8月2日

3.《延安市人民政府办公室关于印发〈延安市集中审批与监管协调联动办法（试行）〉的通知》（延政办发〔2018〕32号），2018年9月6日

4.《延安市人民政府关于印发延安市深化工程建设项目审批制度改革实施方案的通知》（延政发〔2019〕11号），2019年7月2日

5.《延安市人民政府关于印发〈进一步加强审管联动推进事中事后监管实施方案〉的通知》（延政发〔2019〕16号），2019年10月8日

6.《延安市人民政府办公室关于印发〈延安市2020年深化"放管服"改革优化营商环境工作要点〉的通知》（延政办函〔2020〕47号），2020年4月10日

7.《延安市人民政府办公室关于印发延安市贯彻落实〈优化营商环境条例〉实施方案的通知》（延政办发〔2020〕8号），2020年8月6日

参考文献

艾琳、王刚、张卫清：《由集中审批到集成服务——行政审批制度改革的路径选择与政务服务中心的发展趋势》，《中国行政管理》2013 年第4 期。

包国宪、张蕊：《基于整体政府的中国行政审批制度改革研究》，《中国行政管理》2018 年第 5 期。

北京大学课题组：《平台驱动的数字政府：能力、转型与现代化》，《电子政务》2020 年第 7 期。

卞苏徽：《审批制度改革：深圳的经验与启示》，《北京行政学院学报》2000 年第 3 期。

蔡延东、王法硕：《行政审批制度碎片化与其治理——浙江省级政府行政审批制度的整体化改革》，《中共浙江省委党校学报》2017 年第1 期。

曹现强、张霞飞：《刚柔并济：社区冲突视域下地方政府治理的双重逻辑——基于配建"共享小区"冲突的多案例对比研究》，《中国行政管理》2019 年第 12 期。

陈鼎祥、刘帮成：《基层公务员变革担当行为的形成机理研究——公共服务动机的涓滴效应检验》，《公共管理评论》2021 年第 1 期。

陈芳：《政策扩散理论的演化》，《中国行政管理》2014 年第 6 期。

陈坤、仲帅：《权力清单制度对简政放权的价值》，《行政论坛》2014 年第 6 期。

陈世香、黎德源：《中国"放管服"改革研究的进展与前瞻》，《上海行政学院学报》2021 年第 3 期。

陈树章、马步青：《搞好太原试点 力促全省改革》，《发展导报》2000 年 10 月 20 日，第 1 版。

陈水生：《国家治理现代化视角下的"放管服"改革：动力机制、运作逻辑与未来展望》，《政治学研究》2020 年第 4 期。

陈晓东：《相对集中行政许可权改革试点的实践探索》，《领导科学》
　　2016 年第 9 期。

成都市武侯区编办：《成都市武侯区以标准化建设推动行政审批制度改
　　革》，《中国机构改革与管理》2017 年第 7 期。

崔建民：《干部挂职锻炼制度的发展历程与完善路径》，《中国井冈山干
　　部学院学报》2021 年第 14 期。

丁辉、朱亚鹏：《模式竞争还是竞争模式？——地方行政审批改革创新的
　　比较研究》，《公共行政评论》2017 年第 4 期。

段龙飞：《我国行政服务中心建设》，武汉大学出版社，2007。

方洁：《相对集中行政许可权理论与实践的困境与破解——以行政服务中
　　心"一站式服务"为视角》，《政治与法律》2008 年第 9 期。

方宁：《相对集中行政许可权试点实践探析》，《中国行政管理》2018 年
　　第 12 期。

高翔：《建立适应数字时代的政府治理新形态》，《探索与争鸣》2021 年
　　第 4 期。

高小平、严艺：《构建传统行政审批为"零"的服务型政府——行政审
　　批制度建设的障碍、趋势与改革重点》，《人民论坛》2013 年第
　　A11 期。

耿亚东：《从服务型政府到人民满意的服务型政府——服务型政府 20 年
　　发展研究述评》，《内蒙古大学学报》（哲学社会科学版）2021 年第
　　2 期。

龚常、曾维和、凌峰：《我国大部制改革述评》，《政治学研究》2008 年
　　第 3 期。

顾平安、张丽丽、张弦：《开局之局：中国第一个行政审批局的探索与实
　　践》，国家行政学院出版社，2016。

顾平安：《加快推进行政审批制度改革的二次设计》，《中国行政管理》
　　2015 年第 6 期。

郭小年、邵宜航：《行政审批改革、产业结构与劳动收入份额》，《财经
　　研究》2021 年第 8 期。

郭晓光：《成立相对集中审批权的行政审批局之思考》，《中国行政管理》

2014 年第 8 期。

韩志明：《基层协商民主的过程性叙事及其反思》，《河南社会科学》2018 年第 6 期。

何艳玲：《中国行政体制改革的价值显现》，《中国社会科学》2020 年第 2 期。

何阳、孙萍、孙大雄：《"行政审批局"模式存在的问题与破解之道》，《北京理工大学学报》（社会科学版）2017 年第 5 期。

胡娟：《县级政府权力清单的政治学思考》，《中国浦东干部学院学报》2015 年第 5 期。

胡象明、唐波勇：《整体性治理：公共管理的新范式》，《华中师范大学学报》（人文社会科学版）2010 年第 1 期。

胡重明：《"政府即平台"是可能的吗？——一个协同治理数字化实践的案例研究》，《治理研究》2020 年第 3 期。

黄建伟、叶琳：《O2O 普惠型数字政府：概念、价值与重心》，《湖南社会科学》2022 年第 1 期。

黄小勇、闫晶、张爱军：《推进相对集中行政许可权改革的思考》，《国家行政学院学报》2011 年第 3 期。

霍阳、滕锐：《相对集中行政许可权：深化我国行政许可制度改革的方向》，《福建公安高等专科学校学报》2004 年第 4 期。

纪祥裕：《行政审批制度改革具有产业升级效应吗?》，《经济与管理研究》2020 年第 9 期。

贾婧：《行政审批局模式的实践探讨》，天津商业大学硕士学位论文，2018。

江红义、陶欢英：《行政服务中心：绩效、困境与走向》，《中国行政管理》2007 年第 3 期。

江小涓：《加强顶层设计　解决突出问题　协调推进数字政府建设与行政体制改革》，《中国行政管理》2021 年第 12 期。

姜晓萍、兰旭凌：《我国行政服务中心的发展障碍与对策思考》，《中国行政管理》2007 年第 10 期。

靳学法：《大部制视野下的城市政府行政审批机构建构》，《云南行政学院学报》2010 年第 4 期。

敬乂嘉：《"一网通办"：新时代的城市治理创新》，上海人民出版社，2021。

黎军：《行政审批改革的地方创新及困境破解》，《广东社会科学》2015年第4期。

李华芳：《合供：过去、现在与未来》，《公共管理与政策评论》2020年第1期。

李利文、王磊：《公共服务下沉创新：理论框架、实践样态与支撑逻辑》，《新视野》2021年第6期。

李路：《刍论相对集中行政许可权机制创新与立法完善》，《理论导刊》2010年第9期。

李晴、陈鹏：《推进我国行政审批制度改革途径初探》，《求实》2013年第1期。

李文钊：《当代中国治理与发展：基于界面治理框架的视角》，《教学与研究》2020年第7期。

李文钊：《制度分析与发展框架：传统、演进与展望》，《甘肃行政学院学报》2016年第6期。

李彦娅：《"放管服"改革的理性与价值——基于政府改革进程的梳理》，《理论与改革》2019年第6期。

李宜春：《统筹与扁平化：宁波行政体制创新研究》，浙江大学出版社，2016。

李智超：《政策试点推广的多重逻辑——基于我国智慧城市试点的分析》，《公共管理学报》2019年第3期。

林雪霏：《顶层逻辑与属地逻辑的博弈——行政审批制度改革"双轨制"的困境与契机》，《社会主义研究》2016年第6期。

刘安伟：《最大的挑战在于能否尽快转变观念——莫于川教授谈学习贯彻〈行政许可法〉》，《工商行政管理》2004年第13期。

刘恒、彭箫剑：《相对集中行政许可权的制度变迁》，《理论与改革》2019年第2期。

刘佳、刘俊腾：《"最多跑一次"改革的扩散机制研究——面向中国294个地级市的事件史分析》，《甘肃行政学院学报》2020年第4期。

刘俊生：《论服务型政府的价值基础与理论基础》，《南京社会科学》

2004 年第 5 期。

刘民安、刘润泽、巩宜萱：《数字空间政府：政务服务改革的福田模式》，《公共管理学报》2021 年第 2 期。

刘琼莲、刘志敏：《中国行政审批制度改革的生长点与聚焦点——以天津市行政审批制度改革为例》，《新视野》2016 年第 6 期。

刘熙瑞：《服务型政府——经济全球化背景下中国政府改革的目标选择》，《中国行政管理》2002 年第 7 期。

刘晓洋：《制度约束、技术优化与行政审批制度改革》，《中国行政管理》2016 年第 6 期。

卢守权、刘晶晶：《整体性动态治理模式：内涵、方法与逻辑框架》，《中国行政管理》2017 年第 3 期。

骆梅英：《非行政许可审批的生成与消弭——行政审批制度改革视角中的观察》，《浙江学刊》2013 年第 5 期。

马怀德：《行政许可》，中国政法大学出版社，1995。

马英娟、李德旺：《我国政府职能转变的实践历程与未来方向》，《浙江学刊》2019 年第 3 期。

马长俊、胡仙芝：《从审管分离到审管协同的逻辑与优化路径——对审管互动关系的分析》，《上海行政学院学报》2020 年第 3 期。

马长俊：《新时代行政审批制度改革的逻辑与路径——基于银川与浙江的改革模式比较》，《中共中央党校（国家行政学院）学报》2021 年第 3 期。

孟天广：《政府数字化转型的要素、机制与路径——兼论"技术赋能"与"技术赋权"的双向驱动》，《治理研究》2021 年第 1 期。

潘小娟：《政府的自我革命：中国行政审批制度改革的逻辑起点与发展深化》，《行政管理改革》2021 年第 3 期。

庞明礼、陈念平：《担当：一种科层运作的效能转化工具》，《江苏行政学院学报》2021 年第 1 期。

彭向刚、周雪峰：《企业制度性交易成本：概念谱系的分析》，《学术研究》2017 年第 8 期。

彭云：《"证照分离"改革：历程、分类与推进思路》，《中国市场监管研究》2021 年第 2 期。

任进：《论职权法定与法治政府建设》，《人民论坛》2012 年第 5 期。

任远：《后疫情时代的社会韧性建设》，《南京社会科学》2021 年第 1 期。

容志、张云翔：《社区微更新中政社共同生产的类型与生成逻辑——基于
　　上海市 Y 社区的实践案例分析》，《探索》2020 年第 3 期。

沈荣华、王荣庆：《从机制到体制：地方政府创新逻辑——以行政服务中
　　心为例》，《行政论坛》2012 年第 4 期。

沈毅、宿玥：《行政审批局改革的现实困境与破解思路》，《行政管理改
　　革》2017 年第 5 期。

石亚军、卜令全：《将部门利益止于改革——以银川市审批局行政审批改
　　革实践为例》，《行政法学研究》2019 年第 2 期。

石亚军、施正文：《探索推行大部制改革的几点思考》，《中国行政管理》
　　2008 年第 2 期。

石亚军：《推进实现三个根本转变的内涵式大部制改革》，《中国行政管
　　理》2013 年第 1 期。

史云贵、周荃：《整体性治理：梳理、反思与趋势》，《天津行政学院学
　　报》2014 年第 5 期。

宋林霖、陈志超：《行政审批事项材料的标准化问题探析》，《大众标准
　　化》2020 年第 16 期。

宋林霖、何成祥：《大数据技术在行政审批制度改革中的应用分析》，
　　《上海行政学院学报》2018 年第 1 期。

宋林霖、何成祥：《行政审批局建设的四维机制：基于行政组织要素理论
　　分析框架》，《北京行政学院学报》2019 年第 1 期。

宋林霖、朱光磊：《贵州贵安新区行政审批制度改革创新研究》，天津人
　　民出版社，2019。

宋林霖：《"行政审批局"模式：基于行政组织与环境互动的理论分析框
　　架》，《中国行政管理》2016 年第 6 期。

宋迎军：《河北省法治政府建设策论研究》，《河北法学》2009 年第 4 期。

孙彩红：《地方行政审批制度改革的困境与推进路径》，《政治学研究》
　　2017 年第 6 期。

孙玉栋、丁鹏程：《突发公共卫生事件的网络化治理》，《中国特色社会
　　主义研究》2020 年第 1 期。

唐亚林、朱春：《2001 年以来中央政府行政审批制度改革的基本经验与优化路径》，《理论探讨》2014 年第 5 期。

唐玉青：《从碎片化到整体性：基层政务服务数据的治理》，《行政论坛》2022 年第 1 期。

陶振：《政务服务"一网通办"何以可能？——以上海为例》，《兰州学刊》2019 年第 11 期。

王海燕：《行政审批制度改革是转变政府职能的突破口》，《中国党政干部论坛》2013 年第 6 期。

王沪宁：《集分平衡：中央与地方的协同关系》，《复旦学报》（社会科学版）1991 年第 2 期。

王杰、张宇：《制度势能：政府权力清单制度的实施逻辑和效果差异考察》，《探索》2021 年第 2 期。

王敬波：《面向整体政府的改革与行政主体理论的重塑》，《中国社会科学》2020 年第 7 期。

王敬波：《相对集中行政许可权：行政权力横向配置的试验场》，《政法论坛》2013 年第 1 期。

王克稳：《论相对集中行政许可权改革的基本问题》，《法学评论》2017a 年第 6 期。

王克稳：《行政审批（许可）权力清单建构中的法律问题》，《中国法学》2017b 年第 1 期。

王连伟：《行政审批局模式的适用性探讨》，《理论探索》2019 年第 1 期。

王浦劬、赖先进：《中国公共政策扩散的模式与机制分析》，《北京大学学报》（哲学社会科学版）2013 年第 6 期。

王绍光：《学习机制与适应能力：中国农村合作医疗体制变迁的启示》，《中国社会科学》2008 年第 6 期。

王胜君、丁云龙：《行政服务中心的缺陷、扩张及其演化——一个行政流程再造视角的经验研究》，《公共管理学报》2010 年第 4 期。

王伟：《十八大以来大部制改革深层问题及未来路径探析》，《中国行政管理》2016 年第 10 期。

王香平：《系统观念是具有基础性的思想和工作方法——学习领悟习近平总书记关于系统思维方法论的重要论述》，《中国纪检监察》2021 年第 8 期。

王妍：《"自主性赋权"：地方政府何以应对改革创新的法治困境——以银川行政审批制度改革创新为例》，《宁夏社会科学》2020 年第 4 期。

王印红、渠蒙蒙：《办证难、行政审批改革和跨部门数据流动》，《中国行政管理》2016 年第 4 期。

王玉明、刘湘云：《国内行政服务中心建设及其经验》，《南方论刊》2013 年第 1 期。

魏宏森、曾国屏：《系统论：系统科学哲学》，清华大学出版社，1995。

魏礼群：《积极稳妥推进大部门制改革》，《求是》2011 年第 12 期。

吴大华主编《贵州法治发展报告（2017）》，社会科学文献出版社，2017。

夏杰长、刘诚：《行政审批改革、交易费用与中国经济增长》，《管理世界》2017 年第 4 期。

肖洪飞：《大部制视野下之相对集中行政许可权制度》，《云南行政学院学报》2008 年第 5 期。

谢来位：《放管结合的监管机理及其建构路径》，《中国行政管理》2019 年第 7 期。

徐继敏：《相对集中行政许可权的价值与路径分析》，《清华法学》2011 年第 2 期。

徐清飞：《简政放权后权力接续行使规范化研究》，《法律科学》（西北政法大学学报）2020 年第 4 期。

徐艳晴、周志忍：《基于顶层设计视角对大部制改革的审视》，《公共行政评论》2017 年第 4 期。

许峰：《地方政府数字化转型机理阐释——基于政务改革"浙江经验"的分析》，《电子政务》2020 年第 10 期。

薛澜：《行政审批改革的最大难点》，《人民论坛》2013 年第 25 期。

颜德如、李过：《改革开放以来机构改革的经验塑造、逻辑演进及其展望》，《理论探讨》2021 年第 3 期。

燕继荣：《服务型政府的研究路向——近十年来国内服务型政府研究综述》，《学海》2009 年第 1 期。

杨代福：《西方政策创新扩散研究的最新进展》，《国家行政学院学报》
　　2016 年第 1 期。

杨慧、易兰丽、孟庆国：《"互联网 + 政务服务"发展的测度与提升路径
　　研究》，《中国行政管理》2018 年第 11 期。

杨艳、车明：《行政审批改革与制度性交易成本——基于效率评价的视
　　角》，《经济体制改革》2020 年第 1 期。

杨运姣、侯经川、黄晓明：《县级政府行政服务中心绩效分析与改善对
　　策——以浙江临安市行政服务中心为例》，《湖北社会科学》2011 年
　　第 6 期。

殷飞、申海平：《组织法下的相对集中行政许可权改革研究——以成都市
　　武侯区相关改革为例》，《中国行政管理》2016 年第 4 期。

于怀江：《政府管理要在"入世"中创新》，《中国行政管理》2002 年第
　　2 期。

于君博：《改革开放 40 年来中国行政体制改革的基本逻辑》，《经济社会
　　体制比较》2018 年第 6 期。

余珊珊：《基于"事项"识别的行政许可清单制度建构》，《中国行政管
　　理》2021 年第 12 期。

郁建兴、高翔：《浙江省"最多跑一次"改革的基本经验与未来》，《浙
　　江社会科学》2018 年第 4 期。

郁建兴、黄飚：《走向"整体智治"的政府治理新形态》，《理论动态》
　　2020 年第 18 期。

袁雪石：《相对集中行政许可权改革的挑战与发展方向》，《中国行政管
　　理》2020 年第 1 期。

翟云：《整体政府视角下政府治理模式变革研究——以浙、粤、苏、沪等
　　省级"互联网 + 政务服务"为例》，《电子政务》2019 年第 10 期。

张步峰：《基于实定法解释的"行政审批"概念分析》，《法学杂志》
　　2013 年第 11 期。

张定安、彭云、武俊伟：《深化行政审批制度改革　推进政府治理现代
　　化》，《中国行政管理》2022 年第 7 期。

张定安：《深化"放管服"改革　优化营商环境》，《中国行政管理》
　　2020 年第 2 期。

张恩蓉：《非行政许可审批现象初探》，《求索》2013 年第 3 期。

张剑松：《放松政府管制　精简行政审批——北京市政府以行政审批制度
　　改革为突破口、推动政府管理体制创新》，《中国改革》2000 年第
　　10 期。

张康之：《关于服务型政府的几点原则性构想》，《上海城市管理职业技
　　术学院学报》2007 年第 4 期。

张康之：《行政审批制度改革：政府从管制走向服务》，《理论与改革》
　　2003 年第 6 期。

张克：《西方公共政策创新扩散：理论谱系与方法演进》，《国外理论动
　　态》2017 年第 4 期。

张莉、周上钦：《行政审批信息化与法治化》，《湘潭大学学报》（哲学社
　　会科学版）2020 年第 2 期。

张楠迪扬、张子墨、丰雷：《职能重组与业务流程再造视角下的政府部门
　　协作——以我国"多规合一"改革为例》，《公共管理学报》2022
　　年第 2 期。

张乾友：《重思公共行政的效率目标》，《中国行政管理》2018 年第
　　11 期。

张强：《我国大部制改革的演进逻辑》，《甘肃行政学院学报》2019 年第
　　5 期。

张述存、白利寅：《现代治理视域下行政审批机构改革研究》，《经济体
　　制改革》2020 年第 2 期。

张晓卯：《整体性治理视角下的节约型机关建设研究——以党政机关办公
　　用房管理为例》，《中国行政管理》2020 年第 6 期。

张占斌、孙飞：《改革开放 40 年：中国"放管服"改革的理论逻辑与实
　　践探索》，《中国行政管理》2019 年第 8 期。

张梓妍、徐晓林、明承瀚：《行政审批服务碎片化：表征、根源与破解思
　　路——以 A 市工程建设项目审批为例》，《中国行政管理》2021 年第
　　7 期。

赵宏伟：《深化"放管服"改革　优化区域营商环境》，《中国行政管理》
　　2019 年第 7 期。

赵明：《非行政许可审批概念外延的成本效益分析》，《理论与改革》

2014 年第 1 期。

赵守东、高洪贵：《地方政府权责清单制度的治理进路——以有为政府为分析框架》，《行政论坛》2021 年第 2 期。

中国行政管理学会课题组：《深化"放管服"改革 建设人民满意的服务型政府》，《中国行政管理》2019 年第 3 期。

中国行政管理学会课题组：《构建行政权力制约机制的思路和建议》，《中国行政管理》2002 年第 11 期。

周尚君：《地方政府的价值治理及其制度效能》，《中国社会科学》2021 年第 5 期。

周望：《如何"由点到面"？——"试点—推广"的发生机制与过程模式》，《中国行政管理》2016 年第 10 期。

周望：《政策扩散理论与中国"政策试验"研究：启示与调适》，《四川行政学院学报》2012 年第 4 期。

周英男、黄赛、宋晓曼：《政策扩散研究综述与未来展望》，《华东经济管理》2019 年第 5 期。

周志忍、徐艳晴：《基于变革管理视角对三十年来机构改革的审视》，《中国社会科学》2014 年第 7 期。

周志忍：《机构改革的回顾与展望》，《公共管理与政策评论》2018 年第 5 期。

朱光磊、张梦时：《"放管服"改革背景下的审管关系演进逻辑》，《南开学报》（哲学社会科学版）2021 年第 6 期。

朱光磊、赵志远：《政府职责体系视角下的权责清单制度构建逻辑》，《南开学报》（哲学社会科学版）2020 年第 3 期。

朱光磊：《全面深化改革进程中的中国新治理观》，《中国社会科学》2017 年第 4 期。

朱光磊等主编《构建行政审批局：相对集中行政许可权改革的探索》，中国社会科学出版社，2017。

朱桂云、吴大华主编《贵安新区发展报告（2016~2018）》，社会科学文献出版社，2018。

朱晞颜、包亚军：《行政许可法与行政审批制度关系研究》，《中国行政管理》2004 年第 5 期。

朱新力、黄玉寅：《"行政服务中心"模式的实践、正当性与时代出路》，《浙江学刊》2013 年第 5 期。

朱旭峰、张友浪：《创新与扩散：新型行政审批制度在中国城市的兴起》，《管理世界》2015 年第 10 期。

朱旭峰、张友浪：《地方政府创新经验推广的难点何在——公共政策创新扩散理论的研究评述》，《人民论坛·学术前沿》2014 年第 17 期。

朱亚鹏：《政策创新与政策扩散研究述评》，《武汉大学学报》（哲学社会科学版）2010 年第 4 期。

朱宗尧：《政务图谱：框架逻辑及其理论阐释——基于上海"一网通办"的实践》，《电子政务》2021 年第 4 期。

竺乾威：《从新公共管理到整体性治理》，《中国行政管理》2008 年第 10 期。

Ayesha, M. , Muhammad, A. N. , "Administrative Capital and Citizens' Responses to Administrative Burden", *Journal of Public Administration Research and Theory*, 2021, 31 (1).

Berry, F. S. , Berry, W. D. , "State Lottery Adoptions as Policy Innovations: An Event History Analysis", *American Political Science Review*, 1990, 84 (2).

Carey, G. , Harris, P. , "Developing Management Practices to Support Joined-up Governance", *Australian Journal of Public Administration*, 2016, 75 (1).

Conti, R. M. , Jodes, D. K. , "Policy Diffusion across Disparate Disciplines: Private and Public-sector Dynamics Affecting State-level Adoption of the ACA", *Journal of Health Politics Policy and Law*, 2017, 42 (2).

Eisenhardt, K. M. , "Building Theories from Case Study Research", *Academy of Management Review*, 1989, 14 (4).

Emre, C. , Paul, T. , Christopher, S. , "An International Exploration of Barriers and Tactics in the Public Sector Innovation Process", *Public Management Review*, 2021, 23 (3).

Gilardi, F. , "Who Learns from What in Policy Diffusion Processes?", *Ameri-

can Journal of Political Science, 2010, 54 (3).

Howes, M., Tangney, P., Reis, K., et al., "Towards Networked Governance: Improving Interagency Communication and Collaboration for Disaster Risk Management and Climate Change Adaptation in Australia", *Journal of Environmental Planning and Management*, 2015, 58 (5).

Huang, B., Yu, J., "Leading Digital Technologies for Coproduction: The Case of 'Visit Once' Administrative Service Reform in Zhejiang Province, China", *Journal of Chinese Political Science*, 2019, 24 (3).

Jing, Y., "Marching through the Deep-water Zone: Chinese Public Sector Reforms and the Way Forwards", *Public Management Review*, 2021, 23 (4).

Jordan, A., Huitema, D., "Policy Innovation in a Changing Climate: Sources, Patterns and Effects", *Global Environmental Change Human and Policy Dimensions*, 2014, 29.

Lin, X., Xu, X., "Structural Restraints and Institutional Innovation in Local Governance: A Case Study of Administrative Examination and Approval System Reforms in Shunde, Ningbo, and Taizhou", *Journal of Chinese Governance*, 2017, 2 (1).

Metchell, J. L., Petray, E., "The March toward Marriage Equality: Reexamining the Diffusion of Same-sex Marriage among States", *Public Policy and Administration*, 2016, 31 (4).

Morin, J. F., Gold, E. R., "An Integrated Model of Legal Transplantation: The Diffusion of Intellectual Property Law in Developing Countries", *International Studies Quarterly*, 2014, 58 (4).

Osborne, S. P., Radnor, Z., Strokosch, K., "Co-production and the Cocreation of Value in Public Services: A Suitable Case for Treatment?", *Public Management Review*, 2016, 18.

Perri 6, Leat, D., Seltzer, K., Stoker, G., *Towards Holistic Governance: The New Reform Agenda*, New York: Palgrave Macmillan, 2002.

Pollitt, C., "Joined-up Government: A Survey", *Political Studies Review*, 2003, 1 (1).

Rogers, E. M., *Diffusion of Innovations*, New York: The Free Press, 1983.

Roman, A. V., Wart, M. V., Wang, X. H., et al., "Defining E-leadership as Competence in ICT-Mediated Communications: An Exploratory Assessment", *Public Administration Review*, 2019, 79 (6).

Shipan, C. R., Volden, C., "The Mechanisms of Policy Diffusion", *American Journal of Political Science*, 2008, 52 (4).

Voledn, C., "Policy Diffusion in Polarized Times: The Case of the Affordable Care Act", *Journal of Health Politics Policy and Law*, 2017, 42 (2).

Waldo, D., *The Administrative State: A Study of the Political Theory of American Public Administration*, New York: The Ronald Press Company, 1948.

Walker, J. L., "The Diffusion of Innovations among the American States", *American Political Science Review*, 1969, 63 (3).

Wejnert, B., "Response to Kurt Weyland's Review of Diffusion of Democracy: The Past and Future of Global Democracy", *Perspectives on Politics*, 2015, 13 (2).